青空
AOZORA

Intermediate-Advanced
Japanese
Communication

second edition

Noriko Fujii &
Hiroko Sugawara

with the assistance of Takanori Adachi and Hiroko Kataoka

© 2007, second edition. Noriko Fujii. All rights reserved.
All rights reserved. No part of this publication may be reproduced, stored in a retrieval system, or transmitted, in any form or by any means without written permission from the authors.
Manufactured in the United States of America

The contents of this publication were produced in part under a grant from the U.S. Department of Education (CFDA 84.229, P229A020002). However, the contents do not necessarily represent the policy of the Department of Education, and one should not assume endorsement by the Federal Government.

ISBN 978-0-8248-3252-0

♾™ The paper used in this publication meets the minimum requirements of the American National Standard for Information Sciences–Permanence of Paper for Printed Library Materials.

ANSI Z39.48-1984

Illustrations by Tomiyo Ueno
Cover design by Deborah Masterson

Distributed by
University of Hawai'i Press
Order Department
2840 Kolowalu Street
Honolulu, HI 96822-1888
http://www.uhpress.hawaii.edu

目次

はじめに 1

Unit 1: 足立さんってどんな人？　　ー自分について話すー 8

Unit 2: 足立さん、アパートを探す　　ー日本の住宅事情ー 14

Unit 3: お願いします！　　ー依頼するー 19

Unit 4: 北海道旅行　　ー旅行計画ー 25

Unit 5: 足立さん、デートする♡　　ー誘う・招待するー 29

Unit 6: お邪魔しま〜す　　ー訪問するー 34

Unit 7: 頼りになるなあ、足立さん　　ー助言するー 41

Unit 8: 期待してますよ　　ーほめるー 48

Unit 9: 足立さんのストレス解消法　　ーストレスー 53

Unit 10: 大丈夫？　　ー病気ー 59

Unit 11: 足立さん、失恋する？　　ー励ますー 66

Unit 12: よかったね、足立さん　　ー感情を表すー 73

Introduction

The title *Aozora,* 'blue sky,' symbolizes hope — hope for many things, but especially for a positive learning experience of Japanese for the students, for the future of Japanese language education, and for better intercultural communication.

Aim of the Book

Aozora is for students who have completed basic courses in Japanese and want to further develop their communicative skills in both spoken and written Japanese. It offers interesting and useful contents and provides ample opportunities for students to develop insights into Japanese society and culture, as well as their own. We expect that students who use this book will have completed two to three years of training and reached a proficiency level of roughly intermediate-mid on the ACTFL (American Council on the Teaching of Foreign Languages) proficiency scale for speaking. *Aozora* aims at raising students' level of speaking proficiency to solid intermediate-high to advanced, while developing skills in reading and writing to approximately the same level.

Background

The project that eventually produced *Aozora* started more than 10 years ago at the University of Oregon. Fujii and others were reorganizing the Japanese language program to create a program to develop balanced communicative skills in both spoken and written Japanese. No suitable materials were available for the newly created upper-level courses which were designed to improve students' proficiency in spoken Japanese. This was due to the fact that almost all the intermediate to advanced Japanese language courses in the US focused on reading. However, the lack of opportunities to study spoken language also means the lack of opportunities to observe, consider, and learn about how people function in everyday life in a particular society. This realization and the need for effective materials for the newly created courses started this book project.

Based on needs analysis research[1] and the subsequent assessment of the effectiveness of the materials[2], the project went through several significant revisions. Field testing of earlier versions at the University of Oregon, California State University, Long Beach, the University of New South Wales in Australia, and the University of California, Santa Barbara provided us with important input regarding the content, approaches, and learners' needs.

Recently, several textbooks for intermediate and advanced levels have been published. However, there is still a need for materials that address issues of learner needs and learning processes that deal with spoken communication seriously, that pay attention to discourse organization of spoken and written language, that reflect the dynamic sociolinguistic aspects of the language, and that are interesting and fun to

---

[1] Falsgraf, C., Fujii, N. & Kataoka, H. (1993). English speakers in Japanese work environments: An analysis of Japanese Language functions and needs. *Journal of the Association of Teachers of Japanese,* 27(2), 177–203.
[2] Fujii, N. (1993). *Development of advanced level curriculum.* Presentation at ACTFL conference, San Antonio, TX.

use. We hope that *Aozora* contributes to the development of Japanese language education by addressing these needs.

Overview and Organization

The book consists of 12 units which are organized around functions or topics. Although each unit is built on the concepts of topic, function, and culture, units 2, 4, 9, and 10 are more topically-oriented, while the rest are more functionally-oriented. Each unit is unique in that units do not follow a prescribed order of presentation. Each unit simply revolves around activities that are considered necessary to master the targeted functions and topics.

Although each unit is independent, by following the provided order, students can see how each unit contributes to the progression of the story. The story depicts non-fictional as well as fictional aspects of the life of Mr. Adachi, a real person. The story begins with Mr. Adachi graduating from a university and beginning to work at a company. Through interactions with his seniors and colleagues, he manages to deal with various situations at work. Students can follow his ups and downs in the work place, as well as in his personal life, and encounter phenomena of life that everyone can relate to.

The units are not ordered strictly according to level of difficulty, although some units are more difficult than others. Students may find later units such as 9 and 10 more challenging because of their unfamiliarity with vocabulary relating to the topics, while units 1 and 2 may be easier.

The first page of each unit provides a summary of the goals and topics that are dealt with in the unit to give students ideas about what to expect. A more detailed overview regarding the goals and functions, topics and cultural aspects of each unit is provided in the *Instructor's Guide*.

As stated earlier, each unit does not have the same organization. However, all are organized in such a way that students start with activities that arouse their interest or activate their existing knowledge and proceed to input activities before they engage in output. When receiving input, students are given various tasks to draw their attention not only to the linguistic content but also to socio-cultural and interactional aspects such as interlocutor relationships. Each unit includes activities in each skill area: speaking, reading, listening, and writing. These activities are related to each other in such a way that each activity is a pre-activity for the next. For example, unit 1 starts with brainstorming and a role play, which set the stage for the listening activity that follows. This is then followed by a speaking activity and a simple writing activity. Similarly, several listening, speaking, and vocabulary activities follow, and these activities become pre-activities for a reading activity, which is followed by other speaking activities. In this manner, all activities are closely connected, and different skills are integrated. By the time students arrive at the end of a unit, they have dealt with the target functions and topics from various angles. It is believed that students can internalize the content of each unit much better if they can learn them using various means and skills.

New vocabulary and expressions should be learned as students communicate within a context, and therefore, expressions and grammar are incorporated into activities and tasks in which students engage. We have intentionally omitted a glossary, although we do provide a vocabulary list. Students learn the meaning of vocabulary on their own from context (sometimes with the help of dictionaries) and through vocabulary activities. Sometimes teachers may provide the meanings and uses in class. We want to encourage students to become independent learners and to develop strategies for using dictionaries, context clues, and other available sources for expanding their vocabulary.

In the appendix at the end of the book, a transcript of most of the conversations and interviews is provided to encourage motivated students to further study them. Since these are adopted from or based on real interactions, they contain rich expressions which students may want to learn in addition to the targeted language of each unit. Students should not rely on transcripts for comprehension, but should consult them only when they need clarification. For example, if a student has a problem understanding certain expressions after listening many times, the transcript will help the student to understand what is being said.

Guiding Philosophy

In producing *Aozora*, we were guided by several principles.

Needs-based topics and functions. We have based the units on topics and functions that we found to be the most important for those who work and interact with Japanese colleagues or clients (Falsgraf, Fujii, & Kataoka, 1993). The functions included are also pivotal for raising students' proficiency level from intermediate to advanced on ACTFL's Oral Proficiency Scale, and are thus useful for students with a wide range of interests.

Natural language and discourse. It is important to expose students to authentic and natural discourse. As recent studies in discourse analysis show, existing materials provide samples of dialogues that are stilted and too "clean," and that diverge from characteristics of naturally occurring discourse in terms of organization, the amount of packaged information, and so on. It is also the case that, in almost all Japanese language teaching materials, audio materials provide rehearsed speech by professionally trained speakers who can offer so-called "model standard Japanese." However, that is not what students usually hear when they interact with native speakers of Japanese. With the belief that students at the intermediate level should be exposed to natural and "real" Japanese spoken by ordinary people, we included naturally occurring speech and unedited interviews. Even when scripts were used, speakers were given only rough outlines for their conversation. We strove to make the language natural so that students would have opportunities to hear Japanese with natural prosodic features, speed, noise, and so on. We want to reflect the fact that although "standard Japanese" exists as an ideal concept, in reality what most Japanese speak is a "common language" with some dialectal features such as pitch accent. We have thus intentionally included various speakers of common language and their real life experiences. These materials combined with the speech of Mr. Adachi, a native of Tokyo who speaks with Tokyo pitch accent, provide students with both examples of "model" speech and other commonly occurring varieties of Japanese.

In order to present written Japanese as it occurs naturally, we have chosen authentic materials from various fields and sources which native speakers of Japanese can also enjoy reading. These materials are culturally rich, and will help students deepen their understanding of the subject matter. We hope that these reading materials provide students with positive reading experiences in Japanese so that they will develop interest and skills for future independent reading.

Communication occurs in context. All communication takes place in context. Sociolinguists have long argued that in order to understand the meaning and underlying message of what is said, we need to take various components of speech into consideration. These include setting (both physical and psychological), participant relationships (e.g., closeness, age, gender, and social relationship), goals, mood, and cultural norms, in addition to the linguistic meaning of an utterance. Language use must be accompanied by an understanding of discourse and sociolinguistic factors. With this belief, we have made every effort to place language materials and activities in context so that learners can understand the relationship between language use and context. We hope that having a storyline with a main character and supporting characters in many realistic contexts will make it easier for learners to understand interlocutor relationships and contexts.

We have incorporated a significant amount of informal speech. We assume that students who use this book have mainly been exposed to the so-called "formal speech style" in their previous training and need more exposure to various speech styles. Informants in our research stressed the importance of manipulating various speech levels and stated that being able to speak informally is crucial in creating a bond with other speakers, But university-level Japanese language courses in general do not provide adequate training in this regard. We hope that, through the use of this book, students will deepen their understanding of the relationship between language and social context and the dynamic nature of Japanese language that involves significant style shifting. We hope, too, that they will develop skills to use the language appropriately in various social and cultural contexts.

Integration of all skills. We have incorporated all four skills (listening, speaking, reading, and writing) in *Aozora*, although we have placed emphasis on the development of oral skills. Oral skills have not been adequately treated in many of the currently available materials.

Research has shown that reading skills can enhance speaking ability and vice versa, and that the integration of skills is beneficial to the development of overall proficiency. The integration of skills also makes sense when we consider that in real communicative situations, language users are often engaged in tasks that involve several skills simultaneously (e.g., speaking, listening and taking notes) or the use of different skills in an immediate sequence.

Integrating content and culture. Language learning is more interesting and beneficial when students are also gaining new knowledge about various topics. Having depth of content is especially important for university students at intermediate through advanced levels because they want and need to be intellectually challenged. We have, therefore, included informational data and reading materials regarding various topics (such as housing conditions, transportation, education issues, and health conditions) according to the theme of each unit.

The content also provides resources for culture learning. *Aozora* includes materials that deal with culture in everyday life, as well as social issues and Japanese people's ways of thinking. Through various activities such as interviewing native speakers, brainstorming, and researching social problems, students will have opportunities to discover aspects of Japanese culture and compare them with their own. Students will be actively engaged in developing their own insights about the target culture and that of their own.

Interaction promotes proficiency. Research in second language learning has indicated that peer interaction is beneficial in developing proficiency, especially at intermediate and advanced levels. *Aozora* contains many classroom activities such as brainstorming, group discussions, pair work, and role plays, as well as activities that involve native speakers of Japanese.

Grammar should be learned within a context and discourse. Grammar should be dealt within discourse and sociolinguistic context. Students who use this book will have gone through basic Japanese grammar and need to develop further understanding of how grammar works in wider discourse contexts. Research and our experience tell us that intermediate-level students generally have problems with cohesion (e.g., the use of connectives, voice, demonstratives, and particles) and the use of appropriate verb forms (e.g., transitive and intransitive distinction). They also need improvement in discourse-pragmatic aspects of language such as speech levels, politeness, and conversational and discourse management. Students' problems are often not related to forms but rather usage in discourse and sociocultural contexts. Believing that grammar should be learned in context, we did not follow the tradition of having a separate grammar section in each unit. Instead, various aspects of discourse grammar and the use of expressions are incorporated into different tasks and activities.

Also, we strongly believe in the benefit of reactive grammar teaching for this level of learners. By observing and analyzing students' comprehension and production, teachers should incorporate grammar activities that their students need. This is more beneficial for students than having grammar lessons that are completely pre-organized irrespective of the learners' needs.

Cyclical approach to language. When students learn and acquire a language, they benefit most from a cyclical approach: to review, reuse, and expand. We have included, especially in the pre-activities, opportunities for students to review what they have already learned so that they can expand on that knowledge.

Creativity and individuality. We believe that students are individuals who possess diverse personalities and characteristics, and it is important that they express their own opinions and interests and develop ideas while using Japanese. Many of the activities in this book encourage authentic, original communication, and move students beyond formulaic responses.

Interesting materials. In order to motivate students, materials must be interesting and fun to study with. Responding to some students' comments that our earlier versions were useful but somewhat uninteresting, we made improvements in several aspects. We hope that providing a common thread throughout the text and a story line with an intriguing character, Mr. Adachi, makes this material interesting to use. The text includes various phases of life, success, failure, friendship, love, and so on. Also, we have incorporated many real-life experiences of the speakers and authentic materials and data from various sources, such as newspaper and magazines. We hope that students find the authentic context and content engaging.

Relationship to the National Standards

Aozora ties in nicely with the National Standards. We did not base the book on components of the National Standards, but when we included what we felt necessary, the result was a book that is completely compatible with the National Standards. The book includes all of the Five Cs (i.e., Communication, Cultures, Connections, Comparisons, and Communities). Activities in each unit deal with the issues addressed in almost all the components of the Standards under the Five Cs. In each unit, students have numerous opportunities to converse and obtain information from reading and listening activities (Communication). Opportunities to learn and discover about culture are abundant. Through a variety of activities, teachers can involve students in thinking about various phenomena (e.g., visiting someone, entertaining guests, and gift giving) with respect to practices, perspectives, and products

(Cultures). Students gain insights into social systems and culture in general by comparing and contrasting Japanese culture and their own (Comparisons). Through various authentic materials and data, students further their knowledge regarding various topics such as the concept of *uchi-soto* (inside-outside) and stress in modern society, making connections to fields such as geography, anthropology, and sociology (Connections). Also, in order to find out about Japanese culture and society on their own, students are encouraged to go outside the classroom and interview Japanese people on various issues (Communities). Thus, the book promotes all aspects of foreign language learning which are described in Standards for Foreign Language Learning and Standards for Japanese Language Learning. How activities are directly related to each component of the National Standards is indicated in the Instructor's Guide.

Accompanying Materials

The main *Aozora* text was originally accompanied by a set of three CDs, which contained recordings of all the conversations and interviews that appear in the text, and an *Instructor's Guide*, which provided general guidelines for the use of the book, information regarding activities and suggestions for using and expanding activities. These sound files are available for listening and downloading from this website:

http:// nflrc.hawaii.edu/AozoraSound

Authors' Contributions

Fujii and Sugawara collaborated on the creation and implementation of materials and tasks in draft versions and recordings of the conversations and interviews. Transformation of the recorded data to CDs was done by Sugawara. Fujii took overall responsibility for the *Aozora* project. She oversaw the organization, edited and prepared the final version including format and layout, and wrote the *Instructor's Guide*. Since Fujii worked from beginning to end on the project, any errors are her responsibility. Adachi assisted in various stages of the production, giving suggestions, sharing ideas, contributing as the main character, helping field-test the material, and proofreading the whole book. The *Aozora* project was preceded by several years of materials development work by Fujii and her colleagues, Hiroko Kataoka and Atsuko Hayashi, at the University of Oregon. Although more than 90% of the content in *Aozora* is new, the earlier work has contributed to the foundations of *Aozora*. In addition to her contribution to the earlier work, Kataoka provided feedback on most of the units in earlier versions of *Aozora* and helped in the process of obtaining copyright clearance.

Acknowledgments

Aozora is a realization of a long period of effort, trial, and error by many people. While it is impossible to acknowledge everyone, we would especially like to thank the following people and institutions.

The *Aozora* project was supported by grants from the Freeman Foundation, (administered by the Center for Asian and Pacific Studies) and the Department of East Asian Languages and Literatures at the University of Oregon. Grants from the Sasakawa Peace Foundation supported the early stages of needs analysis research and development of earlier versions that preceded the *Aozora* project. We would like to express our gratitude to these organizations. Without their support, the production of *Aozora* would not have been possible.

We would like to express our sincere appreciation to Atsuko Hayashi, who collaborated with Fujii and Kataoka on a materials development project that preceded *Aozora*. Carl Falsgraf also worked on the project during early stages. Through their collaboration, they provided valuable input, which influenced our current work.

We thank the anonymous reviewers of the manuscript who gave us invaluable comments and suggestions for improvement. Comments provided by Yasuhiko Tohsaku on earlier versions that preceded the *Aozora* project were valuable in the creation of *Aozora*. He also contributed to the recording, and we thank him for his long-lasting support for the project. We would also like to express our appreciation to Naoko Nakadate for giving us helpful feedback at various stages of our project and to Sachiko Kamioka for helping with materials preparation during early stages of the development of *Aozora*. Needless to say, we owe our students who provided insightful feedback and would like to express our gratitude to them.

We are very thankful to the illustrator, Tomjyo Ueno, for patiently dealing with our sometimes difficult requests and for making the text come to life with his wonderful illustrations.

We offer sincere thanks to the following people who participated in recordings as interviewees and/or conversationalists: Yoshiaki Makita, Jun'ichi Sakurai, Tetsuo Harada, Naoko Nakadate, Makiko Nagae, Sachiko Kamioka, Kumiko Koishi, Wataru Koishi, Kyoko Sato, Miiko Suzuki, Kaori Idemaru, Yoshiko Uemura, Saiko Uemura, Kohei Uemura, Yoko O'Brien, Michael Wood, Sudeshuna Sen, Amy Camp, Carl Falsgraf, Tetsuya Kirishima, Toshitaka Ishiguchi, Mariko Fukuda, Akiko Takeyama, Koji Furukawa, Junji Yoshida, Kensuke Nakajo, Sung Joo Kang, Takahiro Nakamoto, Tomiyo Ueno, and Amy Ueno. Some of these people also shared their life stories, which enriched the content of the book. Also, Yoshiaki Makita helped us test draft versions of *Aozora*. Many of those mentioned above were teachers or students at the University of Oregon or their family members at the time of recording. Their enthusiastic support for the *Aozora* project was truly encouraging. We are very fortunate to have such a strong, supportive community for the development of Japanese language education.

We would also like to thank Michael Fishlen and Steven Brown, department heads of East Asian Languages and Literatures, for their understanding and support for this project, and Jaff Magoto, the director of the Yamada Language Center at the University of Oregon, for his tireless help in transferring language data to CDs and helping with other technical issues.

Our special thanks are due to Deborah Masterson at the National Foreign Language Resource Center at the University of Hawai'i for her professional help, patience, support, and encouragement.

Thanks are due to Amy Camp and Nancy Iwakawa, who provided editorial assistance, and Jane Lee, who helped us in formatting the book.

Lastly, Noriko Fujii would like to thank her children, Amy and Eugene, who encourage her and brighten her life with their innocent smiles.

Unit 1

足立さんってどんな人？ —自分について話す—

　私達の主人公、足立さんってどんな人でしょう。このユニットでは、足立さんと知り合いになるとともに、自分のことをいろいろ話せるように練習しましょう。

1. 「はじめまして、どうぞよろしく。」の他にも自分の経歴（けいれき）や趣味などをまじえて、詳（くわ）しく自己紹介ができるようになりましょう。
2. 自分の家族について聞かれた時には、家族の職業、自分との関係など、説明できるようになりましょう。

話題
1. 経歴
2. 出身地
3. 趣味
4. 家族構成
5. 性格
6. 家族の職業、自分の就（つ）きたい職業

I. 準備

1. 考えましょう。
次の設定で日本語で自己紹介をするとしたら、どんなことを話すかクラスで考えてみましょう。
- （1）会社で（仕事の第一日目、仕事仲間に）
- （2）ホストファミリーの人に（家で）
- （3）大学や職場のサークルで

2. 次の設定で自己紹介をしてみましょう。
- （1）初めて会った他の会社の人に
  （名刺も用意しておきましょう）
- （2）会社の新入社員教育の場で
- （3）留学先でお世話になる先生に
- （4）大学や職場のサークルで
- （5）ホストファミリーに初めて会った時

★自分の言いたいことが日本語で言えましたか。自分が言ったことのほかにどんなことが言えればもっといい自己紹介になったと思いますか。

II. 自己紹介

1. 3人の自己紹介を聞いて、下の質問に答えましょう。[☺ D1-#1～3]
（1）この人たちについて、どんなことがわかりましたか。下の表に書き込みましょう。

	足立さん	竹田さん	福田さん
出身			
経歴			

趣味		

[経歴：今までの勉強や仕事の経験]

2．比べましょう。

Ⅰの2で自分がした自己紹介と足立さん達の自己紹介と、何か違いがありますか。内容、語彙、構成（例えば、始めと終わり）などの面を比べてみましょう。

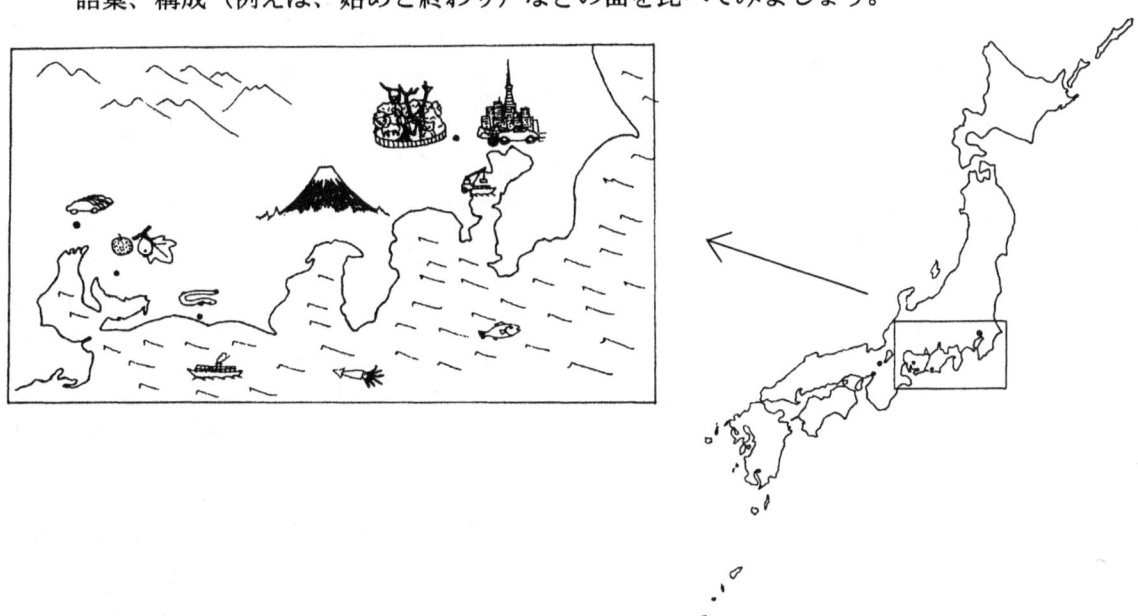

Ⅲ．自分について詳しく話す

人間関係を作る上で、自分のことをうまく相手に説明できることはとても大切です。相手があなたのことをもっと知りたい時、日本語では次のようなことがよく話題にのぼります。

　　経歴　出身地　趣味　家族　（自分や家族の）性格

これらの事柄についてもっと詳しく話せるように練習をしましょう。

1．経歴

（1）次のことについて、クラスで日本語で話してみましょう。

　　a．どんな時、自分の経歴を説明する必要があるでしょうか。
　　b．経歴を説明する時、どんなことを話したらいいでしょうか。

（2）就職の時など自分の経歴などを書いた履歴書が必要です。下の足立さんの履歴書を見て、次のことをグループで日本語で話し合ってみましょう。　[履歴書：resume]

a. どのような時に履歴書を書くと思いますか。
b. どのようなことが書いてありますか。
c. あなたの国では、どのようなことを履歴書に書きますか。日本の履歴書と違うのはどんなところですか。なぜそのような違いがあると思いますか。内容や形式についても考えてみましょう。

（3）下の項目を参考にして、自分の経歴についてまとめてみましょう。
・学歴
・職歴
・その他の活動（ボランティア活動、ボーイ（ガール）・スカウトなどの活動、社会活動、趣味に関係した活動など）
・賞（スピーチ・コンテストなどでもらった賞）
・資格

（4）ペアになって、お互いに自分の経歴を話してください。

2．出身地

（1）足立さんが同僚(どうりょう)のブラウンさんと話しています。会話を聞いて次の質問に答えてください。　[☺ D1-#4]

　　a．ブラウンさんはなぜ遅れたのですか。
　　b．東京の人口はどのぐらいでしょうか。
　　c．ブラウンさんと足立さんの会話から、
　　　日本の人口はどのぐらいだとわかりますか。
　　　なぜそうだとわかりますか。

（2）昼休みに、社員食堂でブラウンさんと足立さんがお互いの出身地について話しています。会話を聞いて、ブラウンさんの出身地について表を完成させましょう。[☺ D1-#5]

	ブラウンさんの出身地	足立さんの出身地
地理	オレゴン（アメリカの西海岸）	
人口		
産業		
気候		
その他		

（3）ブラウンさんと足立さんが、足立さんの出身地について話しています。会話を聞いて、足立さんの出身地について上の表を完成させましょう。[☺ D1-#6]

（4）あなたの出身地の特徴は何ですか。出身地について話す時、どのような言葉や表現が必要ですか。（2）や（3）を参考にして下に書きましょう。

[参考語彙]
山　川　谷　滝　湖　砂漠　半島　島　山脈

・地理

・人口

・産業

・気候

・その他

3．趣味

（1）次の言葉は趣味を表わす言葉です。

a. あなたの趣味、また、あなたが時間がある時にするものに○をつけてください。

1. 生け花
2. 絵を描く
3. 絵の鑑賞
4. 園芸、ガーデニング
5. 楽器（例：ピアノ、バイオリン）を弾く
6. 音楽を聴く
7. 茶道
8. 写真
9. 手芸
10. 釣り
11. 読書
12. 料理
13. 旅行
14. 切手集め
15. 水泳
16. 卓球
17. 野球
18. サッカー
19. エアロビクス
20. サイクリング
21. バスケットボール
22. テニス
23. スキー
24. ゴルフ
25. キャンプ
26. ドライブ
27. ハイキング
28. スポーツを見る
29. 映画を見る

[鑑賞する＝to appreciate, enjoy　　手芸＝handicraft　　卓球＝table tennis]

b. 上に出てきた趣味以外で、あなたがよくすることがありますか。

c. 自分の趣味を3つあげるとすると、それは何ですか。

d. そのアクティビティーにどのぐらい時間を使いますか。
　　　（例えば、一週間に一度、一週間に3時間ぐらい）

（2）ペアを作りましょう。下の会話例を参考にして、パートナーに次のようなことをインタビューしてください。

　　a. 趣味は何か。
　　b. いつごろ始めたか。
　　c. 始めたきっかけは？
　　d. どのぐらい頻繁にしているか。
　　e. どのぐらい上手か。

[きっかけ＝chance, opportunity　（始めたきっかけは？＝What led you to start?）頻繁に＝frequently]

（会話例）
A：Bさん。時間のあるときにはどんなことをよくしますか。
B：そうですね。水泳が好きなので、よく大学のプールに泳ぎに行きます。運動にもなるし…。疲れている時など、泳いだあとは、すっきりしますよ。
A：そうですか。健康にもいいですね。子供の時から泳ぐのが好きだったんですか。
B：いや、それが、子供のとき、体が弱くて、母が僕を水泳教室に通わせたのがきっかけです。最初は、なかなかうまくならないし、嫌で仕方がなかったんですが、そのうち少し泳げるようになってきたら、おもしろくなって。それからずっと続けています。
A：じゃあ、かなり泳げるんでしょうね。
B：いやあ、たいしたことないですよ。ただ、好きでやってるだけですから。

（3）クラスで人気のある趣味や余暇の活動は何でしょう。調べてみましょう。

4．家族構成

（1）会話を聞く前に：会話の中では、最近知り合ったばかりの足立さんと竹田さんが家族について話しています。どんなことが話題になると思いますか。グループで話し合ってリストを作りましょう。

（2）会話を聞いて：（1）でリストしたものが出てきたか、またそれ以外にどんなことが話題になっていたかを話し合いましょう。[☺ D1-#7]

（3）下の図は、足立さんの家族構成を表しています。先の履歴書を見て、図に書き込んでください。

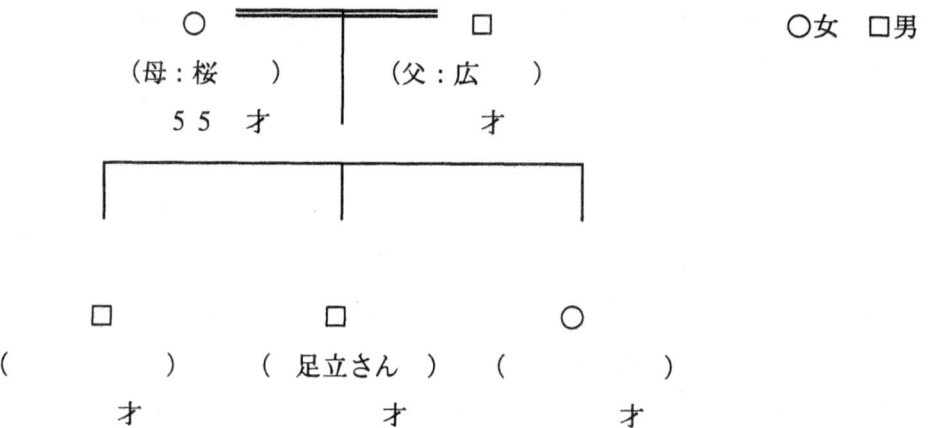

（4）家族構成を表す言葉を練習しましょう。

a. 会話の中では、次のような表現が使われていました。それぞれの言葉の意味を調べましょう。

　　一人っ子　　二つ上　　四つ下　　五つ違い　　父親　　母親

b. 他にも下のような表現があります。意味を調べましょう。

　　～人兄弟　　年子（としご）　　男兄弟／女兄弟がいない　　長女／長男　　次女／次男
　　まん中　　末っ子　　義理（ぎり）の弟　　姪（めい）／甥（おい）

（5）（4）のリストの中であなたに当てはまる言葉はどれですか。

(6) もう1度会話を聞いて、竹田さんの家族構成を表す図を書いてみましょう。
[☺D1-#7]

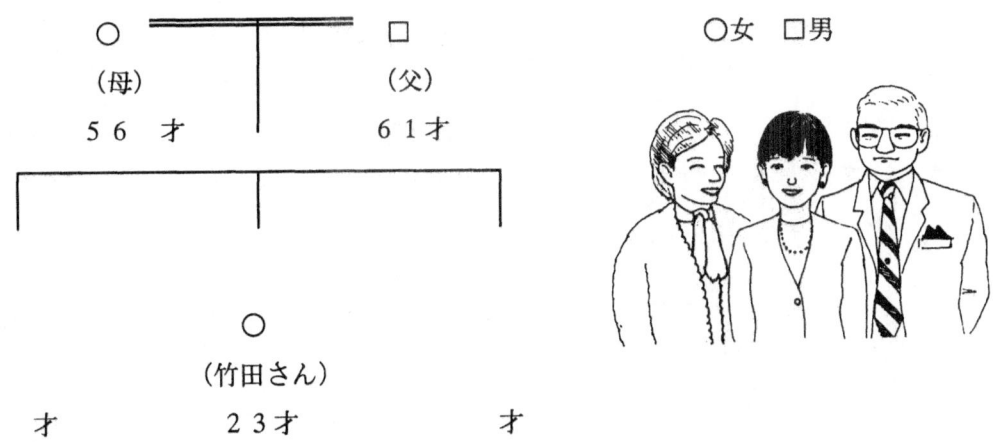

○女　□男

才　　　２３才　　　才

(7) ペアになってパートナーの家族構成について聞いてみましょう。
（兄弟は？　長男？　長女？など）

5．性格

(1) 足立さんが家族の性格や自分と家族との関係について話しています。会話を聞いて下の表を完成させましょう。[☺D1-#8]

	性格	足立さんとの関係
父	（例）頑固（がんこ）	足立さんが尊敬（そんけい）している人
母		
兄		
妹		

（2）左の説明にあう性格を右から選んで線で結びましょう。

a. 勉強や仕事をきちんとし、さぼったりしません。　・　　・　自分勝手（かって）
b. 一度決めたことは人から言われても変えません。　・　　・　社交的
c. パーティーなど人の集まるところが好きです。　　・　　・　まじめ
d. 細（こま）かいことが気になり、落（お）ち着かなくなります。　・　　・　気さく
e. 自分の事しか考えません。　　　　　　　　　　・　　・　頑固
f. 誰とでも気軽（きがる）に話ができます。　　　　　　　・　　・　神経質（しんけいしつ）

（3）次の性格を表す言葉で、一般的にいい意味で使われると思うものに〇、悪い意味で使われると思うものに×、どちらでもないと思うものに△を付けましょう。

（　）おとなしい　　　（　）寂（さび）しがりや　（　）優しい　　　（　）頑固
（　）社交的　　　　　（　）内気（うちき）　　　（　）現実的　　　（　）楽観的（らっかんてき）
（　）気さく　　　　　（　）恥ずかしがりや　　（　）気が強い　　（　）のんびりしている
（　）神経質　　　　　（　）短気　　　　　　　（　）自分勝手　　（　）おせっかい
（　）まじめ　　　　　（　）がまん強い／忍耐（にんたい）強い　　　（　）好奇心が旺盛（おうせい）

（4）あなたはどんな性格の人が好きですか。嫌いですか。3つずつ書いてください。

　　＜好きな性格＞　　　　　　　＜嫌いな性格＞
　　・　　　　　　　　　　　　　・
　　・　　　　　　　　　　　　　・
　　・　　　　　　　　　　　　　・

（5）ペアでお互いの好きな性格、嫌いな性格を聞き合いましょう。共通（きょうつう）するものがありますか。どうしてその性格が好きか、嫌いかも聞きましょう。

（6）（2）を参考にして次の性格を日本語で説明してください。また、そんな性格の人がよくすると思われることを話してください。

a. 恥ずかしがりや　　b. のんびりしている
c. 短気　　　　　　　d. がまん強い／忍耐（にんたい）強い
e. おとなしい　　　　f. おせっかい

（7）あなたやあなたの家族はどんな性格ですか。今まで出てきた表現を使ってペアで話し合いましょう。

6. 職業

（1）自分の家族の職業は何ですか。日本語で説明してみてください。

（2）次の言葉を知っていますか。どのような仕事か、グループで日本語で話し合ってください。

秘書（ひしょ）　　　看護婦／夫（かんごふ）　　　医者（いしゃ）
歯医者（はいしゃ）　　公務員（こうむいん）　　　美容師（びようし）
弁護士（べんごし）　　銀行員（ぎんこういん）　　会計士（かいけいし）
警察官（けいさつかん）　消防士（しょうぼうし）　　会社員（かいしゃいん）
教師（きょうし）　　　建築士（けんちくし）　　　プログラマー
エンジニア　　　　　　カウンセラー　　　　　　自営業（じえいぎょう）

（3）下の意味にあう職業を右から選んで線で結び（むす）ましょう。

a.

法律（ほうりつ）についての相談（そうだん）を受けることを仕事としている人。　　　・　　　・秘書

重要（じゅうよう）な仕事をしている人のアシスタント。　　　・　　　・看護婦／夫

学問や技術（ぎじゅつ）を教えることを仕事としている人。　　　・　　　・医者

病気やけがを治す（なおす）ことを仕事としている人。　　　・　　　・公務員

火事（かじ）を消したり、火事にならないようにしたりすることを仕事としている人。　　　・　　　・教師

医者の仕事を手伝ったり、病人の世話をしたりすることを仕事としている人。　　　・　　　・弁護士

国、県、市などの仕事をしている人。　　　・　　　・消防士

［法律（ほうりつ）：law　　県（けん）：prefecture］

b.

銀行に勤めている人。・	・警察官
建物のデザインをしたりすることを仕事としている人。・	・銀行員
会社に勤めている人。・	・会計士
人々が安心して生活できるように犯罪を取り締まったりすることを仕事としている人。・	・歯医者
人の髪の毛を切ったり、パーマをかけたりすることを仕事としている人。・	・会社員
歯を治療したりすることを仕事としている人。・	・建築士
会社の金の管理や税金の計算などを仕事としている人。・	・美容師

[犯罪：crime　　取り締まる：to control　　治療する＝治す：to cure
　管理する：to manage　　税金：tax]

（4）足立さんと竹田さんが家族のことについて話している会話を聞いて、次の質問に答えましょう。[☺ D1-#9]
  a. 竹田さんは高校生の頃、どんな仕事がしたいと思っていましたか。
  b. 竹田さんはどうして国際商事に入社しましたか。
  c. 足立さんは、将来何をしたいと思っていますか。
  d. 足立さんのお父さんの職業はなんですか。
  e. 竹田さんの御両親の職業は何ですか。

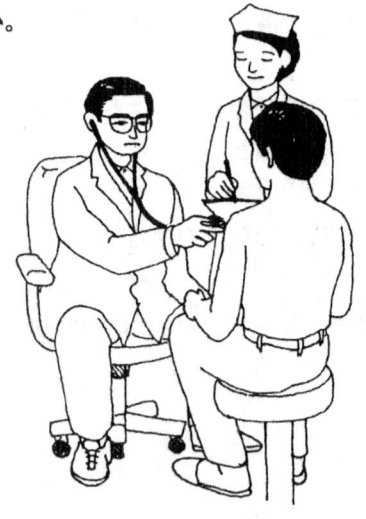

(5) 次のような仕事をしてみたいと思いますか。してみたい仕事には○を、関心がない仕事には×を、（　）に書きましょう。

（　）貿易関係の仕事をする　　　　（　）医療関係の仕事をする
（　）コンピューター関係の仕事をする　（　）マスコミ関係の仕事をする
（　）広告業界で働く　　　　　　　（　）音楽業界で働く
（　）ファッション業界で働く　　　（　）テレビ業界で働く
（　）ホテルを経営する　　　　　　（　）レストランを経営する

(6) 将来、どんな職業に就きたいですか。クラスメートに質問してみましょう。その後で、クラスではどんな職業が人気があるか調べてみましょう。
　　[（職業に）就く：to take (a job)]

(7) 職業について、下の質問に答えましょう。
　a. あなたは子どもの時にどんな職業に就きたかったですか。あなたは自分の子どもにどんな仕事をしてほしいと思いますか。クラスでトップ5を調べてみましょう。
　　（6）の場合と同じような結果が出ましたか。
　b. 下の表は、日本人に聞いた、『将来、子どもに就いてほしい職業』のトップ5です。どんな職業が人気がありますか。上のaの結果と比べて、違いがありますか。

<将来、子どもに就いてほしい職業>

	男子	女子
1位	公務員	看護婦
2位	スポーツ選手	教師
3位	医者	保母
4位	会社員	公務員
5位	エンジニア	医者

（資料：クラレ『将来、子どもに就いてほしい職業』
　1998年に日本の小学生の親6000人が回答した結果）

(8) 家族の職業について、先生に聞きましょう。また、ペアになってパートナーと話しましょう。

IV. 家族の描写：読解

1. 読む前に考えましょう。

あなたはホーム・ステイをしたことがありますか。あなたの家では留学生をホーム・ステイさせたことがありますか。留学生を受け入れるために、部屋や食事などの生活面で何か工夫（くふう）をしましたか。

2. 次の文を読んで、下の質問に答えましょう。

宮本輝（みやもとてる）が書いた『彗星物語（すいせいものがたり）』の中に、次のような場面が出てきます。

（大阪（おおさか）に住む城田家（しろたけ）がハンガリーからの留学生を迎える物語です。城田家には４人の子どもがいます。）

四人の子供は、廊下を挟んで向かい合う八畳と六畳の部屋で、二人ずつ分かれて寝起きしている。長男の幸一は二十四歳で、おととし大学を卒業し、広告代理店に就職した。長女の真由美（まゆみ）は二十一歳。短大を卒業したあと、会計士事務所に勤めたのだが、いまはそこを辞め、大阪では三本の指に入るというスタイリストの助手をしている。次女の紀代美（きよみ）は十八歳で、高校の卒業式を終えてまだ五日しかたっていなかった。

長男と末っ子は、六畳の間、長女と次女は八畳の間、というふうに、男は男同士、女は女同士に分かれて、自分たちの部屋を振り分けたのは、十日前だった。ハンガリーからやってくる青年のために、恭太（きょうた）が使っていた四畳半をあけなければならなくなったからだった。それまでは、八畳の間は娘二人が、六畳の間は幸一ひとりが使っていたのである。長男の幸一の不満は大きく、近いうちに、どこかにアパートを捜して、家をでると言い張っている。

『彗星物語』　宮本　輝　（文春文庫）

Permission to reproduce granted by Teru Miyamoto and Bungei Shunju Ltd.

[挟む（はさ）：間にある　　八畳（じょう）：畳（たたみ）八枚分の広さ（一畳は約 1m×2m の広さ）三本の指に入る：上から３番目までに入ること　　末っ子：一番年下の子ども（城田家の場合は、恭太が末っ子である）　　間：部屋　　男は男同士：男の人だけが一つのグループになること　　女は女同士：女の人だけが一つのグループになること　　言い張る：〜という意見を強く言う　　彗星（すいせい）：comet]

（1）城田家の兄弟について、下の表を完成させてください。

名前	年齢	関係	学歴	職業
幸一			大学卒	
真由美				
紀代美	１８			（職業なし）
恭太	１１	次男	小学生	（職業なし）

（2）なぜ幸一は不満なのでしょうか。

（3）日本では兄弟が同じ部屋を使うことがよくありますが、あなたの国ではどうですか。

（4）城田家の子どもたちは両親といっしょに暮らしています。あなたの国では、普通、何歳ぐらいまでの子どもが両親といっしょに生活しますか。

（5）どうして日本では、就職してからも両親と生活することが多いのでしょうか。考えてみましょう。

（6）就職してからも両親といっしょに住むことについてどう思いますか。

（7）外国人をホームステイさせた経験のある人をインタビューして、どんな問題があったか、またどんな点が良かったか、聞いてクラスにリポートしましょう。

V. まとめ

1. 面接

（1）準備：クラスの半分はそれぞれの会社の人事部の人になります。残りの半分は仕事を探している学生になります。（クラスが大きい場合は、それぞれのグループをさらに２、３人の小グループにします。）人事部の人は、どのような会社かを決め、会社がどのような社員を求めているかを話し合います。（例、外国語ができる人、経済学の授業をとった人など。）学生は自分の履歴書を用意します。

（2）面接：準備が終わったら、仕事を探している人は、いくつかの会社の面接を受けます。

（3）採用：面接が終わったら、それぞれの会社の人は、どの学生を採用するかを決定します。なぜその人を採用することにしたのかも説明してください。

2. 自己紹介の練習をしましょう。

（1）あなたは日本の会社の新入社員です。新入社員歓迎パーティーで自己紹介します。１０人ぐらいの小さいパーティーなので、自分のことをいろいろ話します。

（2）あなたは JET プログラムで日本に来ました。今日から、日本の中学校で英語を教えます。初めてのクラスで、生徒に自己紹介します。

3. ペアでロール・プレイをしましょう。

＜ロール A＞

（1）あなたは日本の大学院で勉強することになりました。これから、研究でお世話になる教授に自己紹介します。（研究の興味、バック・グラウンドなど）

（2）あなたは日本の家庭にホーム・ステイします。日本についた最初の日の夕食です。これからいっしょに暮らす家族と自分達のことをいろいろ話します。

（3）あなたは日本の会社の社員です。仕事を始めて２週間ぐらいたって、仕事の帰りに同僚と喫茶店に入りました。自分たちのことを話して、もっと親しくなりましょう。（趣味、出身地など）

＜ロール B＞

（1）あなたは日本の大学の教授です。海外から来た新しい大学院生が自己紹介をしにきます。研究の興味や、バック・グラウンドなどを質問しましょう。

（2）あなたの家に留学生がホーム・ステイをすることになりました。留学生が日本についた最初の日の夕食です。自分達のことをいろいろ話して、親しくなりましょう。

（3）あなたは日本の会社員です。入社して2週間の外国人の同僚と、仕事の帰りに喫茶店に入りました。自分たちのことをいろいろ話して、もっと親しくなりましょう。（趣味、出身地など）

<語彙リスト>

I. 準備
新入社員	しんにゅうしゃいん	世話になる	せわになる

II. 自己紹介
1.（聞き取り）

歓迎	かんげい	経歴	けいれき
果て	はて	ほぼ	
動物園	どうぶつえん	交換留学	こうかんりゅうがく
結局	けっきょく	気分転換	きぶんてんかん
言語教育	げんごきょういく	はまる	
修士課程	しゅうしかてい	気分転換	きぶんてんかん
力一杯	ちからいっぱい	土産	みやげ
社会学	しゃかいがく	日系〜人	にっけい〜じん
研修生	けんしゅうせい	関係	かんけい
いじる		講座	こうざ
〜と呼ばれる	〜とよばれる	馬鹿にされる	ばかにされる
農業	のうぎょう	国際経営	こくさいけいえい
転部	てんぶ	学部生	がくぶせい
チャンスがある		ストレスがたまる	
習字	しゅうじ	そろばん	

2. 比べましょう
構成	こうせい

III. 自分について詳しく話す
話題	わだい	性格	せいかく

1. 経歴
経歴	けいれき	履歴書	りれきしょ
学歴	がくれき	職歴	しょくれき
活動	かつどう	賞	しょう
資格	しかく		

2．出身地
（1）（聞き取り）
ラッシュアワー		人口	じんこう
集中する	しゅうちゅうする	先が思い遣られる	さきがおもいやられる

（2）（聞き取り）
西海岸	にしかいがん	産業	さんぎょう
盛ん	さかん	林業	りんぎょう
自然	しぜん	豊か	ゆたか
とりえ		自然破壊	しぜんはかい
大学町	だいがくまち	気候	きこう
以外	いがい	気温	きおん
湿度	しつど	過ごしやすい	すごしやすい

（3）（聞き取り）
住宅街	じゅうたくがい	工場	こうじょう
都心	としん	蒸す	むす
乾燥する	かんそうする		

（4）
谷	たに	滝	たき
湖	みずうみ	砂漠	さばく
半島	はんとう	山脈	さんみゃく

3．趣味
鑑賞	かんしょう	手芸	しゅげい
卓球	たっきゅう	余暇	よか
頻繁	ひんぱん		

4．家族構成
家族構成	かぞくこうせい

（2）（聞き取り）
一人っ子	ひとりっこ	一人立ち	ひとりだち
老後	ろうご	備える	そなえる

（4）

末っ子	すえっこ	長男	ちょうなん
次男	じなん	年子	としご
義理の弟	ぎりのおとうと	姪	めい
甥	おい		

5．性格
（1）聞き取り

結構	けっこう	面	めん
理解がある	りかいがある	すんなり	
頑固	がんこ	反対する	はんたいする
社交的	しゃこうてき	楽観的	らっかんてき
生真面目	きまじめ	派遣	はけん
くそ真面目	くそまじめ	好奇心旺盛	こうきしんおうせい
長期滞在	ちょうきたいざい	国際的	こくさいてき
話が合う	はなしがあう		

（2）

落ち着かない	おちつかない	気軽に	きがるに
自分勝手	じぶんかって	神経質	しんけいしつ

（3）

おとなしい		寂しがりや	さびしがりや
優しい	やさしい	内気	うちき
現実的	げんじつてき	気さく	きさく
恥ずかしがりや	はずかしがりや	気が強い	きがつよい
のんびりしている		短気	たんき
おせっかい		忍耐強い	にんたいづよい
がまん強い	がまんづよい		

6．職業
（2）

秘書	ひしょ	看護婦／夫	かんごふ
医者	いしゃ	歯医者	はいしゃ
公務員	こうむいん	美容師	びようし

弁護士	べんごし	銀行員	ぎんこういん
会計士	かいけいし	警察官	けいさつかん
消防士	しょうぼうし	会社員	かいしゃいん
教師	きょうし	建築士	けんちくし
プログラマー		エンジニア	
カウンセラー		自営業	じえいぎょう

（3）

法律	ほうりつ	技術	ぎじゅつ
県	けん	犯罪	はんざい
取り締まる	とりしまる	治療	ちりょう
管理	かんり	税金	ぜいきん

（4）（聞き取り）

～業界	～ぎょうかい	輸入する	ゆにゅうする
定年	ていねん	経営する	けいえいする
転職	てんしょく	～関係の仕事	～かんけいのしごと

（5）

貿易	ぼうえき	医療	いりょう

<u>IV. 家族の描写：読解</u>

工夫	くふう	彗星	すいせい
～家	～け	挟む	はさむ
～畳	じょう	広告代理店	こうこくだいりてん
短大	たんだい	事務所	じむしょ
三本の指に入る	さんぼんのゆびにはいる	スタイリスト	
助手	じょしゅ	間	ま
～同士	～どうし	振り分ける	ふりわける
青年	せいねん	不満	ふまん
言い張る	いいはる		

<u>V. まとめ</u>

人事部	じんじぶ	採用する	さいようする

Unit 2

足立さん、アパートを探す —日本の住宅事情—

　社会人になった足立さんは一人暮らしを始めるためにアパートを探すことにしました。このユニットでは、足立さんのアパート探しを通して、日本でアパートを借りる時に必要な情報や表現について勉強しましょう。また、日本の住宅事情についても考えましょう。

1．日本人にインタビューして、アパートを借りる時の決まりや習慣について聞いてみましょう。
2．住宅情報誌などから必要な情報が読み取れるようになりましょう。
3．日本や自分の国の住宅事情について考えてみましょう。

話題
1．日本での生活事情
2．日本の住宅事情
3．アパート探し
4．理想の住環境
5．家を持つこと

I. 日本生活事情クイズ

あなたはどのくらい知っていますか。正しいと思うものには〇、正しくないと思うものには×を書きましょう。

（1）日本の郵便局では貯金ができる。（　）
（2）日本では電気代、ガス代などをコンビニで払うことができる。（　）
（3）日本では駅のトイレにトイレット・ペーパーがないことが多い。（　）
（4）日本では、自動販売機でお酒やたばこを買うことが出来る。（　）
（5）日本では市内通話も、電話した時間によって料金を取られる。（　）
（6）日本では受信料といって、テレビを見るのにお金を払う。（　）
（7）日本でもレストランで料理を残したら持って帰る習慣がある。（　）
（8）日本では予約をしないで病院に行くことが多い。（　）
（9）日本のトイレは洋式と和式がある。（　）
（10）日本でもお金を払う時、小切手（チェック）をよく使う。（　）
（11）お風呂から出る時は次に入る人のためにバスタブを空にする。（　）
（12）日本の高速道路は有料だ。（　）
（13）日本では、学校や会社で一年に一度、健康診断をしてくれる。（　）
（14）日本では、ご飯にお箸を立てる習慣がある。（　）
（15）日本のアパートにはたいていガスレンジや冷蔵庫がついているので買う必要はない。（　）

[市内通話：local call]

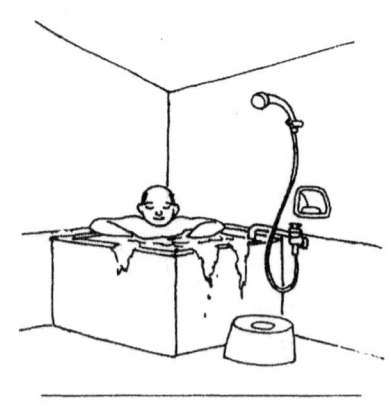

一問一点であなたの得点を計算してみましょう。

```
☆☆　　あなたの日本生活事情理解度チェック　　☆☆
１５点　　　　　　　すばらしい！日本語の先生よりも知っている！？
１３～１４点　　　　よく知っていますね。
８～１２点　　　　　日本に行ったら驚くことがいっぱいでしょう。
７点以下　　　　　　日本に行ったら毎日驚いてばかりでしょう。
```

II. 住宅事情

日本住宅事情１

1. 狭くて高い

　日本は、国土の約７０％が山地で、人間の住めるところが限られている。そのうえ人口が多い。だから一般に日本の住宅は狭くて、家賃が高い。また家を持つのも大変だ。特に東京などの大都市では、多くの人が家が狭く家賃が高くて住みにくいと言っている。

2. 東京の家賃

　　１Kに風呂、トイレ付きの場合（１９９０年代後半の値段）

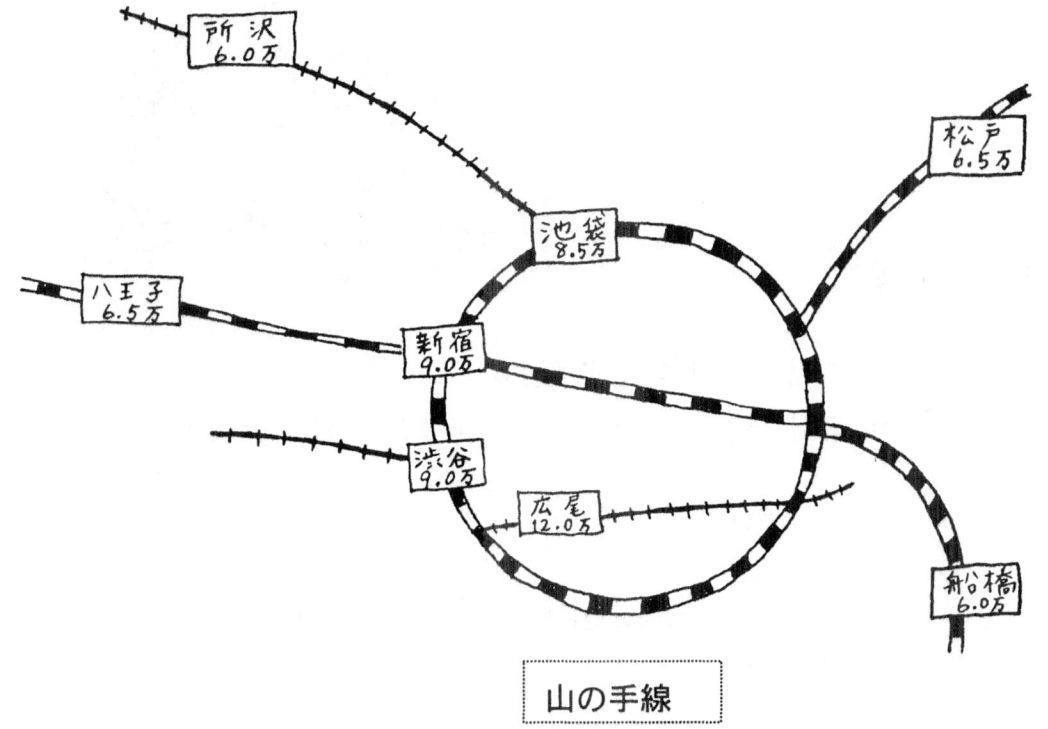

3. 持ち家の居住空間
　　一戸建て一住宅あたりの敷地面積 (area of residential plot)

	面積	値段／1 m²
全国平均	293 m²	12万6850円
東京都	163 m²	75万3520円
神奈川県	213 m²	36万4690円

（総務庁「住宅統計調査報告（昭和63年）」）

「住宅事情1」を読んでグループで話しあってください。

（1）日本の家が狭くて高いのはなぜですか。

（2）2の「東京周辺の家賃」からどんなことがわかりますか。

（3）あなたの住んでいる町のアパートの家賃と東京の家賃と比べるとどんなことが言えますか。

（4）3の持ち家に関する情報を見てください。あなたの住んでいる町の家の値段や広さと比べるとどんなことが言えますか。

III. アパートを探す

1. はじめに、次のことを考えてください。

（1）皆さんが今住んでいる町では、アパートを探す時どのようにして探しますか。

（2）家賃はどのくらいですか。

（3）アパートを借りる時には、家賃の他に料金を払いますか。払うとしたら、それは何のためのお金でしょうか。

2．ビデオ（「ヤンさんと日本の人々」）を見て次の質問に答えてください。

(1) この人はどのようにアパートを探しましたか。

(2) この人はどんなアパートに興味がありましたか。この人の希望を三つ書いてください。

(3) この人が希望したことは変だと思いますか。どうしてですか。

(4) この人のアパートはアメリカのアパートと比べてどんなところが違いますか。

3．日本人にインタビューしてみましょう。

日本の住宅事情についての知識を深めるため、日本人の友達や知り合いにインタビューしてみましょう。

(1) インタビューする時の質問を考えましょう。

＜アパートを借りる時＞
a. 日本でアパートを借りたことがありますか。日本のどこでですか。広さと家賃はどうでしたか。
b. 一般的には、どんなふうにアパートを探しますか。
c. （借りたことのある人に）どんなことに注意してアパートを選びましたか。
   （借りたことのない人に）一般的にはどんなことに注意して選びますか。
   例：駅からの時間、隣の建物との距離など
d. アパートの設備はどうでしたか。アパートに入る前、どんな物を自分で買いそろえましたか。
e. アパートを借りる時、どのような費用を払いましたか。
f. アパートとマンションの違いは何ですか。
g. あなたが借りたいアパートとはどんなアパートですか。
h. その他

(2) インタビューの後、わかったことをクラスで発表してください。
あなたの町でアパートを借りる場合と比較して、どのような共通点（＝似ているところ）や相違点（＝違うところ）がありますか。

4. 足立さん、アパートを探す。

（1）足立さんとブラウンさんが、昼休みに話をしています。足立さんとブラウンさんの会話を聞いて、次の質問に答えましょう。[☺D1-#10]

   a. 足立さんは何を見ていましたか。

   b. 足立さんはなぜアパートを探していますか。

   c. 足立さんはどんなアパートを探していますか。

   d. 足立さんはどのようにアパートを探していますか。

（2）次の言葉は住宅情報誌にでてくる言葉です。説明にあう言葉を選んで線で結びましょう。

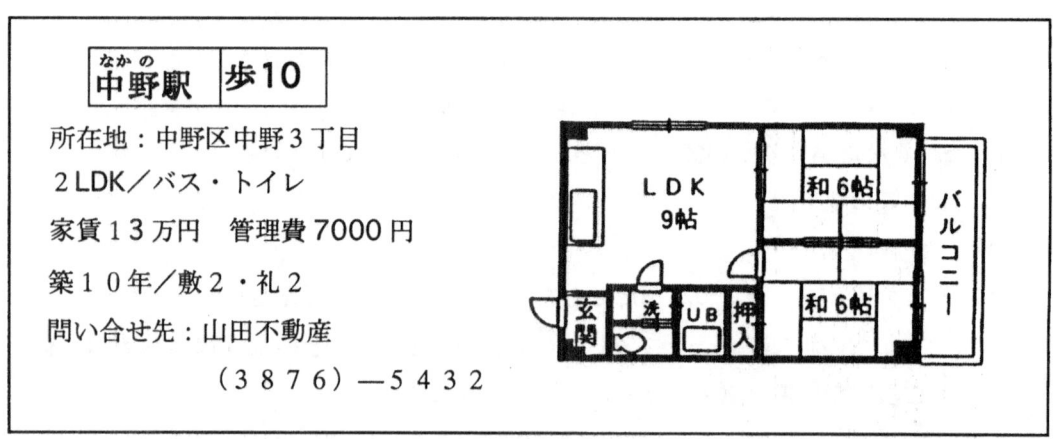

部屋の中の様子を表す図	・	・最寄駅(もより)
どこに聞いたらいいか	・	・歩(分)
部屋や家を借りる費用として毎月払うお金	・	・手付金(てつけきん)
一番近い駅	・	・保証金(ほしょう)（敷金(しききん)＋礼金(れいきん)）＊
建物のある場所	・	・築１０年
駅から歩いていくときにかかる時間	・	・問合せ先
建物の中の共同で使う部分の修理(しゅうり)や掃除(そうじ)のために払うお金	・	・管理費
部屋を借りる予約のために不動産屋に払うお金	・	・間取り図
部屋の契約(けいやく)のときに家賃のほかに払わなければならないお金	・	・家賃(万円)
十年前に建てられた建物	・	・所在地

＊ 地域によって、保証金が敷金と礼金の合計の意味で使われるときと、敷金だけを表すときがあります。

IV. アパートを借りる

1. 「日本住宅事情２」から次の情報を読みとってください。
    (1) アパートを借りる時、家賃の他にどんなお金を払わなければなりませんか。

（2）あなたの町でアパートを借りる時に払う費用と比べるとどのように違いますか。

（3）家賃が8万円のアパートを借りるとしたら、最初に必要なお金はどのぐらいになりますか。

日本住宅事情2

アパートを借りる時に次のことを知っていると便利です。
1．家賃
家賃はいろいろな条件で違ってきます。例えば（1）場所、（2）建てられてからの年数（古いほど安い）、（3）駅からの距離、（4）風呂があるかないか、（5）日当たりなどで違ってきます。

2．契約
（1）部屋を借りる時は、不動産屋をとおして契約するのがふつうです。借りることに決めたら、不動産屋に**手付け金**（予約のためのお金）を払います。
（2）**保証人**が必要です。保証人は部屋を借りる人がすることに責任を持つ人です。職業や収入の安定している親しい人に頼むのがふつうです。
（3）**印鑑**を用意しましょう。日本の生活では、印鑑は欠かせません。サインでもいい場合もありますが、だめな場合もあります。
（4）契約する時は、家賃のほかに次のようなお金が必要です。
敷金（保証金）：家主に預けるお金。出る時に返してもらえるが、部屋を傷つけたり、汚したりした時は、修理の費用を敷金から取られる。ふつう家賃の1～3カ月分。
礼金：家主に払うお礼のお金。家賃の1、2カ月分ぐらい。
仲介手数料：不動産屋に払うお金。家賃の1カ月分。

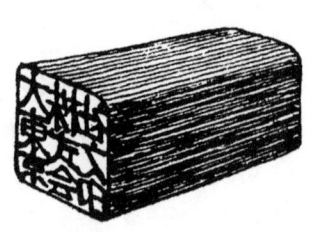

2．聞き取り1

(1) 不動産屋での会話を聞いて次の質問に答えて下さい。　[☺D1-#11]

　　a. 会話を聞いて下の表を完成しましょう。

	間取り	駅からの時間	その他の条件
足立さんの希望のアパート			********
9万円のアパート	********		スーパーがあって便利
8万6千円のアパート		バスで5分 自転車で10分	
8万円のアパート	********		

　　b. 敷金や礼金を払う習慣についてどう思いますか。

3．聞き取り2

(1) 足立さんが不動産屋とアパートを見に行った時の会話を聞いて質問に答えてください。
　　[☺D1-#12]

　　a. このアパートはどんなアパートですか。
　　b. 契約期間は何年ですか。
　　c. 仲介手数料はいくらですか。
　　d. 手付け金はいくらですか。
　　e. 足立さんはこのアパートを借りることにしましたか。

4．条件にあうアパートを選ぶ

次の（1）から（6）は、いろいろな人の部屋や家についての希望です。それぞれの希望に一番あったアパートは、下の表の中のどれですか。

（1）多田：私は歩くのがきらいです。とにかくバス停か駅に近いところがいいです。家賃はもちろん、安い方がいいに決まっていますが、月に1、2万の違いなら、歩かなくてもいいところに住みたいです。

（2）菅原：面倒なことが嫌いなので、新しいマンションがいいです。古い家はいろいろ問題がおこるし、電話をかけて修理を頼んだりするのは面倒だし。でも新築も初めはいろいろ細かい問題があると聞いているので、新築じゃない方がベターかもしれませんね。家賃は10万円を超えなければいくらでも問題ありません。

（3）上岡：私は狭い部屋が嫌いです。部屋数よりも、それぞれの部屋や全体の広さの方が問題です。大きいところがあれば、他のことはあまり気にしません。でも15分以上歩くのは、やっぱりいやですね。

（4）小石：私は暑さや寒さに弱いので、冷暖房のついた部屋がいいです。小さくても、テラスかバルコニーがあればもっといいですが、あまり贅沢は言えませんね。家賃はもちろん、安ければ安いほどいいですが、冷暖房がついていなければ困ります。

（5）藤井：家は主人と二人だけですが、仕事も家でするので、少なくとも3LDK以上の家が要ります。マンションでも一戸建でもいいですが、和室はなくてもかまいません。どちらかというと、全部洋間でもいいのですが、そんな家は少ないかもしれませんね。まあ、寝室ぐらいは和室でもいいでしょう。

（6）牧田：今現金があまりないので、保証金や敷金の高いところは困ります。今銀行にあるお金は全部合わせて120万円ですが、礼金も払わなければならないと聞いてるし、買わなければいけない家具もあるし、少しは貯金がないと、心配だし…。毎月の給料は悪くないので、多少小さくて家賃が高いところでもいいですから、最初の出費が少ないところがいいです。

ア.

| 中野駅 | 歩10 |

1LDK／バス・トイレ

家賃9.5万円　管理費3000円

築5年／敷2・礼2

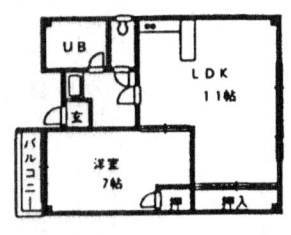

イ.

| 高円寺駅 | 歩10 |

1DK／バス・トイレ

家賃9.0万円　管理費2000円

築8年／敷2・礼なし

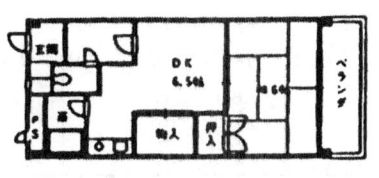

ウ.

| 荻窪駅 | 歩5 |

1K／バス・トイレ

家賃8.5万円　管理費3000円

築8年／敷2・礼2

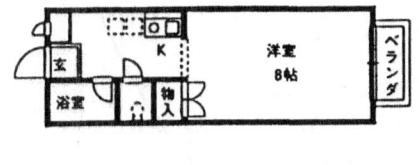

エ.

| 池袋駅 | 歩15 |

1K／バス・トイレ／エアコン

家賃7.8万円　管理費2000円

築8年／敷2・礼1

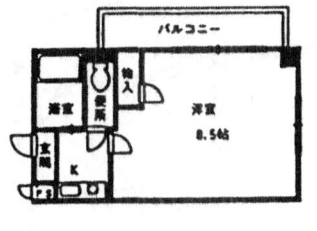

オ.

| 北千住駅 | 歩10 |

3LDK／バス・トイレ

家賃19万円　管理費8000円

築5年／敷2・礼2

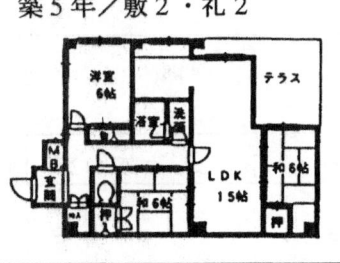

カ.

| 駒込駅 | 歩10 |

1DK／トイレ

家賃9.0万円　管理費5000円

築1年／敷2・礼2

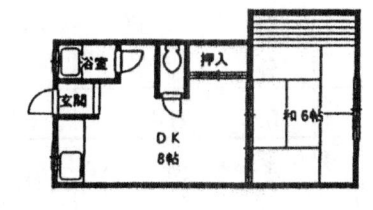

＊1DKや3LDKというのは、何を意味しているでしょうか。

5. 自分のアパートを選ぶ

あなたは足立さんが勤めている東京の大手町の会社で、2年間働くことになりました。今、通勤に便利なアパートを探しています。

(1) あなたの給料は毎月手取りで25万円です。あなたなら、どの部屋に住みたいですか。下の首都圏路線図やアパートの情報を見て、自分が住みたい部屋を一つ選んでください。

(2) どの部屋を選んだか、またどうしてその部屋がいいと思うかを、クラスで話し合ってみましょう。

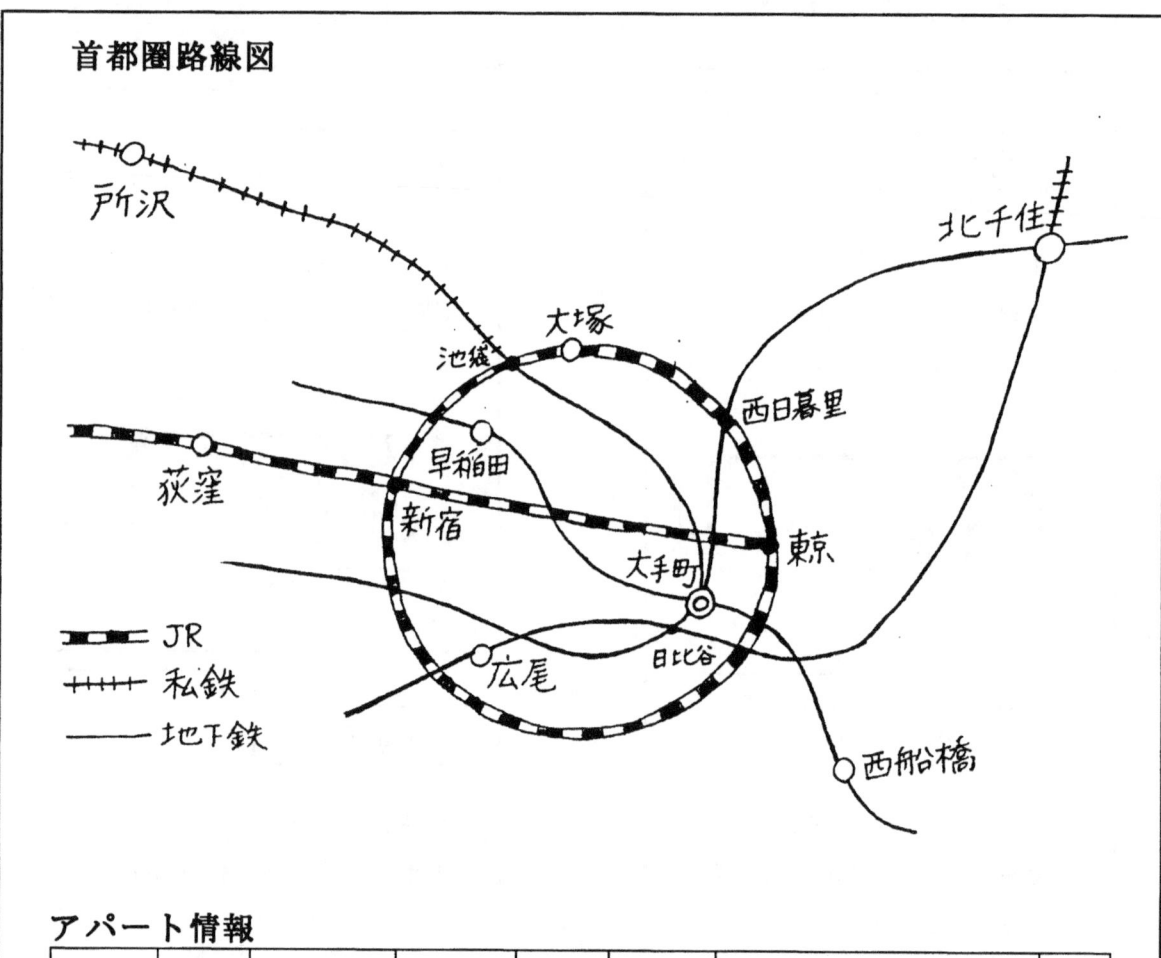

アパート情報

最寄駅	歩(分)	家賃	管理費	敷・礼	間取り	設備	築年
大塚	10	8万円	5千円	2・2	1DK	バス・トイレ、エアコン	築5
にぎやかな池袋から一駅。都電も走っています。							
早稲田	15	7万8千円	4千円	2・2	1DK	バス・トイレ	築7
早稲田大学がある学生街。安くておいしい食堂がたくさんあります。							

広尾(ひろお)	10	13万円	1万円	2・1	1K	バス・トイレ、エアコン	築3
若者や外国人が集まる六本木に近いです。							
荻窪(おぎくぼ)	5	7万円	5千円	2・0	1K	バス・トイレ	築10
都心を少し離れた住宅街。新宿からは２０分ぐらいです。							
北千住(きたせんじゅ)	10	6万5千円	3千円	2・1	1DK	バス・トイレ、エアコン	築5
千葉県に近い住宅街。いろいろな電車の線が利用できます。							
西船橋(にしふなばし)	15	7万円	3千円	2・2	1LDK	バス・トイレ	築5
千葉県ですが、会社がある大手町までは地下鉄ですぐです。							

V. 家賃：読解１

１．小説を読んで、考えましょう。

群(むれ)ようこの「家賃」という小説(しょうせつ)の中に、次のような場面がでてきます。この場面について、下の問題を、グループで日本語で話し合いましょう。

（東京で一人暮らしを始めた、若いOLの物語です。）

「うちの物置よりも狭い」といわれたマンションの家賃は、みんなに内緒にしている。たったひとり、学生時代の親友にだけは告白した。彼女は目をまん丸くして、

「え～っ、給料が手取り十三万五千円で、家賃が八万円なんて、あんた暴挙としかいいようがないわよ。せめて手取りの半分よ」と呆れ顔でいった。私もそう思う。だけど住居として絶対にゆずれない条件を満たすものはこれくらい出さないとなかったのである。

…（中略）…

マンションを探すときだって、どれだけ不動産屋のおじさんに、嫌味をいわれたり説教をされたかわからない。

「場所は世田谷区。最寄り駅から徒歩五分。マンションで洋間。もちろんバス・トイレつき」

この条件を私は呪文のように唱え続けた。不動産屋のおじさんたちは、私が記入する申し込み書をのぞきながら、

「やっぱり、若い女の子には世田谷が人気があるねえ。おじさんとこでもあんたで五人目だ」

などと明るくいった。ところが年収を記入したとたん、にわかに渋い顔になった。

「あんたの年収じゃ、ちょっと無理だよ」

何を考えているんだという顔だ。

「これじゃなきゃ嫌です」

「だって、あんた、家賃払えるの」

「何とかします」
「何とかって、いってもねえ」
こういうおじさんはマシなほうだった。
「あんたの年収じゃ、こんな条件のところは紹介できない」
とすぐさま断られたこともあった。不動産屋の社員に取り囲まれて、
「家賃を無理するとつらいもんだよ」
といい含められたこともある。

群　ようこ「家賃」（『姉の結婚』集英社文庫より）

Permission to reproduce granted by Yoko Mure and Shuueisha Inc.

[物置：storeroom　　内緒：他の人に言わないこと　　告白：秘密を話すこと
手取り：給料から税金などを引いた残り　　暴挙：無理な考え
呆れる：常識に合わないことを見たり聞いたりしておどろく　　嫌味：cynical remark, sarcastic remark　　説教：間違った考えを直すように話をすること　　呪文：a magic spell　　唱える：何度もいう　　渋い顔：嫌そうな顔　　マシ（まし）：少しだけいい
いい含める：わかるように何度もいう　　]

（１）この人は、なぜ家賃を内緒にしていると思いますか。

（２）この人の友だちは、何を"暴挙"だと思いましたか。あなたも、そのことを"暴挙"だと思いますか。

（３）この人は、どのような部屋を探していましたか。また、それはどうしてか考えてみましょう。

（４）あなたにとって、部屋を借りる時に一番大事な条件は何ですか。

（５）不動産屋の人は、この人になんと言いましたか。そのときの、言葉遣いや態度はどうでしたか。

（６）「マンションを探すときだって、どれだけ不動産屋のおじさんに嫌味を言われたり、説教をされたかわからない」とありますが、文中に嫌味の例、説教の例がありますか。本文に出ている例のほかにどんな嫌味を言われたか、またどのように説教をされたか想像して例をあげてください。

（7）あなたは、不動産屋の人がこの人にしたことをどう思いますか。

（8）文中で下線を引いた表現は、人の感情を表しています。どのような場合にする表情ですか。例をあげて考えてみましょう。
   a. 目をまん丸くする
   b. 呆れ顔
   c. 渋い顔

2．ディスカッション
あなたにとって理想の住環境(じゅうかんきょう)とはどんな環境ですか。またなぜそれが理想なのですか。クラスメートと話し合ってください。

VI．家を持つ：読解2

1．読む前に考えましょう。
（1）あなたは将来自分の家を持ちたいと思いますか。なぜですか。

（2）家を持つとしたら、何才ぐらいで自分の家を手に入れたいですか。

2．次の文章(ぶんしょう)を読んで質問に答えましょう。
（カーレーサーの星野一義(ほしのかずよし)がインタビューで質問に答えています。以下は星野が２２歳の時（1969年）、日産(にっさん)チームに入りアパートに住み始めた時の話です。）

₁会社が東京の杉並(すぎなみ)の中野富士見町(なかのふじみちょう)駅近くに２DKのマンションを借りてくれたので、十九歳の時に知り合った女房を呼び寄せて一緒に暮らし始めました。
…（中略）…
₂会社が家賃を出してくれたのは一年だけで、後は四万五千円の家賃を自分たちで払わなければいけなくなった。当時の基本給は月十万円だし、とても生活していけない。すぐに川崎市(かわさきし)の登戸(のぼりと)へ引っ越しました。二間の木造アパートで家賃は二万円。周囲は見渡す限り畑でした。

それからは目の色を変えてレースに打ち込みましたね。出られるレースは全部出場し、無駄な出費はできるだけ抑えました。レーサー仲間が外車を買っても、おれはブルーバードで我慢しました。
　　その甲斐あって、₃一年で五百万円を貯め、七二年に静岡の丸子に敷地五十二坪、建坪二十二坪の中古物件を千百七十万円で買ったんです。
　　₄一軒家を持てたのがうれしくてね。改装工事の職人さんたちに交じって、玄関のペンキ塗りを手伝ったくらい（笑）　…（略）…

「家」の履歴書　『週刊 文春』1998年10月22日発行

Permission to reproduce granted by Kazuyoshi Hoshino and Bungei Shunju Ltd.

[　目の色を変えて：必死になって　desperately
〜に打ち込む：自分の全部の力を使って〜をする　　無駄な：必要のない
その甲斐あって：そのおかげで　　敷地：建物を建てたり庭などに使ったりする土地
坪：土地の大きさの単位、約3.3m²　（五十二坪＝ 172 m²)
建坪：建物が建っている所の坪数（二十二坪＝73m²)　〜に交じって：と一緒に　]

（1）どうして杉並のマンションから登戸のアパートへ引っ越しましたか。

（2）下線3に「一年で五百万円貯めた」とありますが、どのようにして貯めましたか。

（3）下線1に「会社が…マンションを借りてくれた」とか下線2に「会社が家賃を出してくれた」などとあります。このように会社が社員の住宅補助をしたり社員寮を用意したりすることは日本では一般的です。あなたの国ではどうですか。

（4）下線4に「一軒家を持てたのがうれしい」とあります。あなたにとって、"貸家ではない自分の家を持つ"ことはどんな意味がありますか。日本では一般的にどう思われているのでしょうか。

3．話し合いましょう。

（1）国や地方によって、家を持つことの難しさはどう違いますか。

（2）国や地方、年代によって、家を持つことに対する意識が異なりますか。

<語彙リスト>

I. 日本生活事情クイズ

事情	じじょう	貯金	ちょきん
電気代	でんきだい	ガス代	がすだい
自動販売機	じどうはんばいき	通話	つうわ
洋式	ようしき	和式	わしき
受信料	じゅしんりょう	小切手	こぎって
有料	ゆうりょう	健康	けんこう
診断	しんだん		

II. 住宅事情

住宅	じゅうたく	国土	こくど
限られる	かぎられる	周辺	しゅうへん
持ち家	もちいえ	居住	きょじゅう
空間	くうかん	一戸建て	いっこだて
敷地	しきち	面積	めんせき
全国	ぜんこく	平均	へいきん
総務庁	そうむちょう	統計	とうけい

III. アパートを探す

3．インタビュー

距離	きょり	設備	せつび
そろえる		共通点	きょうつうてん
相違点	そういてん		

4．足立さん、アパートを探す

（1）（聞き取り）

住宅情報誌	じゅうたくじょうほうし	社会人	しゃかいじん
物件	ぶっけん	不動産屋	ふどうさんや

（2）（住宅情報誌）

所在地	しょざいち	管理費	かんりひ
築	ちく	敷（金）	しき（きん）
礼（金）	れい（きん）	問い合わせ	といあわせ

最寄駅	もよりえき	手付け金	てつけきん
保証金	ほしょうきん	共同	きょうどう
修理	しゅうり	契約	けいやく
間取り図	まどりず		

IV. アパートを借りる

1. 日本住宅事情2

日当たり	ひあたり	保証人	ほしょうにん
印鑑	いんかん	欠かす	かかす
家主	やぬし	傷つける	きずつける
仲介手数料	ちゅうかいてすうりょう		

2. 聞き取り1

予算	よさん	徒歩	とほ
以内	いない	コンビニ	

4. アパートを選ぶ

面倒	めんどう	新築	しんちく
冷暖房	れいだんぼう	現金	げんきん
給料	きゅうりょう	出費	しゅっぴ

5. 自分のアパートを選ぶ

大塚（地名）	おおつか	池袋（地名）	いけぶくろ
都電	とでん	早稲田（地名）	わせだ
広尾（地名）	ひろお	荻窪（地名）	おぎくぼ
北千住（地名）	きたせんじゅ	西船橋（地名）	にしふなばし

V. 家賃：読解1

1. 読んで考える

小説	しょうせつ	物置	ものおき
内緒	ないしょ	告白	こくはく
手取り	てどり	暴挙	ぼうきょ
呆れる	あきれる	ゆずる	
嫌味	いやみ	説教	せっきょう
呪文	じゅもん	唱える	となえる

渋い顔	しぶいかお	まし	
取り囲む	とりかこむ	言い含める	いいふくめる

２．ディスカッション

理想	りそう	住環境	じゅうかんきょう

VII. 家を持つ：読解２

２．読んで答える

呼び寄せる	よびよせる	基本給	きほんきゅう
木造	もくぞう	見渡す	みわたす
目の色を変える	めのいろをかえる	打ち込む	うちこむ
無駄	むだ	抑える	おさえる
外車	がいしゃ	敷地	しきち
坪	つぼ	建坪	たてつぼ
中古	ちゅうこ	一軒家	いっけんや
改装工事	かいそうこう	職人	しょくにん
交じる	まじる		

３．話し合い

意識	いしき

Unit 3

お願いします！　―依頼する―

　このユニットでは、足立さんが会社で上司にお願いしたり、先生から家庭教師を頼まれたりします。また、困った時に友達に助けてもらったりします。そんな時、足立さんはどのように人に頼んでいるでしょうか。また、頼まれた時にどのように返事をしているでしょうか。このユニットでは足立さんの例を通して、「頼み方」や「依頼の断り方」を学びましょう。また、店でのサービスについても考えてみましょう。

1．サービスを求める時の表現を復習しましょう。
2．日本でのサービスについて考えましょう。また、自分の国でのサービスについても考えましょう。
3．人に物を頼む時、人間関係や場面に合った頼み方ができるように練習しましょう。
4．依頼を断らなければならない時、うまくできるように練習しましょう。

話題
1．店でのサービス
2．引っ越し
3．休暇願いを出す
4．家庭教師を頼まれる
5．電話の勧誘

I．準備

1．皆さんはどんなときに人にものを頼みますか。次のそれぞれの人に何か頼む場合についてグループで考えてください。

　　　店の人　　　親　　　友達　　　先生　　　上司

2．聞き取り：いろいろな場面で人にものを頼む会話を聞いて、それぞれの会話で話している人達の関係と頼んでいることを下の表に書き込みましょう。　[☺D1-#13-21]

	人間関係	頼んでいること
（例）	お客とウエートレス	水を持って来てほしい
（1）		
（2）		
（3）		
（4）		
（5）		
（6）		
（7）		
（8）		

3．次の場面では、どのように言って頼めばいいですか。グループで表現を考えましょう。

	相手	あなたがしたいこと／相手にしてもらいたいこと
（1）	デパートの店員	ケースの中にある時計を見る
（2）	デパートの店員	昨日買った黒いバッグを、茶色のものと交換する
（3）	ルームメイト	アルバイトに行かなければならないので、留守中、友達から電話があったらメッセージを聞いておいてもらう
（4）	友達	病気で起きられないので、今日の午後、看病と手伝いにアパートに来てもらう
（5）	友達	明日のクラスに出られないので、ノートを借りる
（6）	先生	約束した時間に間に合わないので、少し待ってもらう
（7）	先生	就職の面接があるので、試験を来週に延期してもらう
（8）	上司	頭が痛いので、午後の仕事を休む

II. サービスを頼む

1. 次のサービスを頼む時に、どのように言うか考えてみましょう。

（1）酒屋でビールを1ダース買って配達(はいたつ)を頼みます。

（2）公衆電話をかけたいので近くの店で両替(りょうがえ)を頼みます。

（3）昨日買ったセーターが小さいので取り替えてもらいます。

（4）冷蔵庫の調子が悪いので（例えば、入れた物が冷たくならない、変な音がする等）電気屋に修理に来てもらいます。

2．1で考えた以外に、どんな言い方ができますか。下の表現のまとめを参考にして考えましょう。

◆ サービスを頼む時の表現 ◆

1．～お願いします

　　例：（レストランで）メニューお願いします。
　　　　（郵便局で）これ、航空便でお願いします。

2. ～てください

例：（レストランで）コーヒーは食事のあとにしてください。

3. ～てもらえませんか／～ていただけませんか

例：（会社などに）保険の事で詳（くわ）しい事が知りたいんですが、説明書、送ってもらえませんか。

4. ～たい んだけど／んですが

例：（新聞屋に）来月から日本経済新聞も取りたいんですが。

5. ～てほしい／～てもらいたい んだけど／んですが

例：（写真屋で）これ、今日中に仕上げてほしいんですが。

3．日本のサービス

（1）読む前に考えてみましょう。

　　a．あなたは本屋で本を買う時、袋（ふくろ）に入れてもらいますか。
　　b．（日本に行ったことのある人に）日本の本屋ではどうでしたか。

（2）日本のサービスについての、次の文を読んで、下の質問に答えてください。

（横浜と東京に２５店ある『有隣堂（ゆうりんどう）』書店の社長、篠崎孝子（しのざきたかこ）さんの1970年代の話です。）

　…『有隣堂』書店で文庫本を買おうとすると、レジでたずねられる。
　「いらっしゃいませ。カバーは何色になさいますか？」
　黄、緑、青、ピンク、オレンジ、…十色そろっていて、好きなカバーがかけてもらえる。

　　　　　　　　　　　　　　　　　　　　　　　　（中略）

　ある時篠崎さんは、著名な文化人が書いているのを読んでがく然とした。
　「日本でサービスが劣悪なワースト・スリーは、国鉄、病院、そして本屋である」
　国鉄はいまのJRだが、たしかに切符を売る窓口も改札係も突っけんどんで、乗せてやる、といわんばかりの態度だった。民営化されていくらかよくなったが。
　病院も、いまのように医師が余って経営難になるまでは、受付窓口の前に立つのも恐いような気がしたものだった。

「本屋も、いわれてみれば確かにその通りでした。お客様に、いらっしゃいませ、でも、ありがとうございます、でもなく、本が読みたきゃ探して金払って行け、という調子でしたから」

　客のほうも、本屋のレジが無愛想なことはわかっているから、棚から持って来た本と代金を、ぽん、と無言でカウンターに置く。

　レジ係は客の顔も見ず本にカバーをかけ、その上にお釣りを乗せて、おしまい。

　これじゃ、文化商品を売っている、とはいえないのではないだろうか。

　なんとかしなければ、と思った。

「それで、色違いのカバーを置いたのです。…（略）

「カバーはカラフル」（「読むクスリ」　上前淳一郎　『週刊文春』'98/10/29 より）

Permission to reproduce granted by Junichiro Uemae and Bungei Shunju Ltd.

[がく然とする：びっくりする　　国鉄：（国営鉄道の略）1987年に民営化され、JR (Japan Railways)と呼ばれるようになった。
突っけんどんな：curt, brusque　　無愛想な：unfriendly, blunt]

a. 当時サービスの面でワースト・スリーに入っていた三つの職場で働く人達に共通の態度は何ですか。
b. あなたの住んでいる地方の公共交通機関（電車、バス等）、病院、本屋のサービスはどうですか。ここに書かれているケースと違いますか。違うとしたらどう違いますか。
c. この本屋はサービスを向上させるためにどうしましたか。あなたが客だったらそれに対してどう思いますか。
d. あなたが社長だったらサービス向上のためにどんなことをしますか。

4．日本でのサービスとあなたの国でのサービスを比べてみましょう。2、3人のグループで話し合ってください。

(1) サービスがいいと思うレストランや店の名前をあげてください。なぜそう思いますか。
　（参考語彙：愛想がよい／（仕事が）速い／丁寧／私語を慎んでいる）

(2) あなたの国のレストランや店のサービスをどう思いますか。また、日本でのサービスをどう思いますか。文化的に違うところがあるでしょうか。（どのような意見が出たかメモをして、クラスで発表しましょう。）

（3）あなたが自分の店を経営することになったら、どうするか考えましょう。
（例えば、スーパーの店長、ファーストフードのチェーン店のマネージャー）
　　a．店のサービスをよくするためにどんなことをしますか。
　　b．どんな店員教育をしますか。

III. 同僚に頼む

1．ブラウンさんが足立さんに頼んでいる会話を聞いて、次の質問に答えましょう。[☺D1-#22]

（1）人にものを頼む時には、話の進め方の順序（order）があります。会話を聞いて、どのような順序で頼んでいるか考え、その順序を書いてください。

（2）もう一度聞いて、（1）で答えた順序で話していたかどうか確認してください。

（3）ブラウンさんは、どんな表現を使っていたでしょうか。ブラウンさんの表現を書き出してみましょう。

　　前置き：

　　頼むとき：

2．同僚に何か頼む時の表現を考えましょう。次の設定ではどのように頼むでしょうか。「話の順序」をガイドラインにして考えてください。

　設定：仕事の手紙を日本語で書いたので、出す前に日本語をチェックしてくれるように頼みます。

　★話の順序
　（1）前置き
　（2）理由
　（3）頼む
　（4）感謝

3．会話を聞いて下の質問に答えましょう。[☺D1-#23]

　　足立さんが、仕事の後、友達の上岡さんと話しています。上岡さんは足立さんとは違う会社で働いています。

（1）足立さんが苦労していることは何ですか。

（2）上岡さんは何の会社に勤めていますか。

（3）上岡さんの会社では、同僚と話す時どのような言葉遣いをしますか。

（4）ファックスの仕方を同僚に尋ねる場合、足立さんの会社だったらどう言うでしょう。
　　上岡さんの会社だったらどうですか。

4．『頼む時の表現』（p.53）を参考にして、ロールプレイをしましょう。
　＜ロールA＞
（1）日本語で手紙を書きましたが、正しく書けているかどうかわかりません。Bさんにチェックを頼みます。

（2）タイピストのBさんにレポートのタイプを頼みます。急いでいるので、今日のお昼までにしてくれるように頼みます。

（3）あなたは、今、会社で仕事をしています。そろそろ仕事関係の客があなたを訪ねて来る時間ですが、3階の図書室へ行く用事ができたので、ちょっと席をはずしたいと思っています。同僚のBさんに、客が来たら、すぐ戻るから待っていてほしいと伝えてくれるように頼んでください。

（4）同僚のBさんは銀行に行くところです。あなたはBさんに、郵便局に寄って切手を買って来てくれるように頼みます。

　＜ロールB＞
（1）Aさんは外国人の同僚です。あなたに何か頼みに来ます。

（2）あなたはタイピストです。同僚のAさんに仕事を頼まれます。

（3）同僚のAさんから伝言を頼まれます。

（4）銀行に行くところです。Aさんに用事を頼まれます。

IV. 上司または先生に頼む

1. 足立さんが上司に休暇願(きゅうかねが)いを出す場面の会話を聞きます。下の文が正しいかどうか考えて、正しければ T、違っていたら F に○をつけましょう。　[☺D1-#24]

    T　F　足立さんは今、会社の近くに住んでいます。
    T　F　課長は足立さんが引っ越すことを知っていました。
    T　F　足立さんは引っ越しの日に休みたいといいました。
    T　F　課長は予定を変えるようにいいました。
    T　F　足立さんは引っ越しの日を1週間早くします。

2. 日本の会社で働いたことのある日本人に休暇について聞いてみましょう。あとでクラスで報告して、あなたの国の場合と比べてください。

　（1）会社ではどんな休暇が取れますか。／取れましたか。

　（2）どんな時に休暇を取りますか。／取りましたか。

　（3）休暇は取りやすいですか。／取りやすかったですか。

　（4）休暇日をどのように決めますか。／決めましたか。

　（5）休暇を取る時に、どんなことに注意しますか。／注意しましたか。

3. 次の設定で上司または先生に何か頼む時、どんな表現を使うでしょうか。IIIの1と2で考えた順序や『頼む時の表現』（p.53）を参考にして、書いてみましょう。

　（1）上司に休暇願いを出す時

　（2）先生に推薦状(すいせんじょう)を書いてもらいたい時

4. ロールプレイをしましょう。
　　＜ロールA＞
　（1）あなたは学生、Bさんは先生です。今日はレポートの提出日ですが、まだできていないので、きちんと理由を説明して、提出日の延期を頼みます。

（2）あなたは学生、Bさんは先生です。日本に留学するための推薦状を書いてくれるようBさんに頼みます。次のことを先生に話してください。
　　・留学先の大学
　　・締切日
　　・自分の経歴と関心
　　・決まった用紙があるかどうか

（3）Bさんはあなたの上司です。今度、引っ越しをするので、休暇願いを出します。

（4）Bさんはあなたの上司です。今度、あなたの課で新しいプロジェクトを始めることになったと聞いたので、そのグループに入れてくれるようにBさんに頼みます。

（5）Bさんはクラブの先輩です。大事な用事があるので、クラブの練習を休ませてくれるようにBさんに頼みます。

＜ロールB＞

（1）あなたは先生、Aさんは学生です。今日はレポートの提出日ですが、Aさんが何か頼みに来ています。

（2）あなたは先生、Aさんは学生です。Aさんが何か頼みに来ます。よく話をきいてあげて、引き受けてください。

（3）あなたはAさんの上司です。Aさんが何か頼みに来ます。

（4）あなたはAさんの上司です。今、同じ課で仕事をしています。今度、新しいプロジェクトを始めることになっています。Aさんが何か頼みに来ます。

（5）あなたはAさんのクラブの先輩です。Aさんはクラブを休ませてほしいと頼んできますが、もうすぐ試合／発表会があるので、Aさんが休むと困ります。どうしても都合がつかないのかAさんに聞いてください。

V. 友達に頼む

1. 友達に何か頼む時の表現を考えましょう。次の設定ではどのように頼むでしょうか。「話の順序」をガイドラインにして、考えましょう。

    設定：病気で大学を休んでしまったので、友達にノートを貸してくれるように頼みます。
    ★話の順序
    （1）前置き
    （2）理由
    （3）頼む
    （4）感謝

    ＊とても親しい友達のときは、前置きを言わないこともあります。

2. 足立さんが友達に何かを頼んでいる場面の会話を3つ聞きます。
    [☺D1-#25-27]
    （1）何を頼んでいたかを聞き取って、下の表に書きましょう。

	頼んでいたこと
（1）	
（2）	
（3）	

    （2）今度は言葉に注意して聞きましょう。
    a. 足立さんは、同僚や上司に頼む時と比べて、どのように言葉遣いを変えていますか。
    b. わからない表現がありましたか。

3. 『頼む時の表現』を参考にして、ロールプレイをしましょう。
    ＜ロールA＞
    （1）あなたは今週末引っ越しをします。友達のBさんに手伝ってくれるように頼みます。

    （2）あなたは日本語でレポートを書きましたが、正しく書けているかどうかわかりません。友達のBさんに（日本人）日本語をチェックしてもらいます。

（３）あなたは書道を習いたいと思っていますが、いい先生を知らないので友達のBさんに先生を紹介してもらえるか、聞いてみます。

（４）あなたの家でパーティーをしていますが、Cさんから道がわからなくなったと電話がありました。忙しくて迎えに行けないのでBさんに駅まで行ってもらいます。BさんにCさんの 外見などを説明します。

＜ロールB＞

（１）友達のAさんから何か頼まれます。

（２）外国人の友達のAさんから何か頼まれます。

（３）友達のAさんから何か頼まれます。

（４）友達のAさんから何か頼まれます。

◆ 頼む時の表現 ◆

　人に何か頼む時は、状況（じょうきょう）(situation)、頼む内容（ないよう）（頼みにくいものとそうでないもの）と人間関係を考えることが大切です。それらに注意して下の表現を見てみましょう。

＊下に行くほどくだけた表現になります。３と４は親しい相手によく使われる表現です。
＊＊いくつか表現がある場合、右にいくほどていねいな表現になります。

| 1. 〜ていただけますか／〜ていただけませんか／〜ていただけないでしょうか |

　　例：（上司に）明日はお休みさせていただけないでしょうか。

| 2. 〜もらえますか／〜てもらえませんか |

　　例：（会社で）この書類を１０部コピーしてもらえますか。

| 3. 〜てくれる／〜てくれない／〜てもらえる |　　＊語尾(こび)(word ending)を上げて言う。

　　例：（友達に）ノートを貸してくれない。
　　　　（友達に）ここに電話番号書いてもらえる。

4. 〜て／〜て（も）いい　　＊語尾(こび)(word ending)を上げて言う。

　　例：（弟に）ちょっとこっち来て。
　　　　（友達に）ねえ、このノート借りていい。　　（許可を求める表現ともとれる）

◆その他、自分の気持ちを述べて相手にお願いする形もあります。
　〜していただきたいんですが…、〜していただきたいと思いまして…
　　例：（先生に）今度の勉強会の時、先生にお話していただきたいんですが…。

◆ 状況や内容、人間関係によって頼み方が違ってきますが、次の段階を踏むことが多いようです。

　　1．前置き
　　2．理由
　　3．頼む
　　4．感謝

◆ 話し手との人間関係に距離があるほど、また内容が頼みにくい場合、前置きと理由が長くなることが多いです。次の会話を見てみましょう。

　　例　1．友達同士
　　　　林：ねえ、大越愛子の『フェミニズム入門』持ってる？
　　　　鈴木：うん、あるよ。
　　　　林：ちょっと貸してくれない？
　　　　鈴木：いいよ。明日持ってくる。
　　　　林：サンキュー。

　　　2．先生と学生
　　　　学生：先生。
　　　　先生：はい、何ですか。
　　　　学生：あの、先生、大越愛子の『フェミニズム入門』をお持ちですか。
　　　　先生：ええ、持ってますよ。
　　　　学生：あ、そうですか。あの、実は今とっているクラスのレポートを書くのにちょっと使いたくって…。図書館で探したんですがなくて。
　　　　先生：図書館にないの？
　　　　学生：ええ。それで、もしよろしければ先生の本を2、3日お借りできないでしょうか。

先生：あ、いいですよ。
学生：ありがとうございます。
先生：いいえ。

VI. 依頼を断る

1. 家庭教師を頼まれたが断るという設定の会話を聞いて、次の質問に答えてください。[☺D1-#28]

   （1）足立さんは教えるのがいやですか。

   （2）足立さんはどうして教えられないのですか。

   （3）足立さんの会社はどうして忙しくなりましたか。

   （4）女の人はどうして足立さんに教えてもらいたいと思っていますか。

   （5）女の人はどのように足立さんを説得していますか。

   （6）足立さんは「できない」と言いましたか。

   （7）女の人はどうしますか。

2. 次のページの『依頼を断るときの表現』を見て表現の復習をしましょう。

3. 断り方や、交渉の仕方を練習しましょう。

   （1）下のa～iの場合どのように断わりますか。練習しましょう。

   （2）もしあなたが頼む方だったら相手が断って来た時どのように交渉しますか。
   　　（依頼を断る）
   　　a. 自分が卒業した学校の先生に、日本語の書類を英語に翻訳してほしいと頼まれました。
   　　b. 知り合いに、その人の会社の研修会で、自分の国のことについて日本語でスピーチをしてくれと頼まれました。

c. 隣の家の奥さんに、急用ができたので一時間ぐらい五才の子供の面倒を見てもらえないかと頼まれました。

d. 友達からテープレコーダーを三日間貸してくれと頼まれました。

e. 上司に子供の家庭教師をしてくれと頼まれました。また、もし、この設定で自分の代わりに友達を家庭教師に推薦するとしたら、どのように友達のことを話しますか。

f. 知人の友達が留学のため、アメリカに来ることになりました。生活文化の勉強にもなるので、家にホームステイさせてくれないかと頼まれました。

g. 友達に授業のノートを貸してくれと頼まれました。

（勧誘を断る）
h. 新聞屋が来て新聞をとってくれないかと勧誘されました。

i. 保険外交員に生命保険に入るように勧められました。

◆　依頼を断るときの表現　◆

依頼を断る時は、はっきり「できません。」と言う代わりに、なぜできないかという理由だけを言うことが多いです。下線部が理由を述べているところです。

1．友達同士
A　林　：ねえ、ちょっと悪いんだけど、昨日風邪で休んじゃったんだけど、ノート貸してもらえるかなあ。
　　鈴木：ノート？<u>昨日のはきちんと取ってないんだ。見てもわかんないと思うけど。</u>
　　林　：あ、そう。
　　鈴木：ごめん。

B　林　：ねえ、ちょっと悪いんだけど、昨日風邪で休んじゃったんだけど、ノート貸してもらえるかなあ。

鈴木：ノート？私も今日使うんだけど、試験の勉強しようと思って…。
林　：あ、そう。
鈴木：ごめん。

2．先生と学生
　A　スミス：あのう、ちょっとお願いしたいことがありまして。
　　　先生　：はい、何でしょうか。
　　　スミス：実は来年卒業するんですが…
　　　先生　：はい
　　　スミス：そのあと大学院へ行きたいと思っているんです。
　　　先生　：あ、そうですか。
　　　スミス：それで、あのう、推薦状が三通いるんですが、先生に一通書いていただけないかと思いまして…。
　　　先生　：推薦状ですか。書いてあげたいんだけど、スミスさんのこと、まだあまりよく知らないから…。今学期、初めて教える学生さんの推薦状はお断りしているんです。悪いけど…。去年の先生だったら、スミスさんのこと、もっとよくわかると思いますけど、頼んでみましたか。

　B　林　：あのう、ちょっとお願いしたいことがありまして。
　　　先生：はい、何でしょうか。
　　　林　：実は来年卒業するんですが、（はい）そのあと大学院へ行きたいと思っているんです。
　　　先生：あ、そうですか。
　　　鈴木：それで、あのう、推薦状が三通いるんですが、先生に一通書いていただけないかと思いまして…。
　　　先生：推薦状ですか。締切はいつですか。
　　　林　：来週の月曜日です。
　　　先生：え？来週の月曜日？ちょっと無理ですねえ。大学院の推薦状は大事だから２、３日では書けませんねえ。

　☆　上の例のように、場合によってははっきり断ることもあります。

3．上司と部下
　　　上司：うちの子供が今、中学生なんだけど、英語が苦手で。
　　　木村：そうですか。
　　　上司：木村さん、アメリカに留学していたんですよね。

　　　　木村：ええ。
　　　　上司：うちの子に英語を教えてやってもらえないかなあ／かしら。
　　　　木村：そうですねえ…。お引き受けしたいんですけど…。<u>最近体の調子がよくないんです</u>。
　　　　上司：あ、そう。それはいけませんねえ。
　　　　木村：<u>病気というわけじゃないんですけど、なんか疲れやすくて</u>。
　　　　上司：無理ですか。
　　　　木村：申し訳ありませんが…。

　☆　断る理由をうまく説明すると、相手が、「無理ですか」と言ってくれるので、断る人ははっきり「できない」とか「無理」と言わなくてもいいです。上の会話のように相手が上司などの場合、はっきり断らない方がいいです。

4．同僚
　　　　ギブソン：高橋さん、お忙しいところすみませんが、
　　　　高橋：はい。
　　　　ギブソン：あのう、日本語で手紙を書いたんですけど、送る前にちょっと見てもらえないかと思って。
　　　　高橋：急ぎますか。
　　　　ギブソン：ええ、午前中に出したいと思ってるんですが。
　　　　高橋：あ、そうですか。すいません、ちょっと今、手が離せないんですよ。<u>午後の早い時間だったらできるんですけど</u>。
　　　　ギブソン：あ、そうですか。わかりました。じゃあ他の人に頼んでみます。
　　　　高橋：そうですか。すみません。

　☆　断る時、上の例のように代わりの条件を言うといい場合があります。

4．ロールプレイをしましょう。

＜ロールA＞

（1）あなたはBさんの上司です。中学生の子どもの英語の家庭教師をしてくれるようにBさんに頼みます。Bさんに引き受けてもらえるように、工夫して頼んでください。

（2）あなたとBさんは会社の同僚です。今度友達が留学に来ますが、住むところが決まっていません。自分の家はとても狭いので、Bさんの家に友達をホーム・ステイさせてもらえるように頼みます。

（3）あなたとBさんはクラスメートです。病気でクラスを休んだので、Bさんに授業のノートを見せてくれるように頼みます。

（4）あなたとBさんはクラスメートです。あなたはアルバイトのため、クラスをさぼりたいので、Bさんにクラスで代返してくれるように頼みます。Bさんが引き受けてくれるように、説得してください。

＜ロールB＞

（1）Aさんはあなたの上司です。Aさんに子どもの家庭教師をしてくれるように頼まれますが、あなたは教えたくありません。ていねいに断って、代わりに友達のスミスさんを紹介します。

（2）Aさんとあなたは会社の同僚です。Aさんの友達の留学生のことで頼まれますが、ていねいに断ります。

（3）Aさんとあなたはクラスメートです。Aさんに授業のノートを見せてくれるように頼まれますが、理由を話して断ります。

（4）Aさんとあなたはクラスメートです。Aさんにクラスで代返してくれるように頼まれますが、理由を話して断ります。

VII. 電話でのセールス：読解

1．次の文を読んで下の質問に答えましょう。

有吉 玉青がニューヨークでの留学生生活について書いた『ニューヨーク空間』の中に、次のような場面があります。

> 昼間の電話はでないに₁限る。・・・（中略）・・・誰からかかってくるというのでない昼間の電話は、勧誘、宣伝の類いである。ニューヨークのこれは凄い。
> 一戸一戸に電話をして注文をとりつけるという商法で、実は私も日本で学生アルバイトをしたことがあるが、だいたいフォーマットを読みあげ、断られたらそれまでと諦めるものであった。ところが、こちらのセールスマンはそんな生やさしいものではない。
> 今日もつい、昼間の電話をとってしまい、
> 「こんにちは、タマオ・アリヨシ」
> と、わざとらしく明るく言われた途端、受話器をとった軽卒を₂悔やんだが仕方がない。

…（中略）…　それはケーブルテレビの宣伝であった。今なら超特価で、映画のチャンネルが入れられるらしい。こちらのケーブルテレビはまず基本のケーブルに入り、他に映画、スポーツとたしてゆく仕組みだ。勿論、基本のケーブルで映画もスポーツも見られるが、この専門チャンネルでしか見られないものもある。面白そうだが、留学生に家でのんびりテレビを見る時間はそうはない。

　が、ここですぐ「いりません」といえないのは日本人ゆえか、話だけは聞こうかと、一回、このおトクな期間を確認したのが、墓穴を掘った。

　「ンーンー（ナルホドの意。鼻を鳴らしてアメリカ人ぽく）、今月限りね」
それで話がおわったところではっきり断ったところ、

　「なぜ？たった今、興味を示したばかりじゃないですか」
えらいことになってしまった。以後、いらない―なぜ、の押し問答が続き、もう出かけなければならないので、ようやく事切れたと思うも、

　「明日のこの時間ならいますか」
執念が感じられるのだ。

有吉　玉青　『ニューヨーク空間』（新潮文庫）

Permission to reproduce granted by Tamao Ariyoshi.

[類い：種類　　商法：売り方　　途端：すぐに　　軽率：あまり考えないこと
超特価：特別に安い値段　　～ゆえ：～だから　　興味：interest
押し問答：言い合うこと　　事切れた：終わった　　執念：しつこいこと　　]

（1）あなたは電話でのセールスをどう思いますか。どのようにセールスを断りますか。

（2）日本にも電話でのセールスがありますか。あるとしたら、日本とアメリカの電話セールスの違いはどんなことですか。

（3）この人が断ろうと思った理由はなんですか。

（4）この人はなぜうまく断ることができませんでしたか。あなたなら、どうやって断りますか。

（5）友達から頼まれたことを断る時と、セールスを断る時と、どんな違いがありますか。

2. 表現練習
　本文で下線を引いた表現はどんな時に使いますか。例文を作ってみましょう。
（1）～に限る

（2）～を悔やむ

（3）墓穴を掘る

<語彙リスト>

I. 準備

依頼	いらい	頼む	たのむ

2．聞き取り

人間関係	にんげんかんけい	親	おや
課長	かちょう	同僚	どうりょう
先輩	せんぱい	上司	じょうし
出前	でまえ	夜分	やぶん
往診	おうしん	１０部	じゅうぶ
家庭教師	かていきょうし	文献	ぶんけん

3．頼む

交換する	こうかんする	間に合う	まにあう
延期する	えんきする		

II. サービスを頼む

1．（どのように言うか考える）

配達	はいたつ	両替	りょうがえ
取り替える	とりかえる		

◆サービスを頼む時の表現◆

説明書	せつめいしょ	仕上げる	しあげる

3．日本のサービス

文庫本	ぶんこぼん	著名	ちょめい
文化人	ぶんかじん	がく然とする	がくぜんとする
劣悪	れつあく	突っけんどん	つっけんどん
態度	たいど	民営化	みんえいか
経営難	けいえいなん	無愛想	ぶあいそ
無言で	むごんで	公共交通機関	こうきょうこうつうきかん
向上	こうじょう		

4．（サービスに関する比較）

私語	しご	慎む	つつしむ

III. 同僚に頼む

１．（聞き取り）

順序	じゅんじょ	段階	だんかい
前置き	まえおき	理由	りゆう
感謝	かんしゃ		

３．（聞き取り）

苦労する	くろうする	かったるい	
つい			

IV. 上司または先生に頼む

１．（聞き取り）

休暇願い	きゅうかねがい	月末	げつまつ
のばす			

４．（ロールプレイ）

提出日	ていしゅつび		
推薦状	すいせんじょう	締切日	しめきりび
用紙	ようし	都合がつく	つごうがつく

V. 友達に頼む

２．（聞き取り）

荷物	にもつ	運ぶ	はこぶ
ご馳走する	ごちそうする	修理に出す	しゅうりにだす
終電	しゅうでん	乗り遅れる	のりおくれる

３．（頼む時の表現）

書道	しょどう	迷う	まよう

VI. 依頼を断る

１．（聞き取り）

家庭教師	かていきょうし	同じ課	おなじか
企画書	きかくしょ	残業	ざんぎょう
ごめんください			

3．（断わり方／交渉の仕方）

研修会	けんしゅうかい	急用	きゅうよう
面倒を見る	めんどうをみる	勧誘	かんゆう
保険	ほけん	外交員	がいこういん
生命保険	せいめいほけん		

4．（ロールプレイ）

さぼる		代返	だいへん

VII. 電話でのセールス：読解

類い	たぐい	商法	しょうほう
途端	とたん	軽率	けいそつ
超特価	ちょうとっか	ゆえ	
興味	きょうみ	押し問答	おしもんどう
事切れた	こときれた	執念	しゅうねん

Unit 4

足立さんの北海道旅行 —旅行計画—

　夏の休暇が取れることになった足立さんは、北海道旅行を計画します。そして、北海道旅行の最中に、素敵なハプニングがあります。さて、どんなことが起こるでしょうか。このユニットでは足立さんと一緒に交通機関や宿泊施設に関する情報を集め、旅行の計画をたてましょう。また、旅行先で起こったことを詳しく描写する練習もしましょう。

1．日本の交通機関について勉強しましょう。
2．日本の宿泊施設や日本人がよくする旅行の形態について勉強しましょう。
3．旅先で起ったことを描写したり、自分の旅行計画を詳しく説明する練習をしましょう。
4．他の人の話を聞き、上手にあいづちを打ったり、話を聞き出したりできるようになりましょう。

話題
1．旅行計画
2．旅行の形態
3．交通機関
4．宿泊施設
5．旅行の思い出や出来事

I. 準備

旅行について考えてみましょう。

（1）あなたはどんな旅行が好きですか。あてはまるものに〇をしてください。
   a. 名所や観光地をたくさん見てまわる旅。（名所巡り）
   b. 目的地でのんびりする旅。
   c. プランをしっかりたてて、プラン通りに行動する旅。
   d. 大まかなプランだけで旅行に行き、あとはその時の気分や状況で決める旅。
   e. きれいな景色を楽しむ旅。
   f. 美術館を訪ねたり、芸術にふれる旅。
   g. その土地の人と知り合ったり、その土地の文化にふれる旅。
   h. グルメ旅行、または、その土地の料理を楽しむ旅。
   i. その他　（　　　　　　　　　　　　　　　　　　　　　　　）

（2）あなたは、どんな旅行をよくしますか。
   a. 家族旅行　　b. 仲の良い友だちとの旅行　　c. 兄弟との旅行　　d. 一人旅

（3）次の旅行はどんな旅行だと思いますか。クラスメートと話し合ってみましょう。
   a. 貧乏旅行　　b. 温泉旅行　　c. グルメ旅行　　d. 贅沢な旅行
   e. 名所旧跡を訪ねる旅行

（4）あなたは何のために旅行をしますか。

（5）今までに一番印象に残った旅行はどんな旅行ですか。

（6）日本に行ったらどんな所へ行ってみたいですか。それはどうしてですか。

II. 旅行計画をたてる

1. 聞き取り

足立さんとブラウンさんが、夏の休暇について話している会話を聞いて、次の質問に答えてください。　[☺D1-#32]

（1）ブラウンさんの夏の休暇は何日間ですか。

(2) ブラウンさんは休暇中に何をする予定ですか。

(3) 大勢の日本人が旅行をするシーズンはいつですか。

(4) 「帰省する」というのはどういうことですか。

(5) あなたの国では、どんな時に帰省しますか。

(6) 「お盆」はどんな行事か知っていますか。足立さんとブラウンさんの会話や、Culture Note を参考に、話し合ってみましょう。また、あなたの国では似たような行事がありますか。

Culture Note　お盆

According to Buddhist tradition, July 15 by the lunar calendar (on or about August 15 by the solar calendar) is thought to be the day on which the souls of people's ancestors return to this world for a visit. Many families still observe the old ceremonies on or around this day. Typical rites include *haka-mairi* (visiting the graves of one's ancestors), *bon-odori* (*bon*-dancing), the lighting of fires called *mukae-bi* to welcome the dead souls and *okuri-bi* to send them off to the world of the dead, and the custom of *Shooroo-nagashi*, in which the sprits are sent down the rivers to the sea in paper boats. People who have moved to the cities to work return to their hometowns during this period.

2. 交通機関を選ぶ

(1) 日本の交通機関

　　a. 次の交通機関に関する言葉は、下のどの乗り物に関係がありますか。記号を書き入れましょう。同じ記号を何度使ってもかまいません。

ア．グリーン車	イ．指定席	ウ．自由席	エ．切符	オ．運賃
カ．寝台車	キ．禁煙車	ク．食堂車	ケ．機内食	コ．出発時刻
サ．JR	シ．特急料金	ス．発車時刻	セ．駅弁	ソ．ビジネス・クラス

　　電車・列車　（　　　　　　　　　　　　）
　　飛行機　　　（　　　　　　　　　　　　）
　　船・フェリー（　　　　　　　　　　　　）

(2) 足立さんとブラウンさんが夏休みの旅行について話している会話を聞いて、次の質問に答えてください。　[☺D1-#33]

　　a. 東京から北海道までの交通機関はどんなものがありますか。
　　b. aの交通機関の中で、足立さんはどれが一番いいと思っていますか。
　　　　それは、なぜですか？
　　c. 北海道に着いてからの交通機関はどんなものがありますか。
　　d. cの交通機関の中で、足立さんはどれが一番楽だと思っていますか。
　　e. 他の交通機関にはどんな難点がありますか。

（3）足立さんは1週間の北海道旅行の計画をたてているところです。あなたが足立さんなら、どのような計画にしますか。次の質問に答えながら、考えてみましょう。

a. 足立さんのメモを見て、足立さんが行きたいと思っている場所を地図で探して印をつけましょう。どのようなルートで旅行したらいいと思いますか。

b. 時刻表や料金表を見て、下の表を完成させましょう。

	寝台特急	新幹線＋特急＋船	飛行機
出発する場所			
出発する時刻			
到着する場所			
到着する時刻			
全部で何時間かかるか			
乗り換えがあるか			
運賃はいくらか			

c. あなたはどの交通機関を使ったらいいと思いますか。それはどうしてですか。

＜足立さんのメモ＞

- 行きたいところ／したいこと
  函館（はこだて）：市内の見学、朝市（いち）に行く、夜景（やけい）を見る、すしを食べる
  札幌（さっぽろ）：大通（おおどおり）公園、時計台、ビール工場を見学、ラーメンを食べる
  知床（しれとこ）：オホーツク海を見る、知床五湖をハイキングで見てまわる
  摩周湖（ましゅうこ）、阿寒湖（あかんこ）をドライブする
  登別（のぼりべつ）温泉でのんびりする

寝台特急

寝台特急の時刻

	北斗星1号	北斗星3号	北斗星5号
上野	16:50	17:18	19:03
仙台	21:13	21:44	23:32
青森	↓	↓	↓
函館	4:32	4:58	6:40
登別	7:27	7:54	9:57
札幌	8:55	9:20	10:50

＊ 食堂車は２３時まで営業
　 ２０時３０分までは予約制

運賃

駅名	函館	登別	札幌
上野	11,550 6,650	13,120 8,060	14,070 8,160

＊ 上段：運賃
　 下段：特急料金

寝台車のサイズと料金

寝台	段別	幅	長さ	高さ	料金
A寝台	上段	88	185	92	9,540
	下段	93	193	113	10,500
B寝台	上段	70	195	95	6,300
	下段	70	195	111	6,300

新幹線＋特急＋船

東北新幹線の時刻　（抜粋）

	やまびこ11号	やまびこ37号	やまびこ47号
東京	6:50	8:06	13:00
上野	6:56	8:12	13:06
盛岡	9:34	11:34	16:21

特急列車の時刻　（抜粋）

	はつかり3号	はつかり7号	はつかり17号
盛岡	6:45	11:56	16:34
青森	12:01	14:10	18:57

新幹線・特急列車の乗り継ぎ運賃

駅名	青森
東京	10,190 6,850
上野	10,190 6,650

＊ 上段：運賃
　 下段：特急料金

船の時刻と料金

青森	**12:00**	12:30	14:20	**19:40**
函館	**14:00**	16:10	18:00	**21:40**

高速船（太字）：2,130
その他：1等 2,850
　　　　2等 1,420

飛行機

航空ダイヤ（抜粋）
東京―札幌（千歳）

東京発	札幌着
7:40	9:10
8:30	10:00
9:30	11:00
10:30	12:00
11:45	13:15
13:00	14:30
14:00	15:30
15:00	16:30
16:00	17:30
17:00	18:30
18:00	19:30
20:00	21:30

運賃：25,000

空港から札幌までの電車
　約15分間隔で運行
　所要時間 40分
　運賃 1,040

3. 宿泊施設（泊まる所）を選ぶ

(1) いろいろな宿泊施設

　　a. あなたは旅行する時どんな所に泊まりますか。

ア．ホテル　　イ．旅館　　ウ．ペンション　　エ．国民宿舎　　オ．民宿
カ．モーテル　キ．ユースホステル　　ク．カプセルホテル　　ケ．ビジネスホテル
コ．YMCA/YWCA

---

　　b. 次のカテゴリーに合うものを箱の中から選びましょう。

　　　ア．安いところ：

　　　　　高いところ：

　　　イ．学生がよく泊まるところ：

　　　　　ビジネスマンがよく泊まるところ：

　　　　　家族連れがよく泊まるところ：

　　　ウ．日本にはあるが、アメリカにはないところ：

　　　　　日本にもアメリカにもあるところ：

c. 次のような場合にはどこに泊まったらいいでしょうか。一番適当な宿泊施設を右から選んで線で結びましょう。

ア．できるだけ安く泊まれて、他の旅行者と
　　交流ができるようなプログラムがあると
　　ころに泊まりたい。　　　　　　　　　　・　　　　　・　ビジネスホテル

イ．伝統的な日本の雰囲気が味わえて、食事も
　　和食を出してくれるところに泊まりたい。　・　　　　　・　民宿

ウ．経済的でしかも和風の家庭的な雰囲気の
　　味わえるところに泊まりたい。　　　　　　・　　　　　・　ユースホステル

エ．仕事で出張するので、なるべく便利なと
　　ころに泊まりたい。仕事関係の人と外で
　　食事をするので食事付きでなくていい。　　・　　　　　・　ホテル

オ．大きなホテルより、小さくて個性があり
　　洋風のしゃれた雰囲気のところがいい。　　・　　　　　・　旅館

カ．多少高くても設備がよく、いいレスト
　　ランが入っていて、自由に食事に行った
　　り外出できるところに泊まりたい。　　　　・　　　　　・　ペンション

d. アメリカ、またはあなたの国でよく使われる宿泊施設で前のリストにないものがありますか。考えて書き出しなさい。また、それらはどんな人がどんな時によく使いますか。値段はどうですか。説明してください。

e. アメリカを観光旅行している日本人にはどのような宿泊施設を勧めますか。それはどうしてですか。

f. もしあなたが日本を旅行するとしたら、どんな宿泊施設に泊まりたいですか。三つ選んで、その理由も述べてください。

ア．

イ．

ウ．

（２）聞き取り：　足立さんが旅行で泊まるところについてブラウンさんに話しています。テープを聞いて次の表に書き込みましょう。　[☺D1-#34]

	宿泊施設	宿泊施設の特徴
函館		************************
札幌		
知床		
摩周湖		************************
登別温泉		

4．旅行の形態

（1）いろいろなタイプの旅行

a. あなたはどんな旅行をしたことがありますか。あなたがしたことのある旅行に○をつけましょう。

　　ア．家族旅行　　　　　イ．卒業旅行　　　　　ウ．帰省(きせい)
　　エ．新婚旅行　　　　　オ．慰安(いあん)旅行（社員旅行）　　カ．修学(しゅうがく)旅行

b. 左の説明に合う旅行の形態を右から選び、線で結びましょう。

　ア．卒業前に仲の良い学生同士でする旅行。海外が多い。　　　・　　　・修学旅行
　　　長期の旅行ができる最後のチャンスとして主に大学生
　　　がする。

　イ．会社で行く旅行。社員の親(しん)ぼく(ぼく)を図(はか)るのがねらい。　　・　　　・家族旅行

　ウ．家族でする旅行　　　　　　　　　　　　　　　　　　・　　　・卒業旅行

　エ．小、中、高等学校で一回ずつ行く旅行。同学年の学生達
　　　が先生に引率(いんそつ)されて行く。大きな学校行事のひとつ。　　・　　　・パック旅行

　オ．都会に住む地方出身の人たちが、お正月やお盆休みに　　・　　　・慰安旅行
　　　故郷(こきょう)へ帰ること　　　　　　　　　　　　　　　　　　　　　　（社員旅行）

　カ．結婚したばかりのカップルが結婚を記念していく旅行　　　・　　　・新婚旅行

　キ．旅程(りょてい)、交通手段、宿泊施設、食事などが最初から決め　　・　　　・帰省
　　　られていて、安い値段でできる旅行

[親ぼくを図る：仲良くなるようにする　　引率(いんそつ)する：前に立って他の人を連れて
　行く：to lead　　故郷(こきょう)：hometown　　旅程(りょてい)：旅行の計画]

（2）インタビュー

a. 日本人はどんな旅行をするのでしょうか。日本人の知り合いや友達にインタビューしましょう。

　　ア．旅行が好きですか。よくしますか。

イ．どんな旅行が多いですか。
ウ．下の旅行について＜こんなことを聞きましょう＞を参考に質問してください。
　　海外旅行
　　修学旅行
　　社員旅行

＜こんなことを聞きましょう＞
・XX旅行をしたことがあるか。
・どこに行ったか。（行き先）
・何で行ったか。（交通手段）
・何日間だったか。（旅行日数）
・どんな所に泊まったか。（宿泊所の種類）
・どんな旅行だったか。（旅行の感想）

b．インタビューして新しく知ったこと、驚いたこと等をクラスで発表しましょう。

III. 旅行の思い出を話す

1．下の絵葉書は、足立さんが北海道から送ったものです。これについて、次の質問に答えてください。

```
さっちゃん、元気？
僕は今、北海道に来ています。
ゆうべ上野を出て、今朝早く函館に到着。
さっそく、朝市でおいしいイクラ丼を食べ
ました。今夜は１００万ドルの夜景を見る
つもり。札幌や知床にも足をのばして、のん
びり楽しもうと思ってます。
お土産買ってくから、楽しみに！
じゃ、また。
　　　　　函館にて　8／25　足立

　　　　　　　東京都中野区中野
　　　　　　　　　　1-1-14-306
　　　　　　　上岡　佐知子様
```

（１）足立さんは函館で何をしましたか。

（２）足立さんと上岡さんはどんな関係だと思いますか。なぜそう思いますか。

（３）「１００万ドルの夜景」とはどんな景色だと思いますか。

（４）「足をのばす」という表現の意味は、次のa～cのどれですか。
　　　a. リラックスする
　　　b. ゆっくり歩いて行く
　　　c. 離れた場所へ行く

２．聞き取り：会話を聞いて次の質問に答えましょう。　［☺D1-#35］

旅行から帰ってきた足立さんが、部屋で桜井さんと話をしています。

（１）桜井さんと足立さんはどんな関係だと思いますか。一番適当なものを下から選びなさい。
　　　a. 上司／部下　　b. 同僚同士　　　c. 親しい友達同士　　　d. 先輩／後輩

（２）足立さんが北海道を車で走っている時、どんなことが起こりましたか。

（３）助けてもらった後で、女の人はどんなお礼をしようとしましたか。

（４）足立さんは女の人に起こったことの原因についてどう思っていますか。

（５）ホテルでどんなことが起こりましたか。

（６）女の人は何をすることを提案しましたか。

（７）足立さんは明日、何をする予定ですか。

（８）下線の表現は会話に出てきたものです。会話をもう一度聞いてどんな意味か考えてみましょう。
　　　a. しょうがないから、その子乗せてガソリンスタンドまで行って…
　　　b. たいしたことして（い）ないのに、「本当にありがとうございました」って…
　　　c. ついて（い）なかっただけですよ
　　　d. その気持ちだけいただきます
　　　e. それだったら縁があるなぁ
　　　f. やること（が）早いねぇ

3. 会話のコツ

出来事を話したり、聞いたりする時に便利な表現を学びましょう。

＜出来事を話す時＞
（1）出来事を話し始める
　　a．親しい友達に話す場合
　　以下は足立さんと桜井さんの会話の一部です。

> 桜井：おおっ、足立なかなかやるねえ。どうやって知り合ったんだよ。
> 足立：<u>それがさあ</u>、摩周湖に向かってドライブしてたら、こっち向かって手を振ってる女の子がいるんだよ。

　　親しい友達にエピソードを話始める時、下のような表現をよく使います。他にもいろいろな言い方があります。

　　　　　それがねえ（女）／／それが聞いてよ（女）／実はさあ

　b．人間関係に距離がある場合／フォーマルな場面で話す場合、下のような表現を使います。

　　　　　実はですね／それがですね／実は

(2) 話を展開する

話を展開する時、下線のような表現が使われます。

足立：<u>で</u>、止まってみたらさ「すいません！！ガス欠しちゃって。近くのガソリンスタンドまで乗せてってくれませんか…」って言われてさ。
桜井：へえ、それからどうなったんだよ。
足立：うん。<u>で</u>、しょうがないからその子乗せてガソリンスタンドまで行って、

★「で」は「それで」が短くなったものです。フォーマルに言う時には「それで」を使います。

<相手の話を聞く時>

相手の話の続きを引き出す時、下線のような表現が使われます。

a. 親しい友達と話している場合

　足立さんと桜井さんの会話の一部です。

足立：で、止まってみたらさ「すいません！！ガス欠しちゃって。近くのガソリンスタンドまで乗せて行ってくれませんか…」って言われてさ。
桜井：へえ、<u>それからどうなったんだよ。</u>
足立：うん。で、しょうがないからその子乗せてガソリンスタンドまで行って、

他にもこんな言い方があります。

　　　で？／それで／それでどうしたの？

b. 人間関係に距離がある場合／フォーマルな場面で話す場合

　　　それでどうしたんですか。／それでどうなさったんですか。

注意：あまり親しくない人や目上の人の話を聞く場合は、あいづちを打ちながら聞いているだけのことが多いです。相手の話に興味を持っていることを特に示す必要がある時に、「話を引き出す表現」が使われます。

<その他の表現例>

(話をする人)

・ひどい目に遭って…

・ちょっとしたハプニングがあったんです。

・ついて（い）たんです。／ついて（い）なかったんです。（←親しい人に）

・運がよかったんです。／運が悪かったんです。（←目上の人に）

（話を聞く人）
・そうですか。
・大変でしたね。
・よかったですね。
上記のような相づちを入れて、話に興味があることを示すのが大切です。

IV. ロールプレイ

1. 次の設定でペアになってロールプレイをしましょう。

このユニットで学習した表現をできるだけ使って、自然に話をしてみましょう。

＜ロールA＞

（1）あなたは旅行から帰ってきたところです。ホストファミリーにお土産をわたして、旅行の話をします。旅行は楽しかったのですが、ちょっとしたハプニングがありました。ある日電車に乗り遅れてしまって ヒッチハイクしました。その話を詳しくホストファミリーにします。

（2）あなたは旅行から帰ってきたので、仲の良い友達にお土産をわたして、旅行の話をします。旅行は楽しかったのですが、ちょっとしたハプニングがありました。ある日財布を落としてしまったか、盗まれてしまったのです。そのこととその後どうしたか友達に詳しく話します。

＜ロールB＞

（1）あなたの家にホームステイしているAさんが、旅行から帰ってきました。旅行先での出来事を聞きます。

（2）あなたの友達のAさんが、旅行から帰ってきました。旅行先での出来事を聞きます。

2. 発展練習をしましょう。

実際に自分がした旅行で起こったことをペアで話してみましょう。面白い出来事は、後でクラスでリポートしましょう。

V. 日本人のためのパック旅行企画

　皆さんは大きい旅行会社に勤めています。その会社では今年の特別企画として、日本人の観光客をたくさん呼ぶために、州のパック旅行を計画し、日本で宣伝することになりました。一番いい企画には社長から特別賞が贈られます。

1．まずグループに分かれて、パックツアーの目的、対象（年齢、職種など）、期間、費用を決めてください。

2．1の範囲内で、詳しい行き先、日程、交通機関、宿泊所などを決めてください。

3．その旅行がなぜ日本人に喜ばれるか、特にどんなところが他のパック旅行と違うのか等、宣伝方法を考えてみてください。

4．簡単なスケジュールを作ってみてください。

5．企画会議のつもりで、クラスで発表してください。発表後、クラスで一番いい企画を選びます。

VI. 留学生との旅行：読解

　『留学生と見た日本語』（佐々木瑞枝著）というエッセイの中に、日本語のクラスで旅行をする場面がでてきます。

　時は昭和六十年の初夏、東京・駒場留学生会館にある日本語クラスの中でひょんなことから中国行きの話がまとまった。中国からの留学生葉さんの「中国は今すごい日本語ブーム。日本語で話が通じますよ」という言葉が引き金になり、皆すっかり行く気になってしまった。留学生の立場で豪勢な旅行のできようはずもない。いかに安く旅するかについてはトコトン話し合った。予定は一ヶ月。香港までは往復飛行機、そこから広州へ汽車で入る。広州から北京へ汽車で移動する。その後のことは中国で決める。いくら話し合っても、出る結論はただ一つ。広大な中国大陸のこと、私達の予想をはるかに超えるものがあるに違いない。無計画で行く、それが最善の計画であろうと。行ってみないことには何も分からない。だいたい私達だけで自由な旅ができるものだろうか。ガイドもつけずに。葉さんは事の展開に驚き、むしろ心配そう。中国人の彼女でさえ、南から北に縦断する旅など経験したことがないのだから。

朝七時、香港を汽車で出発。ビジネスライクな新幹線よりもゆったりした造りの汽車は旅の出発にふさわしい。₂たてつづけに話しつづける広東語の放送が₃神経に障らないでもなかったが、留学生たちは₄一様にはればれした顔。
「二十一世紀に中国がどんなふうに動き出すのか、よく確かめてこなくては」とリチャード。
「ひっそりと生きている中国人を僕はこのビデオに収めるよ」とオットー。
「私の日本語通じるかしら」。₂陽気なドナも₅この時ばかりは心配そう。
　₃しかし誰にも増して期待と心配が胸の中で渦巻いているのは私ではないだろうか。それぞれ異なった文化的バックグラウンドを持つ留学生たちとの旅。この十一年間、外国人に日本語を教えながら₆思いがけない数々の出来事に出会った。しかしこれから一ヶ月も₇ともに過ごす旅行で、いったい何が起こるのか予測がつかない。家族や友人との旅とは異なった側面を彼らは経験させてくれるだろう。

佐々木瑞枝『留学生と見た日本語』（ちくま学芸（がくげい）文庫）

Permission to reproduce granted by Mizue Sasaki.

[初夏：夏のはじめの頃　　ひょんなこと：思っていなかったこと　　引き金になる：to trigger
豪勢（ごうせい）な：ぜいたくな　　できようはずもない：できるはずがない
トコトン（とことん）話し合う：よく話し合う　　最善の：一番いい　　展開：development
むしろ：どちらかといえば、rather　　縦断（じゅうだん）する：たてに進む　　一様に：同じように
渦巻（うずま）く：いろいろな感情が同時におこる　　予測（よそく）：prediction　　側面（そく）：aspect]

1．読んで質問に答えましょう。

（1）この人たちはどのような旅行のプランをたてましたか。また、それはなぜですか。

（2）下線1で、葉さんが心配しているのはなぜですか。

（3）新幹線と中国の汽車の違いは何ですか。

（4）留学生たちはどんな気持ちですか。また、それはどの表現からわかりますか。

（5）下線3で、この人が心配しているのはなぜですか。

2．表現練習

（1）文中の点線が引いてある表現の意味を説明しましょう。
　　a. 話がまとまる

- b. たてつづけに話しつづける
- c. 神経に障る
- d. 一様にはればれした顔
- e. この時ばかりは
- f. 思いがけない出来事
- g. ともに過ごす

（２）次の下線を引いた表現を、簡単な日本語で言い換えましょう。
- a. 豪勢な旅行の（が）<u>できようはずもない</u>
- b. 私達の予想をはるかに超えるものがある<u>に違いない</u>
- c. 行って<u>みないことには</u>何も分から<u>ない</u>
- d. だいたい私達だけで自由な旅が<u>できるものだろうか</u>
- e. <u>むしろ心配そう</u>
- f. 汽車は旅の出発<u>にふさわしい</u>
- g. 放送が神経に障<u>らないでもない</u>
- h. 私<u>ではないだろうか</u>

3. 考えましょう。

（１）下線２で、ドナは言葉のことを心配しています。あなたは旅行をする時、言葉が通じるかどうか心配をしますか。また、これまでに言葉が通じない国に旅行したことがありますか。その時、どうしましたか。

（２）あなたの日本語のクラスで旅行をするとしたら、どこへ旅行がしたいですか。また、旅行先で何がしたいですか。クラスで話し合ってみましょう。

VII. 旅行について書いてみよう

次のテーマで作文をしましょう。

1. 忘れられない旅行

　　あなたがこれまでにした旅行の中で、一番思い出に残っているのはどんな旅行ですか。それはどうしてですか。どんなことがあったのか、あなたはそれをどう感じたか、などをまとめて、作文をしましょう。

2. 創作文

　　VIの読解に出てきた日本語のクラスの中国旅行は、この後どうなると思いますか。どんなハプニングがおこるかを想像して、この続きを書いてみましょう。

<語彙リスト>

I. 準備

名所	めいしょ	観光地	かんこうち
目的地	もくてきち	景色	けしき
貧乏	びんぼう	贅沢	ぜいたく
旧跡	きゅうせき	印象	いんしょう

II. 旅行計画をたてる

1. 聞き取り

帰省	きせい	お盆	おぼん

2. 交通機関を選ぶ

(1)

交通機関	こうつうきかん	新幹線	しんかんせん
食堂車	しょくどうしゃ	特急列車	とっきゅうれっしゃ
寝台車	しんだいしゃ	運賃	うんちん
グリーン車	グリーンしゃ	指定席	していせき
自由席	じゆうせき	禁煙車	きんえんしゃ
切符	きっぷ	出発時刻	しゅっぱつじこく
到着時刻	とうちゃくじこく	発車時刻	はっしゃじこく
駅弁	えきべん	JR	ジェーアール

(2)

重なる	かさなる	年末年始	ねんまつねんし
旅行会社	りょこうがいしゃ	乗り継ぐ	のりつぐ
難点	なんてん		

(3)

乗り換え	のりかえ	函館（地名）	はこだて
札幌（地名）	さっぽろ	知床（地名）	しれとこ
摩周湖（地名）	ましゅうこ	登別温泉（地名）	のぼりべつおんせん
朝市	あさいち	夜景	やけい

3. 宿泊施設を選ぶ

(1)

宿泊施設	しゅくはくしせつ	旅館	りょかん
国民宿舎	こくみんしゅくしゃ	民宿	みんしゅく
ペンション		ユースホステル	
カプセルホテル		ビジネスホテル	
YMCA/YWCA		モーテル	
家族連れ	かぞくづれ		

(2)

海の幸	うみのさち	うに	
いくら		露天風呂	ろてんぶろ

4. 旅行の形態

(1)

旅行の形態	りょこうのけいたい	修学旅行	しゅうがくりょこう
家族旅行	かぞくりょこう	卒業旅行	そつぎょうりょこう
慰安旅行	いあんりょこう	社員旅行	しゃいんりょこう
新婚旅行	しんこんりょこう	パック旅行	パックりょこう
親ぼく	しんぼく	図る	はかる
引率	いんそつ	故郷	こきょう

III. 旅行の思い出を話す

2. 聞き取り

ガス欠	ガスけつ	しょうがない	
ついていない		縁がある	えんがある

3. 会話のコツ

展開する	てんかいする

IV. ロールプレイ

ハプニング	ヒッチハイク

V. 日本人のためのパック旅行企画

特別	とくべつ	企画	きかく
宣伝	せんでん	対象	たいしょう

VI. 留学生との旅行：読解　　　どっかい

初夏	しょか	ひょんなこと	
引き金になる	ひきがねになる	豪勢な	ごうせいな
とことん		最善の	さいぜんの
展開	てんかい	むしろ	
縦断する	じゅうだんする	たてつづけに	
神経に障る	しんけいにさわる	一様に	いちように
渦巻く	うずまく	予測	よそく
側面	そくめん		

Unit 5

足立さん、デートする♡ —誘う・招待する—

　北海道で、さやかさんと知り合いになった足立さんは、さやかさんをデートに誘います。このユニットでは、人の誘い方、誘いの受け方、誘いの断り方をいろいろな場面や人間関係に合わせて練習しましょう。また、食事や映画などの話題について話せるように勉強しましょう。

1．人間関係（目上の人、同僚、友達など）や場面にふさわしい表現を使って、人を誘えるようになりましょう。
2．人を誘う時に必要な情報や話題（例えば映画の内容）について、詳しく話せるようになりましょう。
3．誘われた時に、上手に誘いを受けたり、断ったりできるように練習しましょう。

話題
1．食事／レストランに関する情報や描写
2．映画
3．展覧会
4．自分の家でのもてなし

I. 準備

会話を聞いて次の質問に答えましょう。 [☺D1-#36]

北海道旅行から一週間がたちました。足立さんが旅行で知り合ったさやかさんに電話をします。

（1）足立さんがさやかさんに電話した理由は何ですか。

（2）さやかさんが「その節はお世話になって…」と言っていますが、「その節」とはいつのことですか。

（3）さやかさんを誘う時、足立さんは何と言いましたか。

（4）さやかさんは苦手な食べ物がありますか。

（5）足立さんはどうですか。

（6）何料理を食べに行くことにしましたか。

II. 誘う／招待する時の表現

1. 人を誘う場面の7つの会話を聞いて、下の表を完成しましょう。
[☺D1-#37, 38, 39, 40, 41, 42, 43]

	誰が／誰を	誘って／招いていること	支払いをする人
(1)			
(2)			
(3)			
(4)			
(5)			

(6)		
(7)		

2．誘ったり招待したりする時の表現を練習しましょう。

（1）1で聞いた会話をもう一度聞いてどのような表現を使っているか考えましょう。

	誰が／誰を 誘う／招待すること	誘う／招待する時の表現	受ける時の表現	断る時の表現
1	友達同士 映画、食事			
2	先輩／後輩 お酒を飲みに行く			
3	友達同士 映画			
4	友達同士 ナイター			
5	卒業生／先生 クラス会			
6	友達同士 結婚披露宴			
7	上司／部下 新築祝いのパーティー			

（2）（1）で考えた表現のほかに、どんな表現が使えるでしょうか。次のページの『誘う・招待する時の表現』および『誘い・招待を受ける・断る時の表現』を参考にして考えましょう。

（3）英語の場合、人間関係によって、どのように表現が変わるか考えてみましょう。

◆ 誘う・招待する時の表現 ◆

1. 誘う／招待する
   A. 目上の人に言う

   > 部下：今度結婚するんですが、披露宴に来ていただけないかと思いまして。
   > 上司：結婚。そうですか。おめでとう。で、披露宴はいつ？

   来ていただきたいと思っているのですが。
   来ていただけないでしょうか。
   来ていただけるでしょうか。
   来てくださいませんか。

   > 生徒：皆でビアガーデンに行くんですが、先生も御一緒にいかがですか。
   > 先生：ビアガーデン？ あ、いいね。／あ、いいですね。

   B. 目下の人／親しい友達に言う

   > 上司（男）：今度、家で新築祝いするんだけど、鈴木君も来てくれないか。
   > 部下　　　：ええ、ぜひ伺わせてもらいます。／伺わせてただきます。

   来てもらえないかと思って。
   来てくれませんか。
   来て下さい。
   来ない？
   来ないか？（男）

   > A　　　：土曜日映画でも行かない？
   > Aの友達：いいね。

   映画行こうよ。
   映画でもどうかと思って。

2. 招待／誘いを受ける
   A. 目上の人に言う
      ありがとうございます。ぜひ。
      はい、喜んで。
      よろしいんですか。
      ぜひ、伺わせてください。（家に招待された時）

B. 目下の人／親しい友達に言う
　　招待された時　　　　　　誘われた時
　　いいの？　　　　　　　　いいね。
　　ほんと？　　　　　　　　行こう、行こう。
　　ありがとう。

◆　誘い・招待を受ける／断る時の表現　◆

A. 目上の人に言う
　　申し訳ありませんが、その日はちょっと都合が…
　　伺いたいところなんですけど、あいにくその日は予定があって…
　　　　　　　　　　　　　　　都合の悪い事に

B. 目下の人／親しい友達に言う
　　ごめん、その日はちょっとだめなんだ。
　　悪いけど、その日はちょっと…

☆　往復はがき　☆

同窓会や会合のお知らせにはよく往復はがきが使われます。
なぜ往復はがきを使う習慣があるのでしょうか。

返信の書き方
1　往復はがきから返信用のはがきを切り離す。

2　「御氏名」「御住所」「御出席」など「御」が付いているものは
　　すべて「御」を二重線で消す。
　　　（「御芳名」となっている時は「御芳」を二重線で消す。）

3　「出席」か「欠席」に○を付ける。一言書き加えることが多い。
　　（例：残念ですが欠席させていただきます。
　　　　　喜んで出席させていただきます。／楽しみにしております。）

4　投函する。

拝啓　若葉の眩しい季節となりました。諸先輩方におかれましてはますます御健勝のこととお喜び申し上げます。
　さて、今年も新入生を迎え、新入生歓迎コンパを左記の通り行うことになりました。ご多忙中の折とは存じますが、是非御出席下さいますよう御案内申し上げます。

敬具

記

日時　　五月二十八日（土曜日）
　　　　一次会　レストランみや　　午後6時より
　　　　二次会　居酒屋あいうえお　午後8時半より
会費　　七千円

尚、恐れ入りますが、返信を五月十五日までに投函して下さいますようお願い致します。

御氏名

・一次会　　御出席　　御欠席
・二次会　　御出席　　御欠席

どちらかに丸をお付け下さい。

尚、住所、電話番号等の変更がございましたら、合わせて御連絡下さい。

☆　OB・OG一言伝言板　☆

3. 表現を練習しましょう。

（1）次の会話は誘ったり、招いたりしている会話です。空欄（くうらん）（＝あいたところ）に適切な表現を入れて、会話を完成させましょう。Bさんは誘いや招待を受けるものとします。

a.（Aはアメリカ人の学生で、Bは大学の教授）
　A：先生、あのう、来週の日曜日はおひまでしょうか。
　B：ええ、何か。
　A：実は私の誕生日なんです。うちでパーティーをするんですが、先生にも_____。
　B：それはおめでとう。_____。

b.（Aは日本企業の役員、Bはアメリカから来た、取り引き先の会社の重役）
　A：明日の六時から、東京飯店にお席をご用意いたしましたので、どうぞ_____。
　B：それはそれは。_____。

c. （ＡとＢは会社の同僚）
   Ａ：お得意さんから映画の招待券をもらったんですけどね。よかったら、今度の週末に一緒に＿＿＿＿＿＿＿＿＿＿＿＿＿＿＿＿＿＿＿＿＿＿＿＿＿。
   Ｂ：＿＿＿＿＿＿＿＿＿＿＿＿＿＿＿＿＿＿＿＿＿＿＿＿＿＿＿＿＿＿＿＿＿＿。

d. （ＡとＢは親しい友達。今、図書館で一緒に勉強している。）
   Ａ：ねえ、ちょっと疲れちゃったからコーヒーでも＿＿＿＿＿＿＿＿＿＿＿＿
   ＿＿＿＿＿＿＿＿＿＿＿＿＿＿＿＿＿＿＿＿＿＿＿＿＿＿＿＿＿＿＿＿＿。
   Ｂ：あ、いいね。＿＿＿＿＿＿＿＿＿＿＿＿＿＿＿＿＿＿＿＿＿＿＿＿＿＿。

e. （ＡとＢは親しい友達。ＡはＢを別荘に招待する）
   Ａ：うちの両親がさ、今度、海のそばの別荘を一週間借りたんだけどさ、
   ＿＿＿＿＿＿＿＿＿＿＿＿＿＿＿＿＿＿＿＿＿＿＿＿＿＿＿＿＿＿＿＿＿。
   Ｂ：わ、本当？すごい！！＿＿＿＿＿＿＿＿＿＿＿＿＿＿＿＿＿＿＿＿＿。

f. （ＡはＢの上司。ＡはＢをゴルフに誘う。）
   Ａ：あ、君、明日は暇かな？
   Ｂ：はい。何でしょうか。
   Ａ：いやあ、営業課の連中とゴルフがあるんだけど、
   ＿＿＿＿＿＿＿＿＿＿＿＿＿＿＿＿＿＿＿＿＿＿＿＿＿＿＿＿＿＿＿＿＿。
   Ｂ：＿＿＿＿＿＿＿＿＿＿＿＿＿＿＿＿＿＿＿＿＿＿＿＿＿＿＿＿＿＿＿。

g. （ＡとＢは同僚。ＡはＢを食事に誘う。）
   Ａ：駅前においしい中華料理屋ができたらしいんだけど、今日、帰りに
   ＿＿＿＿＿＿＿＿＿＿＿＿＿＿＿＿＿＿＿＿＿＿＿＿＿＿＿＿＿＿＿＿＿。
   Ｂ：へえ、＿＿＿＿＿＿＿＿＿＿＿＿＿＿＿＿＿＿＿＿＿＿＿＿＿＿＿＿。

（２）（１）の会話での誘いや招待を断る時はどのように断りますか。Ｂさんの断る場合の表現を書いてみましょう。

   a. ＿＿＿＿＿＿＿＿＿＿＿＿＿＿＿＿＿＿＿＿＿＿＿＿＿＿＿＿＿＿＿＿＿。
   b. ＿＿＿＿＿＿＿＿＿＿＿＿＿＿＿＿＿＿＿＿＿＿＿＿＿＿＿＿＿＿＿＿＿。
   c. ＿＿＿＿＿＿＿＿＿＿＿＿＿＿＿＿＿＿＿＿＿＿＿＿＿＿＿＿＿＿＿＿＿。
   d. ＿＿＿＿＿＿＿＿＿＿＿＿＿＿＿＿＿＿＿＿＿＿＿＿＿＿＿＿＿＿＿＿＿。
   e. ＿＿＿＿＿＿＿＿＿＿＿＿＿＿＿＿＿＿＿＿＿＿＿＿＿＿＿＿＿＿＿＿＿。
   f. ＿＿＿＿＿＿＿＿＿＿＿＿＿＿＿＿＿＿＿＿＿＿＿＿＿＿＿＿＿＿＿＿＿。
   g. ＿＿＿＿＿＿＿＿＿＿＿＿＿＿＿＿＿＿＿＿＿＿＿＿＿＿＿＿＿＿＿＿＿。

III. 好みを詳しく話す

1. レストランを決める

(1) あなたの町には、次の種類のレストランがありますか。知っている店の名前を（　）の中に書きましょう。

a. 食べ物の種類

中華料理　　　　（　　　　　　　　　）
日本料理／和食　（　　　　　　　　　）
メキシコ料理　　（　　　　　　　　　）
イタリア料理　　（　　　　　　　　　）
（その他）
＿＿＿＿＿料理（　　　　　　　　　）

b. 店の種類

喫茶店　　　　　　　　（　　　　　　　　　　　）
大衆(たいしゅう)食堂　　　　　　　（　　　　　　　　　　　）
スナック　　　　　　　（　　　　　　　　　　　）
居酒屋(いざかや)　　　　　　　　（　　　　　　　　　　　）
ファミリーレストラン　（　　　　　　　　　　　）
レストラン　　　　　　（　　　　　　　　　　　）
ファーストフード　　　（　　　　　　　　　　　）

（2）次の言葉を、下の４つのカテゴリーに分けてください。

脂<small>あぶら</small>っこい	愛想<small>あいそ</small>がいい	清潔<small>せいけつ</small>	まずい	速い
味がうすい	遅い	ロマンチック	不潔<small>ふけつ</small>	うるさい
食べ放題	おいしい	インテリアがいい		こってりしている
味がものたりない		おしゃれ	落ち着かない	
飲み放題<small>ほうだい</small>	高級<small>こうきゅう</small>			

・食べ物の味に関する言葉：

・店の雰囲気<small>ふんいき</small>に関する言葉：

・サービスに関する言葉：

・その他：

（3）次の言葉はいい意味で使いますか。それとも悪い意味で使いますか。
いいものに〇、悪いものに×、どちらでもないものやコンテクストで
変わるものには―をつけてください。

    a. おいしい　　　（　　）　　h. 味がない　　　　（　　）
    b. まずい　　　　（　　）　　i. 味が落ちた　　　（　　）
    c. 甘い　　　　　（　　）　　j. 脂っこい　　　　（　　）
    d. 辛い　　　　　（　　）　　k. こってりしている（　　）
    e. 塩からい　　　（　　）　　l. さっぱりしている（　　）
    f. すっぱい　　　（　　）　　m. 味がうすい　　　（　　）
    g. 味が上品だ　　（　　）　　n. 味がこい　　　　（　　）

（4）足立さんが会社の同僚にレストランについて聞いている会話を聞いて、下の質問に答えてください。

    a. 会話の中に出てくる3つのレストランについて、下の表を完成させましょう。
       [☺D1-#44, 45, 46]

	店の名前	食べ物の種類	サービス／雰囲気等
ブラウンさんが知っている店			
竹田さんが知っている店			
山本さんが知っている店			

    b. あなたはこの3つの中のどれがいいと思いますか。それはどうしてですか。

（5）あなたが最近行ったレストランはどんなところですか。食べ物の種類、味、サービス、店の雰囲気などについて、ペアで話してください。そのレストランは他の人に勧められますか。

2．映画や展覧会に誘う

（1）次の言葉を絵画、音楽、映画、スポーツに分けてください。

a.水彩画	b.浮世絵	c.サスペンス	d.野球	e.空手
f.コメディー	g.ロック	h.抽象画	i.ポップス	j.柔道
k.演歌	l.アニメ	m.版画	n.水泳	o.アメフト
p.ラップ	q.クラシック	r.油絵	s.相撲	t.SF

絵画（　　　　　　　　　　　　　　　　　　　　　　　　　　　　　　）
音楽（　　　　　　　　　　　　　　　　　　　　　　　　　　　　　　）
映画（　　　　　　　　　　　　　　　　　　　　　　　　　　　　　　）
スポーツ（　　　　　　　　　　　　　　　　　　　　　　　　　　　　）

（2）映画

    a. 映画にはいろいろなジャンルがあります。それぞれのジャンルに当てはまる映画を考えて、（　）に映画の名前を書き入れてください。

(例) SF／サイエンス フィクション （スターウオーズ、ジェラシックパーク）
　　　　　アクション　　（　　　　　　　　　　　　　　　　　　　　　　　）
　　　　　ロマンス　　　（　　　　　　　　　　　　　　　　　　　　　　　）
　　　　　サスペンス　　（　　　　　　　　　　　　　　　　　　　　　　　）
　　　　　コメディー　　（　　　　　　　　　　　　　　　　　　　　　　　）
　　　　　ドラマ　　　　（　　　　　　　　　　　　　　　　　　　　　　　）
　　　　　アニメ　　　　（　　　　　　　　　　　　　　　　　　　　　　　）
　　　　　ホラー　　　　（　　　　　　　　　　　　　　　　　　　　　　　）
　　　　　戦争映画　　　（　　　　　　　　　　　　　　　　　　　　　　　）
　　　　　冒険映画　　　（　　　　　　　　　　　　　　　　　　　　　　　）
　　　　　その他　　　　（　　　　　　　　　　　　　　　　　　　　　　　）

b. 映画の話をする時にこんな言葉を知っていると便利です。『ビデオ情報』を参考にして言葉の意味を考えてみましょう。

| 監督（かんとく） | 主演（しゅえん） | ～賞（しょう） | ～役（やく）（例：刑事（けいじ）役） | シーン | 主人公（しゅじんこう） |

ビデオ情報

シンドラーのリスト
アカデミー賞7部門を独占したスティーブン・スピルバーグ監督の話題作。第二次大戦中、ナチスドイツによる迫害からユダヤ人を救うため、私財を投げ打った実在の人物、オスカー・シンドラーの半生を描いた名作。

ザ・チェイス
銀行強盗の濡れ衣を着せられた主人公をチャーリー・シーンが熱演。脱走犯ジャックは大富豪の娘ナタリーの乗る車を奪い、彼女を乗せたまま逃亡を開始するが…。スリリングなカーチェイス・シーンが見物。

男が女を愛する時
主演はアンディー・ガルシアとメグ・ライアンの2大スター。アルコール中毒の妻を支え続けた夫役をアンディー・ガルシアが好演。夫の愛情に応え、病を克服した妻との夫婦愛を、感動的に描く。監督はルイス・マンドーキ。

c. ペアで話しましょう。
　　　ア．どのジャンルの映画が好きですか。
　　　イ．最近映画を見ましたか。どのジャンルの映画でしたか。
　　　ウ．これまで見た映画の中で一番好きな映画は何ですか。どんな映か説明してください（監督、俳優（はいゆう）、粗筋（あらすじ）など）。

（３）絵画（かいが）
　　a. 次の言葉は絵画に関するものです。右の意味と線で結んでください。

　　　画家　　　　　　　・　　　・花、果物のような動かない物を描（か）いた絵
　　　人物画（じんぶつが）　・　　　・絵を描く人
　　　風景画（ふうけいが）　・　　　・油絵の具（ぐ）(oil colors)で描いた絵
　　　浮世絵（うきよえ）　・　　　・実際（じっさい）に目に見える形ではなく、その物の性質（せいしつ）などを表した絵
　　　水彩画（すいさいが）　・　　　・日本の江戸時代（えどじだい）の風俗（ふうぞく）などを描いた絵
　　　油絵　　　　　　　・　　　・板などに彫った絵や図にインク等をつけて写（ほ）した絵
　　　静物画（せいぶつが）　・　　　・人を描いた絵
　　　版画（はんが）　　　・　　　・景色（けしき）や自然を描いた絵
　　　抽象画（ちゅうしょうが）・　　　・水でといた絵の具(water colors)で描いた絵

　　b. あなたはどんな種類の絵が好きですか。また、好きな画家はいますか。クラスメートと話してみましょう。同じ好みの人がクラスの中にいますか。

　　c. 最近、美術館や博物館に行きましたか。どんなものを見ましたか。

（４）コンサートやスポーツ等についても練習してみましょう。
　　a. あなたはどんな種類の音楽やスポーツが好きですか。クラスメートと話してみましょう。同じ好みの人がクラスの中にいますか。

　　b. 最近、コンサートやスポーツ観戦（かんせん）に行きましたか。どんなものに行きましたか。

３．ゲーム
（１）「よいしょくん－The Flatterer－」
　　　クラスでひとつの円になります。先生が上司になり、皆さんは部下になります。まず、上司（先生）が好きなレストランの話を始めます。部下の皆さんは上司に気に入られたいのでそれに賛成します。まず、上司の右隣にいる人

（A）からレストランのいい点をひとつ言って賛成の意思表示をしてください。Aが終わったらAの右隣の人、さらにその右隣の人というように続けます。同じことは言ってはいけません。言えなくなった人は円から抜けます。最後まで残った人が勝ちです。

例　上司：私、「ソライア」好きなのよ。／「ソライア」好きだなあ。
　　部下１：あ、あそこいいですよね。雰囲気がよくて。
　　部下２：そうですよね。サービスがいいから私も好きです。

（２）「デートしようよ―Let's Go on a Date!―」
あなたが好きな人をデートに誘うならどこに行って何をしますか。その場所やその事を選んだ理由は何ですか。一日のデートコースを考えてクラスで発表しましょう。後で一番いいデートコースを選びます。

IV. ロールプレイ

次の設定でロールプレイをしましょう。
＜ロールA＞

（１）あなたが日本でお世話になったホストファミリーが、今度あなたの所に遊びに来ます。レストランに連れて行こうと思いますが、あまり外食をしないのでどこがいいかわかりません。そこでレストランに詳しい友達のBさんから情報を得ようと思います。ホストファミリーの食べ物の好みやあなたの希望等を話して、行くレストランを決めて下さい。Bさんもその食事に誘ってください。

（２）友達のBさんに電話をして、映画に誘います。あなたは映画情報を持っているので、それを見てBさんにどんな映画が上映中か話してください。そしてどれを見に行くか相談して決めて下さい。

（３）絵の展覧会の切符が二枚手に入ったので、同僚のBさんを誘います。あなたもAさんも絵が好きで、二人で絵の話をいろいろします（好きな画家、好きなタイプの絵、今までに見たもので良かったもの等）。

（４）あなたはBさんの上司です。家を建てたのでBさんを新築祝いに誘います。

（５）ジャズのコンサートの切符が二枚手に入りました。大学の後輩、Bさんを誘います。

（6）あなたは、同僚と会社のあとスナックに行く予定をしています。上司のBさんを誘ってください。

＜ロールB＞
（1）あなたは町のレストランについてよく知っています。友達のAさんがレストラン選びについて協力を求めて来るので、Aさんの希望を聞いてそれに合ったレストランを紹介してください。レストランの雰囲気、サービス、食べ物について等、できるだけ情報をたくさんあげてください。

（2）友達のAさんから電話で映画に誘われ、行くことにします。あなたはどんな映画が上映中か知らないので、Aさんに聞いて下さい。そして相談してどの映画に行くか決めてください。

（3）同僚のAさんから絵の展覧会に誘われます。あなたもAさんも絵が好きでいろいろな話をします（好きな画家、好きなタイプの絵、今までに見たもので良かったもの等）。

（4）Aさんはあなたの上司です。あなたはあることに誘われますが、用事があるので（どんな用事か考えて下さい）誘いを断ります。

（5）Aさんは大学の先輩です。Aさんから何かに誘われますが、理由を言って（考えてください）断ります。

（6）あなたは、部下のAさんから何かに誘われます。理由を言って断わってください。

V．家でのもてなし：読解

1．考えましょう

あなたの家では、どのような時にお客を家に招きますか。また、どのようなもてなしをしますか。

秦　早穂子は「わが家でのもてなし」というエッセイの中で、次のように書いています。

> パリにいる時に、必ず思うことのひとつは、東京に帰ったら、もっと大勢友だちをよんで、気楽に、一夜を過ごせたらということだ。

それが東京に戻ってくると、いつのまにか気持ちがなえてしまい、人を招くことがとても億劫になってしまう。ひとつは、ものすごい怠け者で、夜は、ひとりで、でれでれしていたい。もうひとつは、貧乏ひまなしで、日本の違う現実につきあたり、₁おたおたして、昼と夜の暮らしのけじめがつきかねる。仲のいい友だち同士とあっていても、お互いの仕事の悩みの打ちあけ話で、つまりは、昼間の延長を₂えんえんとつづけてしまう。
　けれども、それだけの理由でもなさそうである。伝統的に、人を自宅に招くというのは、₁私たちはうまくない。招くとなると、万事、大げさにかまえてしまって、何かを買いたしたりして、冷蔵庫の中にあるものだけでは、すまそうとしない。

〜（中略）〜

　それなら、なぜ、パリにいるとき、日本へ帰ったら、ひとつ、と思うのであろう。昼と夜、つまり₂公人と個人の生活のけじめがはっきりしていること。八時か九時という夜ごはんの時間帯。パリ市内の小ささによる交通の便。自分のふところ具合でのもてなしの仕方であること。家庭的なおかずという代物が、意外に、手早く、ダイナミックに出来るということ。早い話が、サラダと肉の焼いたのでもすまされるわけで、₃まごまごしないですむからだ。

　　　秦　早穂子「わが家でのもてなし」（日本の名随筆74『客』、作品社）

Permission to reproduce granted by Sahoko Hata.

[なえる：元気がなくなる　　　億劫（おっくう）：気が進まない　　けじめ：区別
延長：続き　　　　　　　　　万事（ばんじ）：すべての事　　　公人（こうじん）：public person
ふところ具合（ぐあい）：経済状態　　もてなし：hospitality　　代物（しろもの）：もの］

2．エッセイを読んで、下の問題に答えましょう。
　（1）東京にいる時に、著者が人を招かない理由は何ですか。

　（2）下線1の「私たち」は誰ですか。

　（3）a．日本人が気楽に人を家に招くことができないのは、どうしてですか。

　　　　b．日本人は人を招くとき、家に招くかわりにどうすると思いますか。

　（4）パリで気楽に人を家に招くことができると思うのは、どうしてですか。

　（5）下線2に「公人と個人の生活のけじめがはっきりしている」とあります。
　　　a．これはどういう意味ですか。

b. 著者は、東京の生活では「公人と個人の生活のけじめ」がはっきりしていると考えていますか。

  c. あなたの国では、「公人と個人の生活のけじめ」がはっきりしていますか。

（6）点線を引いてある表現は、どのような様子を表しているか、考えましょう。また、それぞれの表現を使った例文を作ってみましょう。
  a. おたおたする
  b. えんえんと
  c. まごまごする

<語彙リスト>

II. 誘う／招待する時の表現
1．（聞き取り）

支払い	しはらい	もののけ姫（映画のタイトル）	もののけひめ
ナイター		巨人（チーム名）	きょじん
阪神（チーム名）	はんしん	クラス会	クラスかい
新宿（地名）	しんじゅく	披露宴	ひろうえん
招待状	しょうたいじょう	新築	しんちく
新築祝い	しんちくいわい	素晴らしい	すばらしい

2．（表現）
◆誘う・招待する時の表現◆

ビアガーデン		往復はがき	おうふくはがき
同窓会	どうそうかい	会合	かいごう
返信	へんしん	芳名	ほうめい
投函する	とうかんする		

3．（表現練習）

役員	やくいん	取り引き先	とりひきさき
重役	じゅうやく	別荘	べっそう
営業	えいぎょう	連中	れんちゅう

III. 好みを詳しく話す
1．レストランを決める

大衆食堂	たいしゅうしょくどう	居酒屋	いざかや
清潔	せいけつ	こってりしている	
ものたりない		飲み放題	のみほうだい
高級	こうきゅう	雰囲気	ふんいき
油っぽい	あぶらっぽい	ものたりない	
さっぱりしている		味が上品だ	あじがじょうひんだ
愛想がいい	あいそがいい	落ち着かない	おちつかない
忘年会	ぼうねんかい	幹事	かんじ
おしゃれ			

2. 映画や展覧会に誘う

（1）絵画、音楽など

水彩画	すいさいが	浮世絵	うきよえ
抽象画	ちゅうしょうが	演歌	えんか
版画	はんが	アメフト＝アメリカン・フットボール	
油絵	あぶらえ		

（2）映画

ジャンル		アクション	
SF／サイエンス　フィクション		アニメ	
ロマンス		サスペンス	
ドラマ		ホラー	
戦争映画	せんそうえいが	冒険映画	ぼうけんえいが
監督	かんとく	主演	しゅえん
俳優	はいゆう	賞	しょう
役	やく	シーン	
主人公	しゅじんこう	粗筋	あらすじ

（3）絵画

画家	がか	人物画	じんぶつが
風景画	ふうけいが	静物画	せいぶつが
版画	はんが	抽象画	ちゅうしょうが

（4）コンサートやスポーツ

観戦	かんせん

IV. ロールプレイ

上映中	じょうえいちゅう	展覧会	てんらんかい

V. 家でのもてなし：読解

大勢	おおぜい	なえる	
億劫	おっくう	でれでれする	
貧乏ひまなし	びんぼうひまなし	おたおたする	
けじめ		～しかねる　（例、つきかねる）	
延長	えんちょう	万事	ばんじ

大げさ	おおげさ	公人	こうじん
個人	こじん	ふところ具合	ふところぐあい
もてなし		代物	しろもの
意外に	いがいに	まごまごする	

Unit 6

お邪魔しま〜す ―訪問する―

　足立さん達は、課長の新築祝いのパーティーに招待され、課長の家を訪問します。このユニットでは、日本で家を訪問する時のマナーや挨拶の仕方を学びます。また、友達の家を訪問する時のくだけた表現も練習します。さらに、約束の時間に行けなくなった場合などに、どのように相手の人に事情を説明すればいいかを、足立さんや他の人の対応の仕方を参考に学習しましょう。

1. 目上の人やあまり親しくない人の家を訪問するときの表現やマナーについて復習し、そのような場面で適切な挨拶や行動ができるようになりましょう。
2. 友達を訪ねる時、型にはまった挨拶ではなく、くだけた言葉遣いができるように練習しましょう。
3. 約束通りに訪問できない時や約束の時間に遅れてしまう時、上手に事情が説明できるように練習しましょう。

話題
1　訪問のエチケット
2．贈り物（お土産、手土産、中元、歳暮など）
3．約束の変更
4．もてなし方の習慣の違い

I. 訪問のエチケット

1. 考えましょう。

あなたの国では誰かの家を訪問するときにどんなエチケットがありますか。考えて、答えを書き入れてみましょう。（一人でしてもグループで相談してもかまいません。）

（1）訪問する日時の約束：　　　　　☐ する：　方法:＿＿＿＿＿＿＿＿
　　　　　　　　　　　　　　　　　☐ しない

（2）訪問は約束の時間より：　　　　☐ 早く行く
　　　　　　　　　　　　　　　　　☐ 遅く行く
　　　　　　　　　　　　　　　　　☐ 時間通りに行く

（3）家に上がるとき、靴やコートを脱ぎますか。

（4）よその家を訪問する時には、何か持っていきますか。もし、持っていくとしたら、どんな物を持っていきますか。渡すときに何と言いますか。

（5）嫌いな食べ物を出されたら、どうしますか。

（6）帰るときにはどんな挨拶をしますか。

（7）数日後に訪問先の人に会ったら何と言いますか。

2. 日本での「訪問のエチケット」

次のページの「訪問のエチケット」をまず一度ざっと読んで、どの注意がどの絵にあてはまるか、番号を（　）の中に書き入れなさい。

1.（　）　　　　2.（　）　　　　3.（　）　　　　4.（　）

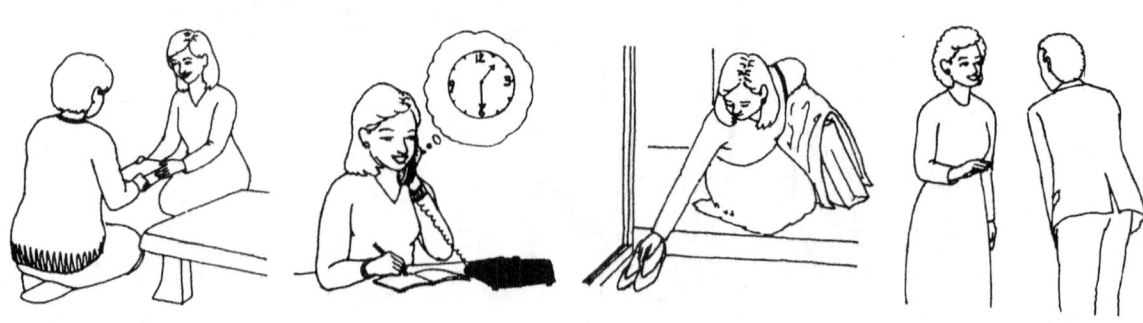

5.(　　)　　　　　　　　6.(　　)　　　　　　　　7.(　　)

◆◆　　訪問のエチケット　　◆◆

(1) 人を訪問する時には必ず前もって電話などで日時を決めておきましょう。約束しないで訪問するのは大変失礼です。また、約束の時間は守るようにしましょう。約束の時間に遅刻するのはもちろんいけませんが、早すぎるのもいけません。

(2) 玄関に入る時にはベルやチャイムを鳴らしましょう。玄関前でコートを脱ぎ、もう一度身だしなみをチェックします。準備が整ったら、チャイムを押します。訪問先の人が開けてくれたら、中に入り、必ずドアを閉めます。

(3) まず、玄関先で簡単に挨拶をします。家に上がる時には、靴を脱ぎます。上がったら靴をそろえます。脱ぎっぱなしで中に入らないように注意しましょう。

(4) 部屋に入ったら、きちんと挨拶をし、手土産を渡します。たいてい、「つまらないものですが…。」とか、「お口に合わないかもしれませんが、どうぞ。」と言って渡します。しかし、最近、親しい人の間では、そんな言い方はしない場合もあります。

(5) お茶やお菓子、食事を出されたら、一応、「どうぞおかまいなく。」と言うとよいでしょう。でも、遠慮のし過ぎも失礼になることがあります。熱いものなどはさめないうちにいただく方がいいでしょう。きらいな物や食べられないものは、無理に食べる必要はありません。

(6) あまり遅くならないうちに、「そろそろ失礼します。」と言って帰りましょう。帰るときには、必ずお礼を言いましょう。「ありがとうございました。」の他に、もし食事をいただいた場合は、「ごちそうさまでした。」ということも忘れないようにしましょう。

（7）訪問先の人と次に会った時には、必ず、「先日は本当にありがとうございました。」とお礼を言いましょう。

3. 「訪問のエチケット」をもう一度読んでください。そして、下の文が正しければ○、間違っていれば×をつけてください。
　　（　　）人を訪問するときには、必ず電話などで約束をしなければならない。
　　（　　）日本では約束に遅れるのはとても悪いことなので、できれば約束の時間の少し前に訪問先に着く方がよい。
　　（　　）家の中に入ったら玄関のドアを閉めなければならない。
　　（　　）脱いだ靴は自分でそろえなければならない。
　　（　　）手土産を渡すときには、「つまらないものですが。」などと言うことが多い。
　　（　　）日本では嫌いな物もがまんして食べた方がよい。
　　（　　）お茶やお菓子を出されたら、なるべく遠慮して、出されたものを絶対食べたり飲んだりしない方がよい。
　　（　　）訪問の場合は、あまり遅くならないうちに帰る方がよい。
　　（　　）訪問先の人に次に会った時には必ずお礼を言わなければならない。

4. 日本で人を訪問する場合にはどんなエチケットがあるでしょうか。次の質問に答えてください。
　　（1）訪問する日時の約束：　　　　□ する：　方法:＿＿＿＿＿＿＿
　　　　　　　　　　　　　　　　　　□ しない

　　（2）訪問は約束の時間より：　　　□　早く行く
　　　　　　　　　　　　　　　　　　□　遅く行く
　　　　　　　　　　　　　　　　　　□　時間通りに行く

　　（3）家に上がるとき、靴やコートを脱ぎますか。

　　（4）よその家を訪問する時には、何か持っていきますか。もし、持っていくとしたら、どんな物を持っていきますか。渡すときに何と言いますか。

　　（5）嫌いな食べ物を出されたら、どうしますか。

（6）帰るときにはどんな挨拶をしますか。

（7）数日後に訪問先の人に会ったら何と言いますか。

（8）あなたの国の習慣と違うところはどこですか。

II. 目上の人の家を訪ねる

1．聞き取り

足立さんとブラウンさんは、課長の家に招待されました。会話を聞いて、次の質問に答えましょう。[☺ D2-#1〜5]

（1）二人は、どこで待ち合わせることにしましたか。

（2）待ち合わせの時刻は何時ですか。なぜその時刻にしましたか。

（3）待ち合わせをしてから、何をしますか。

（4）家に上がる時に、足立さんは何と言いましたか。

（5）お茶を出された時、足立さんは何といいましたか。

（6）足立さんが帰ると言った時、課長は何と言いましたか。

（7）翌日、会社で足立さんは課長に何といいましたか。

2．日本で目上の人の家をフォーマルに訪（たず）ねる場合に使う表現を復習しましょう。

(1) 玄関で
主人：よくいらっしゃいました。
客：今日はお招（まね）きいただきまして、ありがとうございます。

（長い間会っていなかった場合）
客：ごぶさたしております。
主人：いいえ、こちらこそ。

主人：どうぞお上がりください。
客：おじゃまします。

(2) 部屋で
主人：どうぞお楽に。
客：ありがとうございます。どうぞご心配なく。

主人：お茶をどうぞ。
客：ありがとうございます。どうぞお構（かま）いなく。

客：つまらないものですが、どうぞ。
主人：すみません。遠慮なく頂戴（ちょうだい）いたします。

訪問先で食事などをごちそうになることがあります。
主人…お客に食べ物をすすめる。
客…すすめられたとき最初は遠慮する。
出された食べ物をほめる。

(3) 帰る時
客：もうこんな時間ですか。そろそろ失礼します。
主人：まだいいじゃありませんか。／もっとゆっくりしていってください。

客：長いことおじゃましてすみませんでした。
主人：またいらして／いらっしゃってください。

客：今日はごちそうになりました。
主人：いいえ、何のお構いもいたしませんで…。

訪問先で引き止められることがあります。そういう時は理由を言いましょう。
（例）あした早いので
　　　試験前なので
　　　バスが／電車がなくなるので
　　　門限(もんげん)があるので
　　　もう遅いですから

（4）数日後
　　客：先日はどうもありがとうございました。／先日はおじゃまいたしまして…。
　　　　先日はごちそうになりまして…。／先日はたいへんお世話になりまして…。
　　　　奥様／御主人によろしくお伝えください。
　　主人：また、どうぞ来てください。

3．「もてなしのエチケット」クイズ

日本で人をもてなす時に気をつけなければいけないことがあります。次の文を読んで、正しいと思ったら〇を、間違っていると思ったら×を、（　）に書きましょう。

（　）客には、部屋の入り口の一番近くの席(せき)をすすめる。
（　）客が帰ると言った時は、一度は引き止める。
（　）客が持ってきた手土産はすぐに開け、中身(み)を見てからお礼を言う。
（　）"客のためにケーキを準備していたら、客の手土産もケーキだった。"こんな時は、両方のケーキを出して、客に好きな方を選(えら)んでもらう。
（　）別の予定があるのに客がなかなか帰らない時は、時計をちらちら見て、忙しいことを表す。
（　）不用心(ぶようじん)なので、客が玄関のドアを出たら、中からすぐにカギをかける。

4．ロールプレイをしましょう。

＜ロールA＞

（1）あなたは上司のBさんに夕食に招かれました。Bさんの家を訪問し、食事をご馳走(ちそう)になって、あまり遅くならないうちに帰ってください。

（2）あなたは今年大学を卒業しますが、やっと就職先が決まりました。B先生にはとてもお世話になったので、先生のお宅にお礼の挨拶に行きます。

<ロールB>

（1）あなたは部下のAさんを夕食に招きました。Bさんが家に訪ねて来るので、もてなしてください。ただし、明日は仕事があるので、あまり遅くならないうちにAさんに帰ってもらいたいです。

（2）あなたは大学の教授です。就職先が決まった学生のAさんが、お礼の挨拶に来ます。Aさんを歓迎してください。

III. 友達の家を訪ねる

1. 考えましょう

友達の家を訪ねるときには、IIの1や2で使った表現を使うでしょうか。使わなければ代わりにどんなことを言うでしょうか。また、言葉遣いの他に違うことは何でしょうか。足立さんと桜井さんの会話を参考にして、グループまたはクラスで違う点をリストにしてみましょう。[☺ D2-#6&7]

2. ロールプレイをしましょう

<ロールA>

（1）あなたは旅行から帰ったところです。親友のBさんにお土産を買ってきたので持って行きます。そして、旅行先や泊まったところの様子をいろいろ話して帰ります。

（2）あなたは最近引っ越しをしたばかりです。親友のBさんが新しい部屋に遊びに来ます。近所の様子などをいろいろ話します。

<ロールB>

（1）Aさんはあなたの親友で、旅行から帰ったばかりです。Aさんから旅行先や泊まったところの様子を詳しく聞きます。

（2）Aさんはあなたの親友です。Aさんが最近新しいアパートに引っ越したので遊びに行きます。Aさんのアパートや、その近所の様子などをいろいろ話して帰ります。

IV. 贈り物

1．聞き取り1

（1）これから贈り物の習慣についての会話を聞きますが、その前にグループで次のことを話し合ってください。

　　a. あなたの国ではどんな時に贈り物をしますか。何か特別にあげるものが決まっている場合がありますか。表に書き出してみましょう。

どんな時？	誰に？	何をあげる？

　　b. 日本の場合はどうだと思いますか。考えて下の表に書いてみましょう。

どんな時？	誰に？	何をあげる？

（2）まず下の文を読んで下さい。それから会話を聞いてください。一度聞いて、出てきた内容に〇をつけてください。　[☺ D2-#8]

　　（　　）「お土産」という言葉の意味
　　（　　）手土産としてあげる物の例
　　（　　）お土産をもらった時のお返し
　　（　　）大勢で訪問する時はどんな手土産持っていくか。
　　（　　）アメリカでのクリスマスプレゼントの例
　　（　　）手土産の値段

（3）会話をもう一度聞いて、以下の問いに答えましょう。

    a. 「お土産」と"present/gift"は同じですか。

    b. お土産はたいてい誰が誰に買いますか。

    c. 旅行に行って絶対にお土産を買って帰らなければならない相手はどんな人ですか。

    d. 旅行に行かなくてもお土産を買う場合というのはどんな場合ですか。

    e. 「手土産」は「お土産」とどう違いますか。

    f. 手土産を持って行くのは食事に招かれた時だけですか。

2．贈り物の種類

下の贈り物は、どんな時に誰が誰に贈りますか。1の聞き取りや下の資料を参考にして、グループで考えて書いてみましょう。

	どんな時	誰が	誰に
お土産			
手土産			
御中元			
御歳暮			
お祝い			
お見舞い			

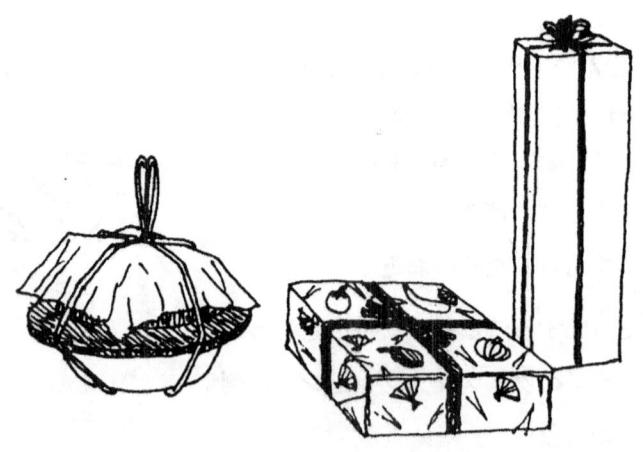

中元と歳暮

　「お中元」は、お盆の時期に合わせて贈り物をする習慣です。お盆の時期には、死んだ人の霊を慰めるためにお供えものをしますが、昔は、そのお供えものをあとで親類や縁者の間で分けました。それは、生きている人が死者の霊魂を共有できるようにするためです。最近は、この宗教的な意味は薄まり、お盆の時期の贈り物として「お中元」を贈ります。

　また、年末に、過去1年間お世話になったことへの感謝のしるしとしてお歳暮を贈る習慣があります。「お中元」や「お歳暮」は、普通、職場での上司や稽古事の先生、親戚などに贈られます。昔は、自分で中元や歳暮を持って行きましたが、最近では、デパートや商店に届けてもらうケースが多くなりました。お歳暮とお中元は日本人の生活習慣と言えますが、お歳暮のほうが重要だと考えられています。

<日本人マメ知識>
日本人家庭1世帯がお歳暮を贈る相手は平均7.7人。
金額は合計3万7700円。
一件あたりの贈り物は3000円～5000円。
お歳暮を贈る理由は、「お世話になった人への感謝の
しるし」「毎年の習慣」「人付きあいを円滑にする」など。
贈る相手は、親戚、職場の上司、友達など。
贈る物は、商品券、ビール、のり類、せっけんなど。
(ネッスル日本のお歳暮に関する調査(1993年)及び伊勢丹の調査(1993年)から)

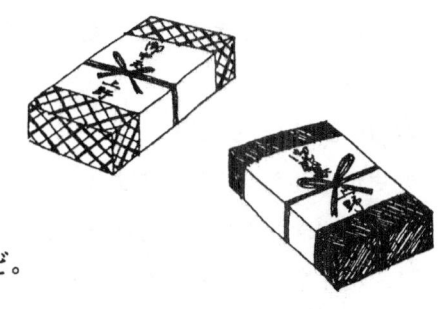

3．聞き取り2

　会話を聞いて以下の問いに答えてください。[☺ D2-#9]

（1）山本さんと本田さんはお中元を贈りますか。誰に贈りますか。

（2）お中元は自分で持って行きますか。

（3）これまでに贈ったお中元としてどんなものが例に出てきましたか。

（4）どうして上司にお中元を贈ると思いますか。

（5）あなたの国には同じような習慣がありますか。

4．話しましょう

（1）アメリカと日本では贈り物の習慣についてどのような違いがありますか。箇条書きにしてみましょう。

（2）お土産やお中元、お歳暮の習慣の是非（つまり、その習慣がよいか、よくないか）に関しては意見が分かれることが多いようです。（例、是：人間関係をよくするからいい／非：お金がかかるからよくない等）あなたはどう思いますか。

V．発展練習：約束の変更

1．話し合ってみましょう。

約束通り訪問できなくなったり、予定の時間に遅れたりする時、あなたはどうしますか。

2．変更のステップ

変更が必要な場合、以下のようなステップをふんで相手に変更を伝えることが多いです。
1．前置きおよび理由や事情を話す
2．用件を話す（行けない、遅れる、等）
3．謝る／残念な気持ちを伝える

以下のような設定ではそれぞれのステップでどのように言いますか。ペアで考えて書き出してみましょう。

	訪問者	訪問先	電話の用件
1	生徒	先生の家	風邪をひいたため行けない
2	部下	課長の家	小田急線の踏み切り事故のため3〜40分遅れる
3	友達	友達の家	家の仕事が忙しくなり手伝わなければならないため行けない

3．聞き取り

（1）設定1〜3の会話を聞いてみましょう。予定通りに行けなくなったことを伝えるのにどんな表現を使っていましたか。[☺ D2-#10〜12]

（2）以下は会話のスクリプトです。2で示した変更のステップを考えながら、それぞれの
　　　ステップの部分に下線を引いてください。

＜設定1＞
先生：あ、もしもし。
足立：あ、小石先生のお宅ですか。
先生：はい。
足立：あ、あの〜、足立と申しますが…
先生：あ、足立さん。
足立：どうも。あの〜、実は、今日そちらにおじゃますることになっていたんですが、
　　　あの〜、今朝からちょっと具合が悪くて…
先生：まあ、そうですか。風邪ですか。
足立：ええ。なんか、そうみたいなんです。
先生：あ、大変ですね。
足立：ええ。で、申し訳ないんですが、今日はちょっと行けそうにないんですが…。
先生：あら、そうですか、残念ですね。でも、風邪だったら仕方ないですね。じゃ、また、
　　　今度ぜひ遊びにいらして下さいね。
足立：ええ、ありがとうございます。や、本当にすみません。
先生：いいえ。
足立：じゃ、失礼します。
先生：はい、じゃ、お大事に。

＜設定2＞
課長：はい、霧島でございます。
足立：あ、あの〜、足立ですが…。
課長：あ、足立さん？
足立：あ、課長ですか。
課長：ええ。
足立：あ、すいません、あの〜、今そちらに向かっているところなんですが、実は小田急
　　　線が踏み切り事故でずっと止まっちゃいまして…。
課長：え、そうですか。大変ですね。
足立：ええ。で、今やっと新宿に着いたところなんですよ。
課長：あ、そうですか。
足立：で、あの〜、大変申し訳ないんですが、多分、あの、3、40分遅れてしまうと思
　　　うんですが。

課長:あ〜、そうですか。はい、わかりました。
足立:あ、すいません。
課長:いえ、大丈夫ですよ。
足立:じゃ、あの〜、なるべく早く行きますんで。
課長:あ、はい、わかりました。じゃ、後(のち)ほど。

＜設定3＞
菅原:もしもし。
上岡:あ、もしもし、上岡ですけど。
菅原:あ、おはよう。
上岡:起きてた？
菅原:うん。
上岡:あ、よかった。あの、今日遊びに行くことになってたんだけど、実はちょっと家の仕事が急に忙しくなっちゃって、手伝えって言われて〜。
菅原:あ、本当？
上岡:悪いんだけど、また今度…。
菅原:うん。
上岡:ごめんね。
菅原:ううん。じゃ、頑張(がんば)ってね。
上岡:うん。じゃ、またね。

4．表現のまとめ

以下は表現のまとめです。必要ならば復習しましょう。

◆　約束を変更する場合の表現　◆

1．前置き＋理由

目上の人に

　〜ですが、実は　〜て

　　例1　おじゃますることになっていたのですが、実は今朝からちょっと調子が悪くて。
　　　2　そちらに向かっているところなんですが、実は小田急線が止まっていまして。

友達に

　〜だけど、実は　〜て

　　例　今日ひろこさんの所に遊びに行くことになってたんだけど、実はちょっと家の仕事が忙しくなって、手伝えって言われちゃって。

2．用件を言う

目上の人に

申し訳ないんですが、（用件）

例1　申し訳ないんですが、多分3〜40分遅れてしまうと思うのですが…。

　2　申し訳ないんですが、今日はそちらにお伺いすることができなくなってしまいまして…。

友達に

悪いんだけど、

例1　悪いんだけど、また今度…。

　2　悪いんだけど、今日は行けなくなっちゃった。ごめんね。

3．謝る／残念な気持ちを伝える

目上の人に

申し訳ありません。

せっかく〜のですが…。

例　せっかくお誘いいただいたのですが…。

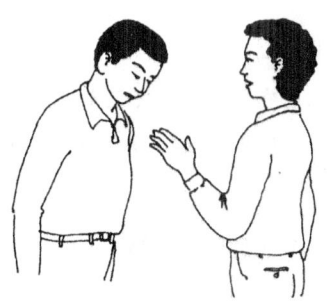

友達に

ごめん。

悪い。

5．ロールプレイ

4で練習した表現を使ってロールプレイをしてみましょう。

〈ロールA〉

（1）同僚のBさんの家に招かれていますが、病気で行けなくなりました。電話をして事情を話します。

（2）友達のBさんの家に向かっている最中に電車事故がありました。約束の時間に遅れそうです。電話をして事情を話し、遅れることを伝えます。

（3）大学のB先生の家を訪問するため駅に向かいましたが、途中で忘れ物に気が付き家に戻りました。先生に電話をして遅れることを伝えます。

<ロールB＞
（1）同僚のAさんがあなたの家に来ることになっています。Aさんから電話があります。

（2）友達のAさんがあなたの家に遊びに来ることになっています。Aさんから電話があります。

（3）あなたは大学の教授です。今日は学生のAさんがあなたの家を訪問することになっています。Aさんから電話があります。

VI. もてなし方：読解

1. 読む前に
（1）あなたは、今までに外国で友人や知人の家を訪問したことがありますか。または、自国で外国から来た人の家を訪問したことがありますか。

（2）そんな時、何か習慣の違いに気がつきましたか。それはどんな習慣ですか。

2. 読んでみましょう。
土居健郎は、『「甘え」の構造』という本の中で、アメリカに初めて来た時の体験を次のように述べています。

一度読んだ後で、次の質問の答えをグループで話し合ってください。
（1）これは何の習慣についての体験ですか。

（2）この人は、アメリカ人の家庭を訪問したとき、食事の前にどんなことを聞かれましたか。

（3）日本でも同じようにしますか。

（4）この人は、アメリカの習慣についてどう思いましたか。
    a. 変だと思った。
    b. なかなかいいと思った。
    c. 思いやりがあると思った。

（前略）
　また次のようなことも私の神経を刺戟したことであった。アメリカ人の家庭に食事に呼ばれると、まず主人が酒かソフト・ドリンクいずれかを飲むかとたずねてくる。そこで、酒と所望したとすると、次にはスコッチかブルボンかときいてくる。そのどちらかにきめた後、今度はそれをどうやってどのくらい飲むかについても指示しなければならない。さいわい主な御馳走はだされたものを食べればよいのだが、それがすむと今度はコーヒーか紅茶かをきめねばならないし、それも砂糖を入れるのか、ミルクはどうするか一々希望をのべねばならない。私はこれがアメリカ人の丁重なもてなし方であることはすぐにわかった。しかし、内心はどうだっていいじゃないかという気がしきりにした。アメリカ人とは何と小さなことで一々選択しなければならないのか、あたかもそうすることによって自分が自由であることを確かめでもするかのように、こんな風にも私は考えた。これはもちろん私がアメリカ人との社交に馴れないことからきた戸惑いであったであろう。したがってこれはアメリカ人の習慣であるとわりきってしまえばそれですむことであったのかもしれない。それに日本人の場合だって客の嗜好をきくことが全くないわけでもない。しかし日本人だったらよほど親しくなければ、お好きですかと客にきくことはないのではなかろうか。むしろそれほど親しくない客には、お口に合わないかもしれませんが、といって食べ物をさし出すのが日本人の習慣ではないだろうか。それにひきかえアメリカ人は主な御馳走については有無をいわせず、時にはどうやってつくったか得々とのべながら目の前につき出すのに、その前後の飲み物については客の選択の自由をゆるす。これが私にはとても奇妙に思えたのである。
　このことと関連して、アメリカ人がよく使う"Please help yourself"という挨拶も、英語の会話に馴れるまでは、私の耳にあまり快くは響かなかったことをのべておこう。この言葉は日本語だと「自由にお取り下さい」「自由にお召し上がり下さい」というほどの意味だが、直訳すると「どうぞ御自身を助けなさい」ということになる。これはどうも私の耳には何か突き放したようで不親切に響き、それがなぜ好意の表現となるのか、なかなか悟れなかった。日本人の感受性からすると、主人は客をもてなすに際し、かゆい所に手が届くように相手の気持を察して助けてやるのが礼儀である。したがって「御自分を助けなさい」では不馴れな客に対しあまりにも思いやりのない言葉と思われないか。私は概してアメリカ人は、日本人のように思いやったり察したりすることをしない国民であるということを漸く感じるようになった。そんなわけで、そうでなくても異郷にあれば心細くなるものだが、私は一層心細い気持で最初のアメリカ生活を送っていたのである。（後略）

（土居健郎『「甘え」の構造』　弘文堂）

Permission to reproduce granted by Takeo Doi.

[さいわい：fortunately　　御馳走：a feast　　一々：その度に
あたかも〜かのように：just like　　それにひきかえ：On the contrary
有無を言わせない：相手に意見を言わせず、自分の考えを押し付ける
得々と：得意になって　　奇妙：変　　もてなす：to entertain]

3．第一段落について次の質問に答えましょう。

（1）次の漢字はどう読みますか。また意味は何ですか。ペアで調べたり考えたりしてください。

  a. 所望する　　b. 指示する　　c. 希望をのべる　　d. 丁重なもてなし
  e. 選択する　　f. 戸惑い　　g. 嗜好をきく　　h. 選択の自由をゆるす

（2）第一段落をもう一度読んで、次の質問に答えてください。

  a. 飲み物などの希望をのべるのは、食前だけですか。
  b. メインコースについてはどうですか。
  c. この人は、飲み物などを選ばせるアメリカ人のもてなし方についてどんな気持ちがしましたか。
  d. 日本人の場合、客の好みを聞くのはどんな場合ですか。
  e. この人はアメリカ人の習慣のどんなところが変だと思いましたか。

（3）次の表現の意味を文脈（context）から考えてください。

  a. 神経を刺戟する　　b. 〜という気がしきりにする　　c. 〜とわりきる

4．第二段落について次の質問に答えましょう。
　（1）ペアで次の漢字の読み方、意味を調べたり考えたりして下さい。
　　　　a. 直訳する　　b. 突き放す　　c. 感受性　　d. 気持ちを察する
　　　　e. 思いやりがある　　f. 異郷　　g. 心細い　　h. 概して　　i. 漸く

　（2）第二段落をもう一度読んで、次の質問に答えてください。
　　　　a. 著者は、"Please help yourself"という挨拶にどのような印象を受けましたか。
　　　　　 また、それはなぜですか。
　　　　b. 日本人の習慣では、どのように客をもてなすのが礼儀だと考えられていますか。
　　　　c. 上のbで考えた礼儀は、具体的にはどんなことですか。例をあげて考えてください。
　　　　d. 著者は、"Please help yourself"といった表現を聞いて、アメリカ人はどのような国
　　　　　 民だと考えましたか。

　（3）次の言葉の意味を文脈から考えてください。
　　　　a. 〜の耳に快く響く　　b. 悟る　　c. あまりにも思いやりのない

5．表現の練習をしましょう。
　（1）〜という気がしきりにする
　　　　内心ではどうだっていいじゃないかという気がしきりにした。

　（2）あたかも〜のように
　　　　あたかもそうすることによって自分が自由であることを確かめでもするかのように。

　（3）〜ないわけでもない
　　　　それに日本人の場合だって客の嗜好をきくことが全くないわけでもない。

　（4）〜ではなかろうか
　　　　…といって食べ物をさし出すのが日本人の習慣ではなかろうか。

　（5）それにひきかえ
　　　　それにひきかえアメリカ人は…。

(6) ～と関連して

このことと関連して、アメリカ人がよく使う"Please help yourself"という挨拶も、…私の耳にあまり快く響かなかった。

(7) かゆいところに手が届くように

主人は客をもてなすに際し、かゆい所に手が届くように相手の気持ちを察して助けてやるのが礼儀である。

(8) あまりにも

不馴れな客に対しあまりにも思いやりのない言葉と思われないか。

(9) どうも

これはどうも私の耳には何か突き放したようで…。

6．話し合いましょう。

あなたは、著者が書いているアメリカの習慣についてどう思いますか。また、あなたがアメリカ人なら、著者にアメリカ人の考え方をどう説明しますか。

VII. 習慣の違い：作文

あなたは、外国文化に触れて、習慣や考え方が違うため、とまどったり、変に思ったりした経験がありますか。どのような習慣ですか。経験と、それに対する意見をまとめたエッセイを書いてみましょう。

使える場合には次のような表現を使ってみましょう。
それにひきかえ　　　どうも　　　～ないわけでもない　　　～と関連して　　　～に際し
あまりにも…　　　　～ではなかろうか／～ではないだろうか

<語彙リスト>

I. 訪問のエチケット　ほうもんのエチケット

日時	にちじ	約束	やくそく
挨拶	あいさつ	手土産	てみやげ
一応	いちおう	遠慮	えんりょ

II. 目上の人の家を訪ねる

1. 聞き取り

新築祝い	しんちくいわい	迷う	まよう
改札	かいさつ	念のため	ねんのため
下り線	くだりせん	ホーム	
先頭	せんとう	待ち合わせ	まちあわせ
手ぶら	てぶら	表札	ひょうさつ
足をくずす	あしをくずす	構う	かまう
実家	じっか		

2.（表現の復習）

頂戴する	ちょうだいする	門限	もんげん

3.「もてなしのエチケット」

不用心	ぶようじん

III. 友達の家を訪ねる

1.（聞き取り）

もたもたする		散らかる	ちらかる
どかす		面倒	めんどう
うるさい		挽く	ひく
意外	いがい		

IV. 贈り物

1. 聞き取り

土産	みやげ	手土産	てみやげ
中元	ちゅうげん	歳暮	せいぼ
お祝い	おいわい	お見舞い	おみまい

名物	めいぶつ	餞別	せんべつ
貧しい	まずしい	無難	ぶなん
質	しつ		

2. 贈り物の種類

霊	れい	慰める	なぐさめる
お供えもの	おそなえもの	縁者	えんじゃ
霊魂	れいこん	宗教	しゅうきょう
共有する	きょうゆうする	稽古事	けいこごと
世帯	せたい	円滑	えんかつ

3.（聞き取り）

松坂牛	まつざかぎゅう

V. 発展

1.（聞き取り）

具合	ぐあい	小田急線（私鉄の名前）	おだきゅうせん
踏み切り	ふみきり	後ほど	のちほど

VI. もてなし方： 読解

甘え	あまえ	構造	こうぞう
体験	たいけん	神経	しんけい
刺戟	しげき	所望する	しょもうする
指示する	しじする	さいわい	
主な	おもな	御馳走	ごちそう
一々	いちいち	希望をのべる	きぼうをのべる
丁重な	ていちょうな	もてなし	
選択する	せんたくする	あたかも～のように	
社交	しゃこう	戸惑い	とまどい
わりきる		嗜好	しこう
それにひきかえ		有無を言わせない	うむをいわせない
得々と	とくとくと	奇妙	きみょう
快く	こころよく	響く	ひびく
直訳する	ちょくやくする	突き放す	つきはなす
悟る	さとる	感受性	かんじゅせい

察する	さっする	不馴れ	ふなれ
思いやり	おもいやり	異郷	いきょう
心細い	こころぼそい	概して	がいして
漸く	ようやく		

Unit 7

頼りになるなあ、足立さん　—助言する—

　周りの人に頼りにされている足立さんは、いろいろな相談をもちかけられます。さて足立さんはどのようなアドバイスをするでしょうか。このユニットでは、日常生活での悩みを取り上げ、それを人に相談する時や相談されて助言をする時の表現を練習します。また、新聞の人生相談などに寄せられた悩みなどを通して、日本の社会や日本人の考え方について学びましょう。

1．人に相談し、助言を求める時、人間関係に応じた適切な表現を使って話せるようになりましょう。
2．人に相談する時、自分の状況が詳しく説明できるように、説明の仕方を練習しましょう。
3．人間関係や状況にふさわしい言葉遣いで、他の人にアドバイスできるようになりましょう。
4．他の人の意見に自分が賛成するかどうか、またなぜかということが説明できるようになりましょう。

話題
1．若者の悩み
2．異文化における問題
3．恋愛や結婚についての悩み
4．学業や成績についての悩み
5．生きがい
6．職場での悩み

I. 準備

1. 話し合ってみましょう。
次のことについてグループで話し合ってください。
（1）今までにどんなことで他の人に相談したり、相談を受けたりしましたか。
（2）あなたは、困った時には、誰に相談しますか。また、なぜその人に相談しますか。
（3）今後、どんなことで他人の助言を必要とすると思いますか。
（4）日本に行ったらどんなことで日本人に助言を求めると思いますか。リストを作ってみましょう。

2. 調べてみましょう。
下の資料を見て、調べましょう。（次のページも見てください。）
（1）世界各国の若者に共通した悩みや心配ごとはありますか。
（2）相談相手に関しては各国で違いがありますか。
（3）表を見てわかることは何ですか。

＜資料＞

悩みや心配ごと

(複数回答、単位：％)

	1位	2位	3位	4位	なし
日本	お金 34.9	仕事 26.8	就職 21.5	異性 18.8	20.9
アメリカ	お金 55.5	就職 31.0	政治 27.9	異性 25.9	10.7
イギリス	お金 60.3	就職 35.8	政治 23.4	仕事 18.9	13.1
フランス	お金 37.3	就職 34.7	勉強 32.7	政治 20.2	13.2
大韓民国	就職 37.5	勉強 33.9	進学 30.9	お金 28.3	4.5

悩みや心配ごとの相談相手

(複数回答、単位：%)

	1位	2位	3位	4位	5位
日本	友達 51.9	母 37.7	恋人 21.1	父 18.8	兄弟 17.7
アメリカ	母 54.9	恋人 39.2	友達 32.4	父 30.1	兄弟 29.5
イギリス	母 53.5	恋人 37.2	父 27.9	兄弟 26.7	仲間 26.6
フランス	母 53.8	友達 37.0	恋人 35.4	兄弟 28.8	父 22.5
大韓民国	友達 63.6	母 29.6	兄弟 24.6	父 13.4	先輩 10.7

資料：総務庁青少年対策本部「世界青年意識調査」(1993年)

II. 異文化における問題

1．聞き取り

日本で仕事をしているアメリカ人にどんな悩みがあるか、インタビューしてみました。

（1）インタビューを聞いて、この人達はどんな悩みがあるか、聞き取ってください。

[☺ D2-#13～15]

ペレズさん：

ウッドさん：

マイケルさん：

（2）この人達が、それぞれの悩みについてあなたに相談したとしたら、どのようなアドバイスをしますか。ペアで相談してみましょう。

2. インタビュー

アメリカに来た外国人の学生はどんなことで困ったり、悩んだりするのでしょう。次の事柄について日本人留学生にインタビューしましょう。結果をまとめてクラスで発表しましょう。

（1）インタビューする前に

今までに日本人留学生から相談を受けたことがありますか。どんな内容でしたか。グループで話し合ってください。（相談を受けたことがない人は、自分が海外で生活した時に、どのような点に困ったか、どんなことで人に相談したか／したかったかを考えてください。）

（2）インタビューしましょう。

日本人留学生に次のことについて聞いてください。
  a. アメリカに来て困ったことは何だったか。
  b. 誰に相談したか。
  c. どんな助言をしてもらったか。
  d. その助言は適切だったと思うか。

（3）発表しましょう。

  a. 下の例を参考にして、インタビューの結果を発表しましょう。発表の後でbについて話し合うので、どんな悩みや困ったことが多かったか注意して聞きましょう。

  例1：私がインタビューした〜さんは、〜について困っていました。そこでホストファミリーのお母さんに相談しました。お母さんは、「〜したらどうか」とアドバイスしてくれたそうです。私も、そのアドバイスは適切だったと思います。

  例2：お母さんは「〜してみたら」と助言してくれたそうです。でも、私がもし相談された人だったら、少し違うアドバイスをしたと思います。私は、〜した方がよいのではないかと思います。

  b. 留学生の間では、どんな悩みや困ったことが多かったですか。

III. 助言の会話1

1．聞き取り

（1）会話を聞いて次の表を完成させましょう。[☺ D2-#16〜19]

	人間関係	相談事の内容	助言の内容
会話1			
会話2			
会話3			
会話4			

2．会話のステップ

（1）助言を求める時には、次の段階をふむことが多いです。

　　　（1）　　　　　　（2）　　　　　　　（3）　　　　　　（4）
　　　前置き　→　相談事を伝える　→　助言を求める　→　感謝する

　　会話1では、どの部分がそれぞれの段階を表わしていますか。線を引き、段階を示す番号を書きなさい。

＜会話1＞
佐藤　：あ、長谷川さん、ちょっとお話したいことがあるんですが…。
長谷川：あら、何？
佐藤　：あの〜、今ここではちょっと話しにくいんですけど、仕事の後、お時間ありますか。
長谷川：いいですよ。じゃ、5時半頃ね。
佐藤　：はい。
　　　　（喫茶店で）
佐藤　：どうもすみません、お忙しいのに。
長谷川：いいえ。で、どうしたの。
佐藤　：実は昨日母から電話があって、お見合いをしたらどうかって言われたんです。
長谷川：あ、そう。
佐藤　：あなたも、もう27才だからって。それで、叔父の会社の人でとてもいい人がいるから是非会うようにって…。

長谷川：いいじゃない。
佐藤　：でも、私、当分結婚する気はないんですよね、どうしたらいいかなと思って…。
長谷川：どうして結婚したくないの？
佐藤　：だって、今仕事がとっても面白くなってきたところだし、やめたくないんですよ。
長谷川：結婚したからって、仕事やめなくてもいいでしょう？
佐藤　：でも、私、長谷川さんみたいにタフじゃないから、両方は無理だと思うんです。
長谷川：いや、私だって、タフじゃないよ。家の仕事も会社の仕事もいい加減にやっているだけ。
佐藤　：え〜、そんなことないですよ。長谷川さんの仕事すごいから。
長谷川：ううん、本当に適当にやってるの。それにうちのは、家事に協力的だから、そんなに大変じゃないのよ。
佐藤　：え〜、そんな男の人、いるんですか。
長谷川：今じゃ、たくさんいるのよ。その、叔父さんの会社の方っていう人も、もしかすると、新しい考え方の人かもしれないし。
佐藤　：う〜ん。
長谷川：とにかく一度会ってみたらどう？嫌な人だったら、おつきあいしなければいいんだし…。
佐藤　：う〜ん。
長谷川：だめでもともとよ。もしかしたらすごくいい人かもしれないしね。
佐藤　：う〜ん、そうですね。じゃ、一度、会うだけ会ってみようかな。
長谷川：ええ、そうしなさいよ。
佐藤　：ええ、そうします。どうもありがとうございました。

（2）会話2〜4を もう一度聞いてみましょう。アドバイスを求める時、どのように頼んでいますか。

IV. 表現練習

以下は表現のまとめです。あなたが今までに使ったことのない表現がありますか。あったらそれにチェックマークをつけてください。

◆　　助言を求める時の表現・助言をする時の表現　　◆

＜読み方＞

文の左に書いてある番号（1、2、…）が増えるごとに丁寧になります。例えば「前置き」のところでは、1はくだけた表現ですから親しい友達と話す時に、一方、3は改まった表現ですから目上の人に話す時に使います。

前置き
1．ちょっと聞いてくれない？（女）
　　聞いてくれないかなあ…。
　　相談にのってくれる？（女）
　　ちょっと悩んでることがあって（さあ／ね）。
2．相談したいことがあるんですけど。
　　相談にのってもらいたいことがあるんですけど。
　　話したいことがあるんですけど。
3．（折り入って）御相談にのって｜いただきたいことがあるんですが…。
　　　　　　　　　　　　　　　　｜いただけないでしょうか。

相談事を伝える
1．実は〜んだ／実は〜の
2．実は〜んです
　　例：実は先輩に無視されて困ってるんです。

助言を求める
1．どうしたらいい？
　　どうしたらいいかなぁ。
　　どうすればいいかわからなくって。
　　どうしたらいいと思う？
2．どうすればいいと思いますか。
　　（相談した相手の名前）さんだったらどうしますか。
3．どうしたらいいとお思いになりますか。
　　どうすればいいか、アドバイスをいただけないかと思いまして。
　　どうすればいいでしょうか。

感謝する

1. うん、わかった。そうしてみる。どうもありがとう。
2. わかりました。そうしてみます。いろいろありがとうございました。おかげで少し気が楽になりました。

助言をする

1. ～するって（いう）のは？
   ～したら／してみたら（どう）？
   ～すればいいんじゃない？
   ～したほうがいい（よ）。
2. ～するっていうのはどうですか。
   私だったら～しますけど。
3. ～なさったらいかがでしょうか。
   ～なさったらいいんじゃないでしょうか。

（役にたつ接続表現；以下の表現も使ってみましょう。）

◎ そうしないと～。
　　例：はっきり断ったほうがいいよ。そうしないとまた誘ってくるよ。

◎ それでも～なら～しかない。
　　例：本人と一度話したほうがいいよ。それでも無視し続けるならしばらくの間だけだと思ってがまんするしかないね。

◎ ～。もしそうなら～。
　　例：何でもしてあげることが愛情だと思ってるんじゃない？　もしそうならもう一度考え直したほうがいいよ。

V. 助言の会話2

ほかの話題を扱った会話を聞いて、相談の仕方や、助言の与え方をさらに練習しましょう。

1. ケース1

（1）会話を聞く前に

a. あなたの専攻は何ですか。
b. 専攻を変えたいと思ったことはありますか。
c. それはどうしてですか。

（2）聞いてみましょう。
　　次の質問を考えながら、会話を聞いてください。[☺ D2-#20]
　　a. 菅原さんの問題は何ですか。
　　b. 菅原さんは、どうしたいと考えていますか。
　　c. 先生によると、菅原さんのしたいことは簡単にできますか。
　　d. 先生はどうしたらいいといいましたか。二つ聞き取ってください。
　　　1）
　　　2）

（3）次の言葉の意味は、何でしょうか。
　　a. 自信がない　b. 教育学　　c. 転部する　d. 化学
　　e. 物理　　　　f. 理学部　　g. 年度　　　h. 興味がわく

（4）もう一度会話を聞いてください。今度は、表現に注意しましょう。
　　a. 菅原さんは、先生にどのように話していますか。
　　　前置き：
　　　問題の説明：
　　　したいことの説明：
　　b. 先生は、はっきりと「できない」と言いましたか。
　　c. アドバイスする時、先生はどんな表現を使いましたか。

（5）アメリカの大学でも、同じような問題があるでしょうか。それは、どんな場合ですか。

2．ケース2
（1）会話を聞く前に
　　以下は会話にでてくる表現です。グループで読みと意味を考えてください。
　　a. 無視する　b. 失礼　　　c. 生意気　d. ひがむ
　　e. 告げ口する　　f. 〜に直接当たる

（2）聞いてみましょう。[☺ D2-#21]
　　上岡さんから足立さんに電話があり、二人は喫茶店で会うことになりました。喫茶店での二人の会話を聞いて次の質問に答えましょう。
　　a. 上岡さんの悩みは何ですか。
　　　ア．仕事がよくできず、先輩から文句を言われる。
　　　イ．先輩とけんかをし、仲直りしたいができない。
　　　ウ．理由もないのに先輩が話をしてくれない。
　　　エ．先輩に生意気だと言われて困っている。

b. 上岡さんが問題を解決するためにまずしたことは次のうちどれですか。
   ア．その先輩に手紙を書いた。
   イ．その先輩と会って話をした。
   ウ．カウンセラーに相談した。
   エ．その先輩と話すのを止めた。

c. 足立さんが上司には相談しないほうがいいという理由は何ですか。
   ア．上岡さんが上司に相談したことが分かって、結果的には上岡さんにとって悪い方に働くから。
   イ．上司に相談してもいいアドバイスをもらえることが少ないから。
   ウ．上司はチーム内に問題があることを周りに知られたくないので何もしてくれないから。

d. 足立さんはどうすればいいと言いましたか。

e. 上岡さんは足立さんのアドバイスをいいと思いましたか。

f. あなたはどう思いますか。グループで話し合ってください。

VI. 人生相談

1．準備しましょう

(1) 日本やアメリカの新聞やインターネットに悩み相談室があります。そういう欄を読んだり、インターネットの相談室に参加したことがありますか。

(2) 最近読んだものは、どんな問題を扱っていましたか。

(3) 以下は、インターネットの悩み相談室の話題です。どんな内容を扱うと思いますか。それぞれの例を考えてください。
   a. 恋愛　b. 仕事　c. 学校　d. 結婚　e. 金銭　f. 冠婚葬祭　g. 人生

2．仕事の問題

インターネットの悩み相談室に次のような相談がありました。読んで、下の質問に答えましょう。

夢と現実の狭間で

私は以前から雑誌の編集、主に音楽雑誌の編集の仕事をしたいと思ってきました。大学4年の時には、全てのエネルギーを就職活動に費やして、出版社を片っ端から受けました。しかし、出版社への就職は競争率があまりにも高く、結局うまくいかずに、アパレル関係の宣伝部の仕事をすることになったんです。以来、3年間頑張ってきましたが、去年、不況で宣伝部の人数が減らされ、突然、営業に異動させられてしまったんです。新しい仕事がどうしても自分に合わず、現在は精神的にも身体的にもまいっている状態です。この際、思いきって会社をやめ、編集関係の仕事を見つけて、もう一度出直そうかと考え始めています。こんな私を両親は、「現実はきちんと見極めないと。食べていくには妥協が必要なこともあるんだよ。」といって諭します。確かに私は26歳で、もうそんなに若くないのはわかっていますし、両親に心配をかけていることは申し訳ないと思っています。でも、夢を捨ててお金のためだけに、納得できない仕事を続けたくないのです。どうか良きアドバイスをお願いします。　　　　　　　（26歳、男）

[編集：edit　　費やす：使う　　片っ端：次から次へと
異動：同じ職場で、仕事の内容等が変わること　　まいっている：とても弱っている
出直す：もう一度新しく始める　　見極める：きちんと調べて、よく知る
妥協：compromise　　諭す：目下の人に正しいことを教える、to reason with
納得する：いいと思って受け入れる　　]

（1）この人の問題は何ですか。ペアで話し合ってまとめましょう。

（2）あなたはこの人は今の仕事をやめたほうがいいと思いますか。それとも、続けたほうがいいと思いますか。また、それはどうしてですか。クラスで意見を出し合ってみましょう。

（3）あなたはこの人にどんなアドバイスをしますか。（2）で話し合ったことを参考にして、アドバイスを書いてみましょう。

（4）この人の悩みを読んで、自分の国の習慣や文化と違うと思ったことはありましたか、あれば、どんなことか話し合って下さい。（例、仕事の探し方、両親との関係）

3．結婚問題

読売新聞の「人生案内」に次のような相談がありました。

留学生との交際に親が反対
大学卒業後すぐに結婚したいが…

二十一歳の大学生。五年間付き合っている留学生の彼がいます。まじめで誠実な人です。私が卒業したら結婚するつもりです。

しかし、私の両親は「大学を出てすぐ結婚するのは親不孝」「人のことは深く分かり合えるはずがない」と以前から交際に反対しています。

何年かしたら彼が帰国することも考えて、私は日本語教師になることにしました。そのため頑張って勉強しています。また、二人で働いて彼の国でマンションを買うことも考えています。余裕ができたら、両親にも兄弟にも何かしてあげたいとも考えています。

でも、二人でゼロからスタートすることを両親は許さないと思います。その時は家を出るつもりですが、その前になんとか説得したいのです。（東京・A子）

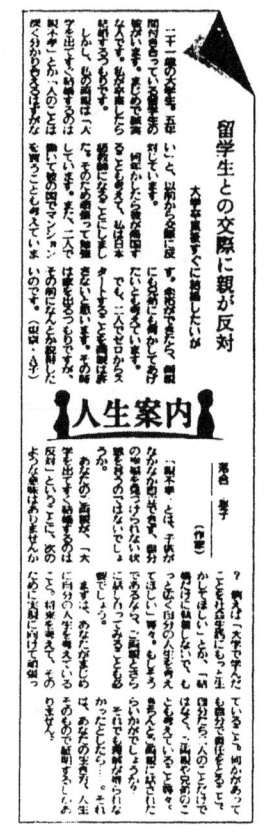

◆◆◆人生案内◆◆◆

落合恵子　（作家）

「親不孝」とは、子供がなかなか自立できず、自分の幸福を見つけられない状態を言うのではないでしょうか。

あなたのご両親が、「大学を出てすぐ結婚するのは反対」ということに、次のような意味はありませんか？例えば「大学で学んだことを社会生活にもっと生かしてほしい」とか、「結婚だけに執着しないで、もっと広く自分の人生を考えてほしい」等々。もしそうであるなら、ご両親とさらに話し合ってみることも必要でしょう。

まずは、あなたがまじめに自分の人生を考えていること。将来を考えて、そのために実現に向けて頑張っていること。何かがあっても自分で責任をとること。自分たち二人のことだけではなく、ご両親や兄弟のことも考えている等々。きちんとご両親に話されたらいかがでしょうか？

それでも理解が得られなかったとしたら…。それは、あなたの生き方、人生そのもので証明するしかありません。

（読売新聞、1995年4月30日）

Permission to reproduce granted by Keiko Ochiai and Yomiuri Shimbun Publishing Co.

(1) 題を読んでください。相談している人の問題は何だと思いますか。

(2) 相談事を読んでみましょう。
　a. A子さんの書いた相談を読んでください。（相談に対する「人生案内」はまだ読まないでください。）相談の内容に合うように、（　）の中に適当な言葉を入れましょう。

　　　A子さんは、21歳の（　　　　　　　）で、5年ぐらい
　　（　　　　　　　）恋人がいます。この人は、留学生で、
　　（　　　　　　　　）な人で、A子さんが大学を
　　（　　　　　　）したら、二人は（　　　　　　　）つもりです。しかし、A子さんの両親は二人の交際に（　　　　　　　）しています。A子さんは、両親がどうしても結婚を許してくれない場合には、（　　　　　　）つもりですが、その前に両親をなんとか（　　　　　　）したいと思っています。

　b. A子さんによると、A子さんの両親が結婚に反対している理由は何ですか。二つ書いてください。
　　1)

　　2)

　c. A子さんは、二人の結婚に備えて自分のことや、家族のことをいろいろ考えていますが、A子さんがしようと思っていることをまとめて書いてください。
　　自分のこと

　　二人のこと

　　家族のこと

　d. あなたは、A子さんにどんな助言をしますか。グループでの意見を交換してください。あなたの考えが他の人の意見と違う場合には、どうしてそう考えるかも詳しく説明してください。

（3）落合恵子の書いた助言を読んでみましょう。
  a. この人はどうしたらいいと言っていますか。
  b. なぜそうするべきだと言っていますか。
  c. 親の反対には深い意味があるかもしれないと言っています。どんなことですか。
  d. 最後まで親にわかってもらえなかったら、どうしたらいいと落合恵子は言っていますか。

VII. 書いてみよう

1．意見文

あなたは、「人生案内」の落合恵子の助言についてどう思いますか。あなたが賛成するところ、反対するところをまとめて書いてください。

まず、相談者のA子さんの悩み、それに対する落合恵子の助言を簡単にまとめて書きましょう。その後に、あなたの意見を次のような表現を使って書いてみましょう。

- 落合恵子が言っているように、私も…だと思います。
- 落合恵子は、…だと助言していますが、私は…だと思います。

2．会話のスクリプト

今までに読んだ人生相談とその助言をもとにして、助言を求めている人と与えている人の会話のスクリプトを書いてみましょう。話し言葉に必要なあいづちなども忘れずに入れましょう。

例：（留学生との交際に親が反対）
　大学生：あのう、実は相談したいことがありまして…。
　落合　：はい。
　大学生：実は私、5年間付き合っている人がいるんですが、その人、留学生なんです。
　落合　：あ、そうなんですか。

VIII. ロールプレイ

次の設定でロールプレイをしましょう。

＜ロール A＞

（1）あなたは結婚したい人がいますが、親に反対されています（結婚にはまだ早い、性格が合っていない、相手の仕事が安定していない等）。でも、あなたは両親を上手に説得して結婚したいと思っています。友達のBさんに助言を求めてください。

（2）あなたは付き合っている人がいますが、考え方の違いからよくけんかをします。相手を理解しようと努力していますが、最近無理なのではないかと思うようになってきました。別れることも考え始めています。どうしたらいいか、会社の先輩、Bさんに相談します。

（3）あなたは日本語専攻の大学4年生です。これまで勉強に遊びに充実した毎日を過ごしてきました。卒業後の進路を考える時期に来ましたが、何をしたいのかよくわかりません。自分がしたいことがわかっていて着実に準備を整えている周りの友達を見てだんだん焦ってきました。そこで友達のBさんに相談します。

（4）あなたは会社員です。これまでずっと企画の仕事をして来ましたが、先週、上司に営業部に移るように言われました。あなたは営業が嫌でたまりません。我慢して営業部に移るか、思いきって転職するか迷っています。同僚のBさんに相談します。

（5）あなたは政治学を専攻していますが、最近、興味を失って、専攻を変えようかと思っています。でも、政治学の単位もたくさん取ったし、今3年生なので専攻を変えるのは遅いのではないかとも思います。友達のBさんに相談して下さい。

（6）あなたは将来国際的な仕事（特に東アジアと関係のある仕事）をしたいと考えています。大学ではその準備になるようなことを勉強したいと思っていますが、何を専攻したらいいか、迷っています。大学のB先生に相談して下さい。

＜ロール B＞

（1）友達のAさんから結婚について相談を受けます。助言してください。

（2）会社の後輩のAさんから交際相手について相談を受けます。事情を聞いて助言してください。

（3）友達のAさんから卒業後の進路について相談を受けます。事情を聞いて助言してください。

（4）同僚のAさんから転職について相談を受けます。事情を聞いて助言してください。

（5）友達のAさんから専攻を変えることについて相談を受けます。事情を聞いて助言してください。

（6）あなたは大学教授です。学生のAさんが将来のことについて相談に来ます。事情を聞いて助言してください。

IX. 男女の役割分担：応用読解

1．準備

（1）あなたは、夫婦が共働きの場合、男性も女性も同じように家事をするべきだと思いますか。

（2）次のグラフを見てみましょう。日本の男性と女性で、考え方が共通するところと違うところはどこですか。

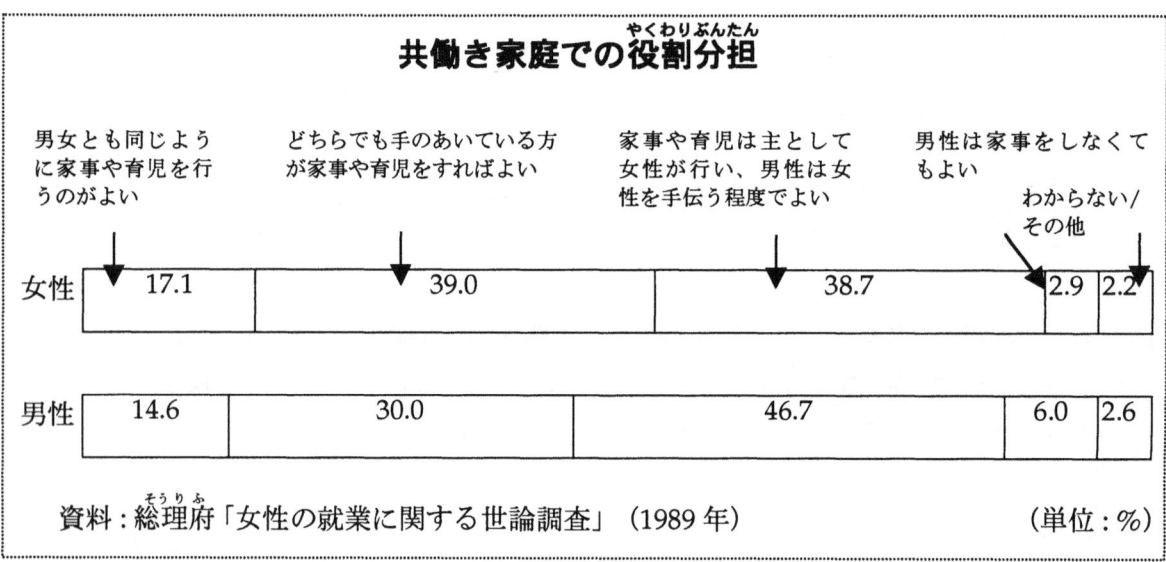

（3）次のグラフを見てください。日本と他の先進国を比べた場合、どんなことが言えますか。

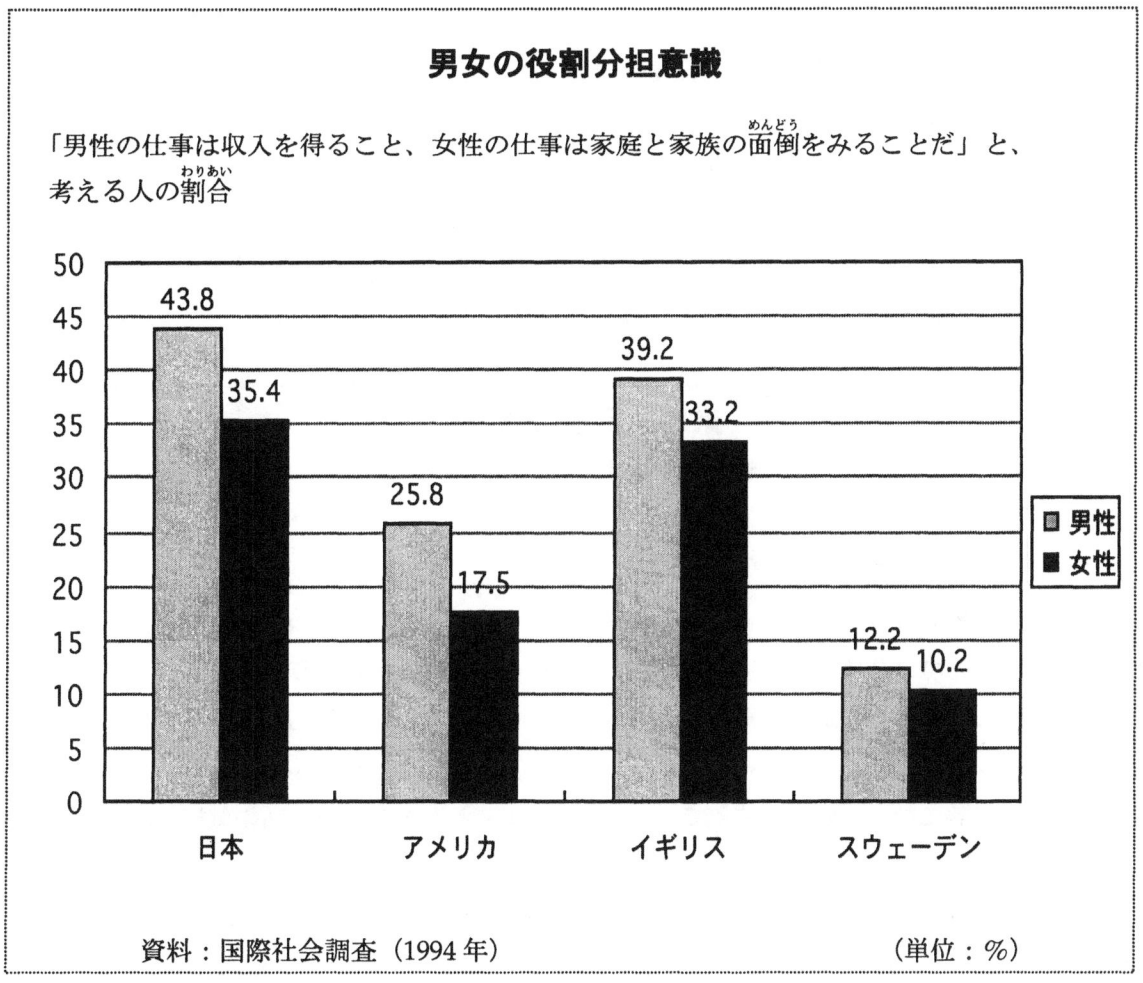

2．次のページの『人生案内』を読んでみましょう。
　（1）F子さんの書いた相談を読んで、次の質問に答えましょう。
　　　a. F子さんは、何歳で、どんな仕事をしていますか。
　　　b. 家族と一緒に住んでいますか。
　　　c. F子さんの問題は、何ですか。
　　　d. けんかの後、お互いの気持ちがわかり合えるようになりましたか。
　　　e. F子さんは、料理が得意ですか。
　　　f. あなたの国には、F子さんのような悩みをもっている人が多いですか。

　（2）あなたは、F子さんの問題について、どう思いますか。また、どのようにこの問題を解決したらいいと思いますか。

（3）三枝佐枝子（さいぐさ さえこ）という人が、F子さんに助言をしています。その文を読んでみましょう。
　　a. この人（三枝）は、F子さんにも責任（せきにん）があると言っていますが、どんな責任でしょうか。
　　b. この人の彼の問題は何だと言っていますか。
　　c. 妻（つま）が仕事を続けていくためには、夫はどんな人でなければいけませんか。
　　d. この人は、F子さんにどうするべきだと言っていますか。

（4）あなたは、三枝佐枝子のアドバイスについてどう思いますか。賛成する場合も、違った意見がある場合も、なぜそのように考えるか、説明してください。

家事を手伝わない彼
〜〜　結婚に希望持てない24歳ＯＬ　〜〜

　二十四歳のOL。半年前から一人暮らしを始めましたが、彼が平日でも泊まりに来ることがあります。初めのうちは彼のためにせっせと料理を作ったり、世話をしていましたが、彼が協力してくれず、「なんで自分ばかりが家事をしなければいけないのか」という不満が募っています。
　仕事で疲れていても、夕飯の準備から後かたづけ、彼の弁当の下ごしらえもすべて私。その間彼はおふろを済ませ、疲れたと言って私のふとんで寝てしまい、自分のふとんを敷こうともしません。先日、口論になり、彼も「甘えていた」と謝ってくれたのですが、私の気持ちは分かってくれていないと思います。
　もともと料理がおっくうで、結婚して仕事を続けるなら家事に苦労してうまく行かない気がします。結婚にも希望が持てません。
　　　　　　　　　　　　　　　　　　　　　　　　　　（青森・F子）

◆◆◆人生案内◆◆◆

三枝　佐枝子（評論家）

　結婚前から泊まりに来て、家事も手伝わずに大きな顔をしている彼…さすがのあなたも、その態度に不満を抱き始めて、口論になったとのことです。
　そんなふうに彼を甘やかしたのには、あなたに大いに責任がありますが、あなたが言い出すまで気がつかない彼の厚かましさにも、問題がありそうですね。
　結婚して共働きをする場合、家事や育児をどうするかは大切な問題です。だれだって料理が楽しい時もあると同時に、疲れておっくうな時もあります。
　妻が本当に仕事に打ち込もうとするならば、夫も家事を分担するか、実家の母に同居して手伝ってもらうかの、どちらかでなくてはむずかしいことだろうと思います。いずれにしても妻を理解し、協力してくれる夫でなくては、妻の不満は増してゆくことでしょう。

> そう考えた時、あなたの彼にそれが期待できるかどうか。それらを考えながら、慎重に将来設計をしてほしいと思います。　　　　　　　　　　（読売新聞、1996年11月14日）

Permission to reproduce granted by Saeko Saigusa and Yomiuri Shimbun Publishing Co.

[募(つの)る：たまる、増す　　（不満を）抱(いだ)く：（不満を）持つ]

X. 発展練習

今までに学習したことを基に、次のような練習をしてみましょう。

1. インターネット相談室や新聞の悩み相談室を読み、どんな悩みがあったかクラスに報告しましょう。またどんな解決策がよいか話し合ったあとで、自分達の考えと新聞などに出ていた助言を比べてみましょう。

2. インターネット相談室や新聞の悩み相談室に出ていた記事を資料にして、ロールプレイをしてみましょう。まず、資料を基にAの学生がBの学生に相談をもちかけます。相談された人は、事情をよく聞いて助言してください。

3. インターネット相談室に、実際に自分の悩みや考えを載せてみましょう。

<語彙リスト>

II. 異文化における問題　いぶんかにおけるもんだい
1. 聞き取り

休憩時間	きゅうけいじかん	話を合わせる	はなしをあわせる
どうでもいい		結論	けつろん
グループ意識	グループいしき	退社	たいしゃ
おそらく		条件	じょうけん

III. 助言の会話１
1. 聞き取り

(会話１)

見合い	みあい	是非	ぜひ
当分	とうぶん	いい加減	いいかげん
協力的	きょうりょくてき	お付き合いする	おつきあいする

(会話３)

やんなっちゃう（いやになってしまう）		相談にのる	そうだんにのる
未熟	みじゅく	しょっちゅう	
焦る	あせる	気にする	きにする

(会話４)

深刻	しんこく	生きがい	いきがい
かたい		くそ真面目	くそまじめ
浪人する	ろうにんする	根性がある	こんじょうがある
心のささえ		辛い	つらい
集中力	しゅうちゅうりょく	忍耐力	にんたいりょく
客観的	きゃっかんてき	否定する	ひていする
肯定的	こうていてき	気楽に	きらくに

IV. 表現練習

折り入って	おりいって	無視する	むしする
気が楽になる	きがらくになる	考え直す	かんがえなおす

V. 助言の会話２
1. ケース１

自信がない	じしんがない	転部する	てんぶする

化学	かがく	物理	ぶつり
理学部	りがくぶ	年度	ねんど
興味がわく	きょうみがわく		

2. ケース2

失礼	しつれい	生意気	なまいき
ひがむ		ほっとく	
告げ口する	つげぐちする	悪気がない	わるぎがない
直接当たる	ちょくせつあたる	割り切る	わりきる
打ち込む	うちこむ		

VI. 人生相談　じんせいそうだん

1. 準備

金銭	きんせん	冠婚葬祭	かんこんそうさい

2. 仕事の問題

狭間	はざま	編集	へんしゅう
費やす	ついやす	就職活動	しゅうしょくかつどう
出版社	しゅっぱんしゃ	片っ端	かたっぱし
競争率	きょうそうりつ	宣伝部	せんでんぶ
不況	ふきょう	突然	とつぜん
異動	いどう	精神的	せいしんてき
身体的	しんたいてき	まいる	
出直す	でなおす	見極める	みきわめる
妥協	だきょう	諭す	さとす
納得する	なっとくする		

3. 結婚問題

誠実	せいじつ	親不孝	おやふこう
余裕	よゆう	説得する	せっとくする
自立	じりつ	幸福	こうふく
執着する	しゅうちゃくする	証明する	しょうめいする

VIII. ロールプレイ

充実する	じゅうじつする	進路	しんろ
着実	ちゃくじつ	企画	きかく
転職	てんしょく		

IX. 男女の役割分担：応用読解　おうようどっかい

1. 準備

共働き	ともばたらき	役割分担	やくわりぶんたん
育児	いくじ	共通する	きょうつうする
先進国	せんしんこく	総理府	そうりふ
就業	しゅうぎょう	面倒をみる	めんどうをみる

2. 『人生案内』を読む

せっせと		不満	ふまん
募る	つのる	（不満を）抱く	（ふまんを）いだく
下ごしらえ	したごしらえ	口論	こうろん
謝る	あやまる	おっくう	
大きい顔	おおきいかお	さすが	
責任	せきにん	厚かましい	あつかましい
同居する	どうきょする	慎重	しんちょう
将来設計	しょうらいせっけい		

Unit 8

期待してますよ　　—ほめる—

　このユニットでは、いろいろな場面で人をほめる練習をします。また、ほめられた時の応え方についても学習します。足立さんや他の人達が、どのように同僚や友達をほめているか、また、ほめられた時にどんな応え方をしているかを参考にして、様々な人間関係やトピックにふさわしい表現ができるように勉強しましょう。

　文化面では、どのような時にほめるか、どのようにほめるかといったことに、文化的な違いがあるか、考えてみましょう。

1. 人間関係や話題にふさわしいほめ方ができるようになりましょう。
2. ほめられた時、人間関係や場面に適切な表現を使って、応えられるようになりましょう。
3. ほめることに関して文化比較をし、自分の経験や意見などを述べましょう。

話題
1. ほめ方
2. ほめられた時の応え方
3. 「愚妻」と「豚児」
4. ほめることの難しさと大切さ

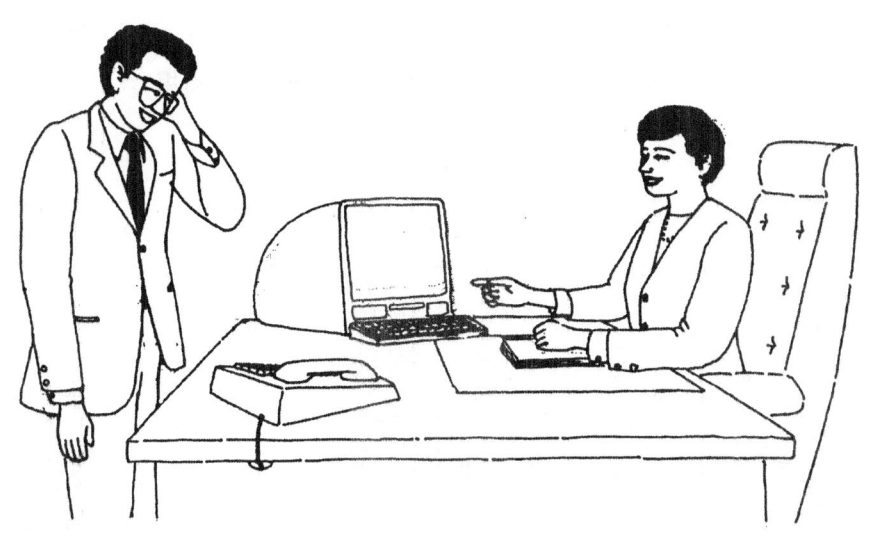

I. 準備

1．英語で次のようにほめられたら、あなたは何と応（こた）えますか。

(1) After your presentation, your classmate A tells you:

 A ： It was terrific !

 You ：

(2) Your friend A notices your new earrings:

 A ： Wow! Nice earrings. They look really good on you.

 You ：

(3) Your colleague A compliments your spouse:

 A ： Your wife/husband is really nice.

 You ：

(4) Your neighbor A tells you:

 A ： I hear that you are doing very well at school.

 You ：

II. ほめ方、ほめられ方

1．聞き取り 1　[😊 D2-#22〜27]

(1) 下の6つの設定の会話を聞いて、表に書き込みましょう。人間関係／場面の欄（らん）は、親しい関係（例、とても親しい友達）か、そうでないか、改まった場面かくだけた場面かを書いてください。また、目上や目下などの関係がわかる場合は、それも書いてください。

 <会話の設定>

 1．女の人が、バレエを習っている林さんと鈴木さんに話しかけます。
 2．部屋の掃除をした女の人が別の女の人に話しかけます。
 3．パーティーで、2人の女の人が話しています。
 4．ホーム・パーティーで、大人と子どもがゲームをしています。
 5．パーティーで男の人が女の人と話しています。
 6．パーティーで男の人が女の人と話しています。

	人間関係／場面	ほめている人の表現	ほめられた人の表現
1			
2			
3			
4	大人と子供（親しい関係）／くだけた場面		*********
5			
6			

(2)（1）で聞いた会話を参考に、次のことについて考えましょう。

  a. 人間関係によって、どのように表現が変わりますか。

  b. （1）の会話のほめる人の表現に注意し、他にはどんな言い方ができるか、考えてみましょう。

  c. （1）で聞いた会話で、ほめられた人がそれを否定した時（例えば、「いやあ、そんなことない」と言った時）、ほめている人は、どのように言っていますか。

  d. 同じ設定でほめる時、英語またはあなたの母国語では、どのような表現を使いますか。また、日本語の表現との間に何か違いがありますか。

2．ほめられた時の応え方について考えましょう。

(1) 次の文章を読んで、下の質問に答えましょう。

  日本人は実際に人をほめる時、どんな表現を使っているんだろう。また、ほめられた時は、どんなふうに応えているんだろう。日本語の教科書には、たいてい、ほめられた時には、「いいえ、とんでもありません。」とか「いいえ、まだまだです。」とういように打ち消しの表現を使うと書いてある。でも、実際は、人によっては、「ありがとうございます。」と言って、受け入れる人もいる…。日本語を教えている私としては、日本語でほめる時、またほめられた時の表現をどう教えたらいいんだろう。

  こんなことを考えていたら、たまたま図書館で「ほめる」ことについての研究をまとめた本をみつけた。読んでみたら、なかなかおもしろかった。

まず、ほめられた時、返答の仕方に3種類ある。打ち消し型と受け入れ型とその他である。意外だったのは、全体的には、打ち消し型の返答が割に少ないのである。そして受け入れ型が予想以上に多い。ある研究では、打ち消し型が約26％、受け入れ型が約30％、その他が約44％となっている。とういことは、学生達に「いいえ、とんでもありません。」なんて、打ち消すことばっかり教えてると問題だ。

　これらの論文で取り扱っている例が結構おもしろい。やっぱり、実際の例を見ているからだろう。打ち消し型というのは、相手の言ったことを否定する言い方で、次のような例がある。

例1．　A：わ〜、字がお上手ですね。
　　　　B：いやあ、とんでもないですよ。
　2．（大学生同士）
　　　　A：美由紀ちゃん、足長くて、かっこいいね。
　　　　B：やだー。そんなことないよ。

受け入れ型というのは、ほめられたことを受け入れる返答だ。例えば、

例3．（大学図書館員が男子学生Bに）
　　　　A：えらいですね。今日も勉強ですか。
　　　　B：はい。どうもありがとうございます。　　　　　　　（丸山　1996）
　4．（大学で。A＝20歳の女性、B＝22歳の女性）
　　　　A：わあー、先輩、そのイヤリングすてきですね。洋服とぴったりですよ。
　　　　B：ほんと？これね、全然別に買ったんだけど、この服とまあまあ合うのよね。
　　　　　　私も結構気に入ってるんだ。

　その他の返答というのは、話をそらせたり、冗談でごまかしたり、他の人のおかげだと言ったりするような場合。

例5．（ゲームをしていた20代の男性同士。ゲームに勝ったBに）
　　　　A：おまえ、すごいなあ。
　　　　B：やっぱり運ですよ。運。
　6．（講演の後で、講演者に）
　　　　A：お話、すばらしかったです。
　　　　B：いや〜、ちょっとしゃべりすぎましたね。

　つまり、ほめられたのを認めもせず、否定もせず、適当にごまかすということを日本人はよくするのだ。

　もちろん、ほめ方、返答の仕方は性別、年齢によってもちがってくる。だから人間関係や何をほめられてるかにもよって、応え方が変わってくるわけだ。でも、どの応え方にも共通していることは、多くの場合、謙遜の気持ちがあらわれているということ。だから、受け入れの場合でも、ただ「ありがとうございます」と言うだけではなく、ほかのコメント

をつけて、謙遜の気持ちをあらわす。だから、「結構」「意外と」「案外」「わりと」「一応」のような言葉がよく使われる。また、相手の使った言葉を言い替えたりして、傲慢な印象を与えないようにする工夫もみられる。例えば、例7では、「スタイルがいい」ということを「がりがり」と言い替えている。

例7．（同僚）
　　Ａ：吉田さんの奥さん、スタイルいいよね。
　　Ｂ（吉田）：いや～、がりがりなんですけどね。

8．（テレビのインタビューで）
　　田中：（西田の出演した番組について）あれ、とてもおもしろかったですねえ。ビートルズならビートルズていう人間をいろんなふうに扱っていらっしゃって。あれ、ずいぶん長くやってらっしゃいましたよねえ。
　　西田：本当はあれ、15回の予定だったんです。でも、意外と好評で。

9．（ＡとＢは40代の女性。高校生の娘について話している）
　　Ａ：絵里奈ちゃん、ピアノが本当にお上手ね。
　　Ｂ：上手かどうかわからないけど、ともかく好きみたいね。勉強もあの調子でやってくれるといいんだけど。

10．（花屋で。Ａ＝50代女性客、Ｂ＝花屋の主人、50代後半の男性）
　　Ａ：お宅のお花、持ちがいいわね。夏場はお花も持たなくちゃね～。
　　Ｂ：ああ、ありがとよ。花もあたしも持ちがいいの。経済的にできてるのよ。
　　（二人で笑う）
　　　　　　　　　　　　　　　　　　　　　　　　　　　　（寺尾　1996）

こんな生きた例を学生達に伝えたい。

　また、この本を読んで、地位や年齢の上の人をほめるというのは、失礼になることもあるので注意が必要だということもわかった。確かに考えてみれば、日本でも何年か教えたけれど、学生に教え方がうまいなどとほめられた経験はない。それから、これは、言うまでもないことだが、目上の人が目下の人をほめる時には、かなり励ましの気持ちが入っているということ。この間、学生のスーザンが「日本人は、私が日本語を話すと、すぐ、『日本語おじょうずですね』って言うから、いやになっちゃう」と言っていたけど、そのほめ言葉にも励ましの気持ちも入っているのかも…。

「日本語教師のノート」より

Permission to cite and reproduce examples granted by Akiyo Maruyama, Rumi Terao and Meiji-Shoin.

（資料：　丸山明代　「男と女とほめ」『日本語学　Vol.15』　1996
　　　　　寺尾留美　「ほめ言葉への返答スタイル」『日本語学　Vol.15』　1996）

a. 上の文では、日本人がほめられたときの返答の仕方として、3つのタイプがあるといっていますが、その3つとはなんですか。
　　ア．　　　　　　　　イ．　　　　　　　　ウ．

b. 上の3つの中で一番多いのは、どれですか。

c. 3つのタイプの内容を説明してください。

d. この人が「意外だ」と思ったことは何でしょう。あなたもこの人と同じように感じましたか。

e. どの返答の仕方にも共通してみられることは、何でしょうか。

f. 次の言葉は、どんな意味ですか。
　　ア．結構　　イ．意外と　　ウ．案外　　エ．一応　　オ．わりと

g. 目上の人をほめるのは、なぜ注意が必要ですか。

h. あなたは、日本人から「日本語がお上手ですね。」とほめられたことがありますか。その時、どのように答えましたか。また、そう言われた時、どんな気持ちがしましたか。

（2）今読んだ文章に出てきた会話例を聞いてください。特にイントネーションに注意をして聞き、同じように言ってみましょう。[☺ D2-#28〜37]

3．考えましょう。

（1）次の1〜6の場面では、日本語で何というでしょうか。ペアで表現を考えましょう。

　　＜会話の場面＞
　　1　（仲の良い友達に）部屋がきれいに片付いているのでほめる。
　　2　（仲の良い友達に）写真を撮るのが上手なのでほめる。

3　（同僚に）父親が立派な人だとほめる。
　　　4　（上司に）新しい家をほめる。
　　　5　（部下に）報告書がよくできたのでほめる。
　　　6　（先生に）講演がわかりやすくて良かったので、先生にそれを伝える。

（2）上の1〜6の場面であなたがほめられた人だったら、何と応えますか。

4．聞き取り2　[😊 D2-#38〜43]

（1）3と同じ場面の会話を、ほめたり、ほめられたりした時の表現に気をつけて聞きましょう。また、1で考えた表現と、会話で使われていた表現をくらべてみましょう。

（2）ほめられた時、足立さんは相手との関係によって、どのように応え方を変えていますか。また、先生をほめる時、どのような表現を使っているでしょうか。

5．話し合いましょう。

　　次のCulture Noteを参考に、自分や自分の家族のことをほめられたら、あなたの国ではどのように応えるか、話し合いましょう。

Culture Note　　　　　　「愚妻」と「豚児」

　日本では例えばご主人に「お宅の奥様お綺麗ね」などというと「いや〜、もうバーサンになって」とか何とか妙に卑下した表現をする人が多い。本当にそう思っているわけではないが、日本には褒め言葉を自然に受け入れる習慣がないからである。
　アメリカ人に同じことを言ったら、きっと"Thank you!"と悪びれもせず褒め言葉を受け、もし奥さんが本当に美しかったら、「自分もそう思っている」とでも言うかもしれない。
　アメリカのテレビにいくつかゲームショーがあるが、ホストが出端に家族のことを尋ねると多くの男性が「僕はとても美しい妻を持っている」と言い、女性は「私は素晴らしい夫と可愛い子供が何人いる」などと答える。考えると、これは昔日本で使われた一種の謙遜語「愚妻」「豚児」の正反対である。
　　　　　　　　　　　（松岡陽子マックレイン『アメリカの常識　日本の常識』読売新聞社）

Permission to reproduce granted by Yoko M. McClain

[愚妻：愚かな妻。自分の妻を謙遜していう言葉。　　豚児：できの悪い息子（lit. 豚のような子）。自分の子供を謙遜していう言葉。]

III. 表現練習

1. 下線部分にあてはまる表現を書いて、次の会話を完成させましょう。

（1）（ブラウンさんが足立さんの家族の写真を見ている）
　　ブラウン：足立さんのお父さんって、やさしそうな方ですね～。
　　足立　　：_____。
　　ブラウン：そんなことないですよ。とても理解がありそうに見えますよ。
　　足立　　：そうですか。そう見えるのかな。

（2）（会議の後で、会議での発表を同僚にほめられる）
　　足立　　：ブラウンさん、すごくよかったですよ、今の発表。
　　ブラウン：_____。
　　足立　　：いや、そんなことないですよ。わかりやすかったし、説得力（せっとくりょく）もあったし。
　　ブラウン：そう？お世辞（せじ）でもそう言ってもらえると嬉しいです。

（3）（友達の新しいイヤリングをほめる）
　　菅原：あ、京子ちゃん、そのイヤリングかわいい！きれいな色ね。
　　佐藤：そうかな～。衝動（しょうどう）買いしちゃったんだけど、ちょっと派手じゃないかな～？
　　菅原：_____。
　　佐藤：そう？サンキュー。

（4）（授業が終わった後で、講義（こうぎ）がわかりやすくてよかったことを教授に伝える）
　　学生：_____。
　　先生：あ、そう。何かわからないことはなかった？
　　学生：_____。
　　先生：そう、それはよかった。ありがとう。

（5）（友達に、字が上手だとほめられる）
　　菅原：京子ちゃん、この間の授業のノート、ありがとう。助かっちゃった。
　　京子：そう。全部読めた？
　　菅原：うん、もちろん。京子ちゃんって字がすごく上手だよね～。
　　京子：_____。
　　菅原：お世辞抜きで、すごい上手だよ～。いいよね～、履歴書（りれきしょ）とか書く時。
　　京子：そうかな～。

IV. ロールプレイ

1. 次の設定でロールプレイをしましょう。

＜ロールA＞

（1）同僚のBさんの家を訪問しました。きれいに整理整頓(せいとん)されているので、それをほめます。

（2）同僚のBさんとカラオケに行きました。歌がとても上手なので、それをほめます。

（3）上司のBさんの家に招待されて、食事をごちそうになります。味や盛(も)り付けをほめます。

（4）あなたは大学の教授です。学生のBさんのクラスでの発表がよくできたので、どんなところが良かったか、具体的に説明し、ほめます。

（5）友達のBさんがある大きい決断(けつだん)をしました。その話を詳しく聞いて、Bさんの決断力と、理解のあるBさんの御両親のことをほめます。

（6）親友のBさんが旅行先から帰って来ました。旅行先で撮った写真を見せてくれますので、Bさんの写真の腕をほめてください。

（7）上司のBさんにレストランに招かれて食事をごちそうになります。このレストランは上司が気に入っている店です。店の料理や雰囲気などをほめます。

＜ロールB＞

（1）同僚のAさんがあなたの家に遊びに来ます。

（2）同僚のAさんとカラオケに行って、歌を歌います。

（3）部下のAさんを家に招いて、食事をごちそうします。

（4）あなたは大学生です。クラスで発表をしました。それについて、教授のA先生が感想を言うので、それに応えてください。

（5）あなたは、仕事が自分に向いていないと悩んだ末、会社をやめて、自分の道を探(さが)すことにしました。あなたの両親は、理解して応援(おうえん)してくれています。久しぶりに会った、友達のAさんにそのことを話します。

（6）親友のAさんに、旅行先で撮った写真を見せます。

　（7）部下のAさんを、自分が気にいっているレストランに招いて、食事をごちそうします。

2．1でした自分達のロールプレイを2つほどテープに録音して、どこがうまく言えているか、どこを直した方がよいかを考えてみましょう。

V．ほめることの大切さ：読解

1．読む前に
　　あなたは、子供の時、親によくほめられましたか。どんなときほめられましたか。

2．読んでみましょう。
　（1）新聞の投書を読んでみましょう。まず、ざっと読んで次の質問について考えてください。
　　　a．この人の家族は、去年どこにいましたか。
　　　b．この人は、その国に行く前にどんなことを心配していましたか。
　　　c．この人は、海外での生活を通してどんなことを学びましたか。

　（2）次の漢字の読み方と言葉の意味を考えてください。
　　　a．現地の学校　　　b．一言も話せない　　c．当初　　　d．懇談会
　　　e．内心　　　　　　f．真正面　　　　　　g．苦手

　　私達家族は、主人の仕事の関係で、去年一年ロンドンで過ごしました。せっかくの機会だからと、子供は現地の学校に通わせることにしたものの、行く前は、英語が一言も話せない子供の教育のことでいろいろ心配していました。向こうに行った当初は、10歳の娘も8歳の息子も、コミュニケーションがとれなくて、がっかりしたり、イライラしたようでしたが、3ヵ月もすると、友達もでき、ほかの子供達と遊べるようになりました。
　　6ヵ月ほどしたとき、息子の先生との懇談会がありました。私は、「学校では、ちゃんとやれているのかしら」と内心、恐る恐る出かけて行きました。「何か心配していることがありますか」と聞かれて、私は、「友達とうちとけて遊べるようになりましたが、英語はまだまだだし、学校での先生のお話もどれだけ理解しているかわかりません。習慣の面でもまだわかっていないことも多いですし…」と自分の心配していたことを述べました。すると先生は、真正面から私をみつめ、こうおっしゃいました。「何を言っているんです。太郎は、たったの6ヵ月のうちにクラスの子供たちと問題なくコミュニケーションができ

るようになり、この間も真っ先に手を挙げて歌いました。すばらしいです。まだできていないことを見るんじゃなく、できたことを見てほめてあげてください。」
　私は、はっとしました。確かに太郎は6ヵ月の間にずいぶん成長しました。英語だって私よりはるかに上達しました。そのできるようになったことをどうして考えなかったんだろう。どうやら、私達日本人は、「まだまだ」とできていないところを見てしまい、できたことをほめることが苦手なような気がします。結局、イギリスに行く前の心配は、「案ずるより産むがやすし」ということになりました。そして、私は、イギリスでの生活を通して、ほめることの大切さを学びました。

3．もう一度読んでみましょう。

（1）次の言葉の意味に一番近い英語の言葉を右から選び、線で結びましょう。（本文の中でこれらの言葉には下線が引いてあります。わからない場合は、コンテクストから意味を考えてください。）

a. 恐る恐る　　　　　　　　　　　ア．suddenly realize

b. （～と／～に）うちとける　　　イ．look at a person with a fixed gaze

c. みつめる　　　　　　　　　　　ウ．grow

d. はっとする　　　　　　　　　　エ．nervously

e. 成長する　　　　　　　　　　　オ．open up one's mind, become close

（2）次の質問に答えてください。
- a. この人の家族は、なぜ海外生活をしたのですか。
- b. 子供達は、日本人学校に行きましたか。
- c. 子供達は、最初からほかの子供達とうまくコミュニケーションすることができましたか。
- d. この人は、なぜ先生に会いに行きましたか。
- e. 先生に会いに行くときどんな気持ちでしたか。なぜですか。
- f. 先生は、この人にどうするべきだと言いましたか。
- g. この人は、日本人についてどのように言っていますか。

（3）「案ずるより産むがやすし」ということわざが出てきましたが、このことわざの意味は次の中のどれだと思いますか。コンテクストから考えてみましょう。
- a. 物を作るのは簡単だ。
- b. いろいろなアイデアを出すのはやさしいが、何かを作り出すのは難しい。
- c. 物事は、実際にやってみると、思っていたほど難しくない。

4. 話し合いましょう。

どんな時にほめるか、また、どのようにほめるかは、文化によってかなり違うと言われます。自分の異文化での経験を考えたり、留学生の人達の意見などを聞いて、この点について話し合ってみましょう。日本とアメリカでは、また、ほかの文化とでは、「ほめる」ということについて、どのような共通点（＝同じ点）や相違点（＝違う点）があるでしょうか。

<語彙リスト>

<u>I. 準備</u>
応える　　　　　こたえる

<u>II. ほめ方、ほめられ方</u>
1．聞き取り1

優雅	ゆうが	稽古	けいこ
自慢	じまん	口紅	くちべに
アイメーク		力持ち	ちからもち
バーゲン		愚妻	ぐさい

2．ほめられた時の応え方
(1) 読解

打ち消す	うちけす	返答	へんとう
種類	しゅるい	受け入れる	うけいれる
割に	わりに	予想	よそう
論文	ろんぶん	否定する	ひていする
結構	けっこう	（話を）そらせる	
冗談	じょうだん	ごまかす	
運	うん	講演	こうえん
認める	みとめる	性別	せいべつ
謙遜	けんそん	意外と	いがいと
案外	あんがい	わりと	
一応	いちおう	言い替える	いいかえる
傲慢	ごうまん	工夫	くふう
扱う	あつかう	好評	こうひょう
経済的	けいざいてき	地位	ちい
経験	けいけん	励まし	はげまし

4．聞き取り2

ちらかる		きれい好き	きれいずき
ちゃんとする		摩周湖（地名）	ましゅうこ
プロ並み	プロなみ	腕前	うでまえ
天才	てんさい	海外調査	かいがいちょうさ

報告書	ほうこくしょ	簡潔	かんけつ
要点	ようてん	まとめる	
役に立つ	やくにたつ	講演	こうえん

5．Culture Notes

愚妻	ぐさい	豚児	とんじ
卑下する	ひげする	悪びれる	わるびれる
出端	でばな	謙遜語	けんそんご
常識	じょうしき		

III．表現練習

説得力	せっとくりょく	衝動買い	しょうどうがい
講義	こうぎ	（おせじ）抜き	（おせじ）ぬき

IV．ロールプレイ

整頓	せいとん	決断	けつだん
応援	おうえん		

V．ほめることの大切さ：読解

投書	とうしょ	通わせる	かよわせる
当初	とうしょ	向こう	むこう
息子	むすこ	懇談会	こんだんかい
恐る恐る	おそるおそる	うちとける	
習慣	しゅうかん	真正面	ましょうめん
太郎	たろう（名前）	手を挙げる	てをあげる
確かに	たしかに	成長する	せいちょうする
上達する	じょうたつする	苦手	にがて
通す	とおす	共通点	きょうつうてん
案ずるより産むがやすし	あんずるよりうむがやすし		
相違点	そういてん		

Unit 9

足立さんのストレス解消法　―ストレス―

　あなたは、どんなことでストレスを感じますか。またストレスがたまった時、どうしますか。このユニットでは日本人がどのようなことにストレスを感じ、どのように解消しているかを学び、日本人および自分達の生活について理解を深めましょう。また、子供のストレスを扱った記事を通して、子供たちの問題と社会の問題について考えましょう。

　このユニットは、今までに練習した助言の仕方や意見の言い方をさらに練習する機会にもなります。

1．日本人が感じているストレスとその解消法について学びましょう。
2．自分が感じるストレスやその解消法について説明できるようになりましょう。
3．子供の感じるストレスに関して理解を深め、子供達を取り巻く社会の問題について意見を述べましょう。

話題
1．ストレスの原因と解消法
2．日本人とストレス
3．子供のストレス

I. 準備

考えましょう。
（1）あなたはどのような時にストレスを感じますか。
（2）ストレスの原因は何だと思いますか。

II. ストレス度チェック

1．次の表現はどのような症状(しょうじょう)を表していますか。どんな時に、このような症状になりますか。
　　（1）頭が重い
　　（2）肩が凝る(こ)
　　（3）寝起きが悪い
　　（4）下痢(げり)
　　（5）便秘(べんぴ)

2．あなたのストレス度をチェックしてみましょう。

ストレス度チェック

自分に当てはまるものに○をつけましょう。
　（1）最近、酒やタバコの量が増えた。
　（2）急に息が苦しくなることがある。
　（3）頭が重いことがある。
　（4）イライラすることがよくある。
　（5）夜、なかなか眠れない。
　（6）肩が凝り(こ)やすい。
　（7）背中や腰がよく痛くなる。
　（8）疲れやすい。
　（9）寝起きが悪い。
　(10）食欲がなくなることがある。
　(11）何事にもやる気がでない。
　(12）下痢(げり)、便秘(べんぴ)をよくする。

あなたのストレス度

[0～3個]	[4～6個]
今のところはそんなにストレスはないようです。今後もいきいきとした生活ができるように心がけましょう。	ストレスがたまり始めているようです。最近、頑張りすぎていませんか？他人の目を気にしすぎていませんか？もっとリラックスしましょう。
[7～9個]	[10～12個]
今のあなたはかなりのストレス状態なのでは？チェックした症状がずっと続いているようだったら、医師に相談するとよいでしょう。	何か体に異常はありませんか？あなたは心身のバランスを崩しているかもしれません。早めに医師に相談しましょう。

3．ストレス度の診断に使われている次の表現の意味を調べましょう。

　　（1）いきいきとした生活
　　（2）ストレスがたまる
　　（3）（体に）異常がある
　　（4）心身のバランスを崩す

III．ストレスの原因と解消法：聞き取り

1．次のキーワードを復習／勉強しましょう。
　　（1）ストレスがたまる　　（2）ストレスを解消する　　（3）ストレスの解消法

2．聞き取り1　　[☺ D2-#44]
　　（1）次の質問を考えながら、会話を聞きましょう。
　　　　a. 足立さんはなぜストレスがたまっていたのでしょうか。原因を二つ以上書いてください。
　　　　b. 足立さんは、ストレスがたまってどうなりましたか。
　　　　c. 足立さんは、ストレスがたまった時、どうしますか。

（2）この会話で、次の言葉はどんな意味で使われていますか。意味を下から選んで、その記号を（　）の中に書いてください。

a. 残業（　）　　b. 懐かしい（　）　　c. 気を遣う（　）
d. 健康的（　）　　e. 気分転換（　）　　f.（仕事）に追い回される。（　）

ア．fondly- remembered
イ．to be chased about
ウ．a change, diversion
エ．healthy
オ．overtime
カ．to pay attention to

（3）もう一度会話を聞いて、次の質問に答えてください。
a. 足立さんの仕事は、今でもとても忙しいですか。
b. 忙しいのは、足立さんの会社だけでしょうか。
c. なぜ、学生時代はよかったのでしょう。
d. 足立さんは、「会社にいると、気を遣う」と言っていますが、どんなことに気を遣うと思いますか。
e. 足立さんが山登りが好きな理由の一つは何ですか。
f. さやかさんは、どのようにストレスを解消しますか。
g. あなたのストレス解消法は何ですか。

（4）表現練習
a. 会話に出てきた表現を使って、下の文を完成させてください。

| 足立さんは、仕事が忙しくて、（　　　　　）がなかったので、ストレスが（　　　　　）。疲れが（　　　　　）感じがしたり、（　　　　　）しました。会社では、いろいろなことに（　　　　　）ことが、多いので、大変なのでしょう。時々自由だった学生時代が（　　　　　）なるようです。足立さんは、ストレスがたまった時は、よく（　　　　　）やハイキングをします。それが、足立さんのストレス（　　　　　）法です。 |

b. 次の言葉を使って、文を作ってください。
　　ア．イライラする
　　イ．〜に追い回される
　　ウ．気分転換

3．聞き取り2　　[😊 D2-#45]

（1）ブラウンさんと本田さんの会話を聞いて次の質問に答えてください。
　　a. 本田さんは、どんなようすですか。
　　b. 本田さんが落ち込んでいる原因は何ですか。
　　c. 本田さんは、ストレスをうまく解消していますか。

（2）次の文が会話の内容と合っていたら○を、合っていなかったら×をつけてください。
　　（　）本田さんは、食欲がない。
　　（　）係長に叱られているのは、本田さんだけだ。
　　（　）本田さんは、クヨクヨ悩んでいるので、夜眠れないことがある。
　　（　）ブラウンさんは、ストレスや心配事がないので、いつも明るい。
　　（　）ブラウンさんは、日本人の考え方もよく理解できるし、日本にいても全然問題ない。
　　（　）ブラウンさんのストレス解消法は、お酒を飲んだり、おいしいものを食べたりすることである。

（3）もう一度会話を聞いて、次のことを聞き取ってください。
　　a. 本田さんは、どんなストレスの症状が出ていますか。3つあげてください。
　　b. ブラウンの問題は何ですか。また、それをどのように解決しているか、詳しく説明してください。

IV．日本人とストレス：読解1

1．読む前に

ストレスについてクラスでアンケート調査をしましょう。
（1）次の表現はどのような意味ですか。
　　a. 愚痴っぽい
　　b. 気力がなくなる
　　c. 集中力がなくなる

d. お金の使い方が荒くなる
  e. 熱中する
  f. 家族との団らん

(2) 下の質問についてクラスで調査をし、どのような回答が多いかまとめてみましょう。結果については読解の後でリポートを書いてもらいますので、メモをとっておいてください。

ストレスに関する質問

(1) あなたは、最近、ストレスを感じることがありますか、ありませんか。
   a. よくある   b. ときどきある   c. ない

[(1)で「ある」と答えた人だけに]
(2) あなたはどのようなことでストレスを感じますか。次の中から、当てはまるものをすべてあげてください。
  a. 自分や家族の「仕事」に関すること
  b. 自分や家族の「健康」に関すること
  c. 自分の「家庭生活」に関すること
  d. 自分の「勉強」に関すること
  e. 自分の「経済状態」に関すること
  f. 自分の「恋愛／友人関係」に関すること
  g. その他

(3) あなたはストレスを感じた時、どのようになりますか。次の中から、あてはまるものをすべてあげてください。
    a. 怒りっぽくなる b. 愚痴っぽくなる   c. 気力がなくなる
    d. 気持ちが落ち込む e. 集中力がなくなる f. 疲れやすくなる
    g. 体調をくずす   h. 食欲がなくなる   i. 食べ過ぎる
    j. 眠れなくなる   k. 酒やタバコの量が増える
    l. お金の使い方が荒くなる   m. その他
    n. （もともと）ストレスを感じない

（4）あなたはストレスを感じた時、どのようにして解消していますか。次の中から、当てはまるものをすべてあげてください。

a. スポーツや散歩をする　　b. 仕事を休む　　　　　　c. 仕事に熱中する
d. 趣味に熱中する　　　　　e. 旅行する　　　　　　　f. 入浴する
g. 睡眠をとる　　　　　　　h. 家族との団らんを増やす　i. 知人とおしゃべりをする
j. 買い物をする　　　　　　k. 好きなものを食べる　　　l. 酒を飲む
m. カラオケで歌う　　　　　n. 車を乗り回す　　　　　　o. ギャンブルをする
p. 専門家などに相談する　　q. （もともと）ストレスを感じない　　r. その他

（3）20歳以上の日本人に同じ調査をしたら、どのような結果になると思いますか。あなたのクラスでの調査の結果と似ているでしょうか。グループで予想してみましょう。

2．読んでみましょう

次の文章は、1996年9月16日に読売新聞に掲載された、日本人のストレスに関する調査の結果です。

① 仕事上のイライラや人間関係が日増しに複雑化するなか、国民の六割以上がストレスを感じ、今後さらにストレスを感じるようになるとの悲観的な見方をする人も七割を超えていることが、読売新聞社が先に実施した全国世論調査で明らかになった。一方で、自分を健康だと思っている人も八割にのぼる。"心"の中の様々なひずみを、ごく日常的なものとして受け入れているかのような現代人の、健康観とストレスのあり様を探ってみた。

② 最近、ストレスを感じるか？

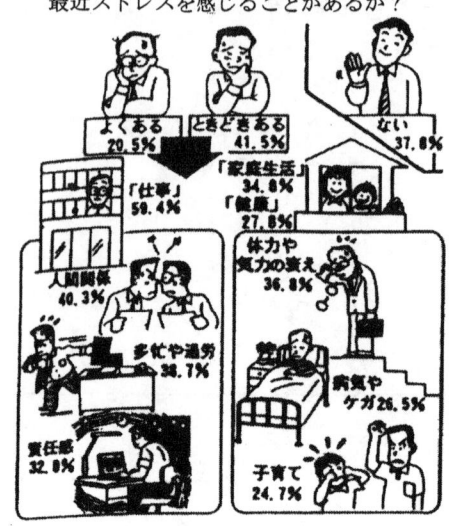

③ ストレスの原因

　ストレスを感じる人に、「仕事」、「健康」、「家庭生活」のうち、何が原因かを聞いた。その結果、自分や家族の「仕事」が59％でトップ。次いで「家庭生活」35％、「健康」28％の順。

　男性では「仕事」（77％）が群を抜き、「家庭生活」「健康」が約二割。一方、女性では「仕事」（45％）と「家庭生活」（44％）がほぼ並び、「健康」は34％だった。

　「仕事」をあげた人に、具体的な問題点を聞いたところ、①仕事上の人間関係（40％）②多忙や過労（39％）③仕事に対する責任感（32％）④仕事の種類や内容、収入（各25％）—などの順となった。「仕事上の人間関係」は女性49％、男性34％と男女差が目立ち、めざましい社会進出の陰の女性の悩みを浮き彫りにしている。

④ ストレスの症状

　ストレスを感じた時にどうなるか—。「怒りっぽくなる」39％が最多で、次いで「疲れやすくなる」31％、「気持ちが落ち込む」26％。何らかの答えをあげた人は全体の八割を超え、前の質問で「ストレスを感じることがない」と答えた人でも六割近くにのぼるなど、現代人には自分でも意識しないストレス症状が少なからずあるようだ。

　各選択肢とも三十、四十歳代で高率なのが目立ち、何らかの答えをあげた人はいずれも9割を超えるなど、この年代ではストレスの影響が強い。また、男性では「酒やタバコの量が増える」28％（女性4％）が多く、女性では「気持ちが落ち込む」30％（男性21％）が目立った。

　一方、「ストレスを感じない」という人は、年収が四百万円未満19％に対し一千万円以上は9％。ストレスに最も敏感な年収一千万円以上では、「疲れやすくなる」41％、「集中力がなくなる」30％などが多かった。

⑤ ストレス解消法

Permission to reproduce granted by Yomiuri Shimbun Publishing Co.

（1）①に使われている次の表現の意味を調べましょう。

　　a. 悲観的

b. 明らかになる

c. 世論調査

d. ひずみ

e. 日常的

(2) ①と②を参考にして答えてください。

a. 日本人でストレスを感じている人はどのぐらいいますか。

b. また、自分を健康だと思っている人はどのぐらいいますか。

(3) ②と③について次の質問に答えましょう。

a. 日本人のストレスの原因とそのパーセンテージを多い順に3つ書き出してみましょう。

	1位	2位	3位
全体			
男性			
女性			

b. 男性と女性のストレスの原因の共通点（きょうつうてん）、相違点（そういてん）は何ですか。

c. ③で使われている次の表現を、別の日本語で言い替えてみましょう。

　ア．群を抜く

　イ．浮き彫りにする

(4) ④を読んで次の質問に答えましょう。

a. 日本人はストレスを感じた時にどのような症状になりますか。多い順に3つ書き出しましょう。

1位	2位	3位

b. 次の文の内容が本文と合っていたら〇、間違っていたら×を書きましょう。

（　　　）「ストレスを感じない」と答えている人でも、ストレスの症状が出ることがある。

（　　　）年齢が高くなればなるほど、ストレスの影響を受けやすい。

（　　　）ストレスの症状には男女差が見られる。

（　　　）年収が多い人ほどストレスを感じることが少ない。

（5）⑤について次の質問に答えましょう。

a. 男性、女性のそれぞれのストレス解消法を多い順に3つ書き出しましょう。

	1位	2位	3位
男性			
女性			

b. 男性、女性のストレス解消法の共通点、相違点は何ですか。

3．本文の内容に合うように、次の文の（　　　）に当てはまる言葉を書き込みましょう。

　読売新聞がおこなったストレスについての世論調査によると、日本人の（　　　　）が、ストレスを感じていることがわかった。
　ストレスの原因を聞いたところ、男性では「仕事」が（　　　　）。また女性では、「仕事」と「家庭生活」が（　　　　）。仕事に関する問題点を、男女で比べてみると、特に、（　　　）に男女差が目立った。
　ストレスの症状としては、「怒りっぽくなる」が（　　　　）で、全体の約八割が何らかの症状を答えた。特に、（　　　）歳代にストレスの影響が強い。また、年収一千万円以上が、最も（　　　　）。
　ストレスの解消法としては、男性が（　　　　）ことが多いのに対して、女性では（　　　）が最も多かった。

4．1でしたクラスの調査の結果を3の文章を参考(さんこう)にしてまとめて書いてみましょう。

5．1でしたクラスでの調査と、2の世論調査の結果を比べてみましょう。どのようなことが分かりますか。

V. インタビュー

1. ストレスに関するインタビューを聞いて、下の表に書き込みましょう。
   [☺ D2-#46-48]

	ストレスの原因	ストレスの症状	ストレス解消法
(1)			
(2)			
(3)			

2. 1で聞いたインタビューを参考にして、日本人にストレスについてインタビューしてみましょう。また、インタビューの結果を、クラスで発表してみましょう。

VI. 子供のストレス：読解2

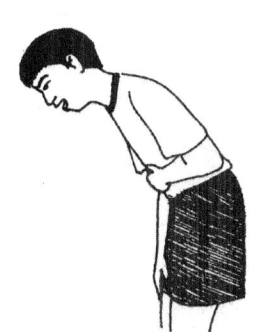

1. 読む前に
   グループまたはクラスで話し合ってみましょう。
   (1) 子供にストレスがあると思いますか。
   (2) あなたは子供の時、ストレスを感じましたか。感じたとしたら、どんな時ですか。
   (3) どんな時に、また何が原因で今の子供達はストレスを感じるでしょうか。

2. 読みましょう。
   (1) まず、見出しを読んでください。見出しから、これは、何についての記事だと思いますか。また、あなたは、このことについてどんなことを知っていますか。

（2）①の部分を辞書を引かないで読んでください。
　　　a. A子ちゃんは、今、どこにいますか。なぜですか。
　　　b. A子ちゃんは、なぜ病気になっていると思いますか。

子供の心のクリニック
― 受験期の子供たち ―

① 　もうすぐお正月。年末年始の休み中も、病院の入院治療や受験勉強は続きます。食欲不振と腹痛で心身症と診断され、入院していた私立中学一年生のA子ちゃんは、順調に治療も進み、暮れには外泊の予定でした。ところが、前日から激しい腹痛とおう吐で寝込んでしまったのです。

　症状が消えると、A子ちゃんは「本当は家に帰るのがこわかったの。去年の暮れを思い出しそうで…」と打ち明けてくれました。

　前年の暮れ、A子ちゃんは風邪で発熱しながら、中学受験の模擬試験を受けました。お母さんに「三十八度ぐらいで何ですか。皆頑張っているのよ」と励まされたのです。でも、頭痛で答えを書くどころでなく、家に帰った途端吐いてしまいました。「"汚い"と言いながら掃除していたお母さんの顔、思い出すと怖い」とA子ちゃんは泣きじゃくります。志望校に合格しながら、ずっと緊張と腹痛に苦しんできたのです。

② 　同じように受験のストレスで拒食から貧血で倒れ入院してきたB子ちゃんの場合、お母さんは「体重が減ってから急に成績が上がって」と話していました。でも、実はこれは拒食症にしばしば見られる危険な兆候。飢餓状態に陥った脳が自己防衛のために脳を異常にさえさせる物質を分泌するのです。そう聞くと、お母さんは黙り込んでしまいました。

③ 　いくらわが子のためと思っても、情報に振り回された親自身が不安に駆られていると、子供に思わぬ心の傷を負わせてしまいます。

　特に、受験に関しては親が心のゆとりを失いがち。寝不足や食欲不振が成長期の子供にとって、どんなに大変なことか。素朴な常識に照らし合わせて見守ってください。

（小児精神科医・渡辺久子、読売新聞、1995年12月27日）

Permission to reproduce granted by Hisako Watanabe and Yomiuri Shimbun Publishing Co.

[　年末年始：年の始めと終わり　　　暮れ：年の終わり　　　打ち明ける：to reveal
　模擬試験：trial examination　　　～した途端：～したちょうどその時
　泣きじゃくる：to blubber　　　飢餓状態：the state of starvation
　自己防衛：self-defense　　　分泌する(also read as　ぶんぴする)：to secrete　］

（3）次の漢字の読み方は何ですか。また、言葉の意味は何ですか。ペアで考えたり、辞書で調べたりしてください。

	読み方	意味
a. 入院	(　　　)	(　　　　　　　　　　　)
b. 治療	(　　　)	(　　　　　　　　　　　)
c. 食欲不振	(　　　)	(　　　　　　　　　　　)
d. 腹痛	(　　　)	(　　　　　　　　　　　)
e. 心身症	(　　　)	(　　　　　　　　　　　)
f. 診断する	(　　　)	(　　　　　　　　　　　)
g. 外泊	(　　　)	(　　　　　　　　　　　)
h. おう吐	(　　　)	(　　　　　　　　　　　)
i. 寝込む	(　　　)	(　　　　　　　　　　　)
j. 症状	(　　　)	(　　　　　　　　　　　)
k. 発熱する	(　　　)	(　　　　　　　　　　　)
l. 励ます	(　　　)	(　　　　　　　　　　　)
m. 頭痛	(　　　)	(　　　　　　　　　　　)
n. 志望校	(　　　)	(　　　　　　　　　　　)
o. 緊張	(　　　)	(　　　　　　　　　　　)

（4）①の部分をもう一度読んで、次の質問に答えましょう。
　　a. A子ちゃんの病気は何ですか。それは、どんな病気ですか。
　　b. A子ちゃんが入院したときの症状は何ですか。
　　c. この場合、「外泊」というのは、次のどれをさしていますか。
　　　　ア．一時的に退院して家に帰ること
　　　　イ．旅館やホテルに泊まること
　　　　ウ．病院に泊まること
　　d. A子ちゃんは、どうして外泊の前に調子が悪くなったのですか。
　　e. 去年の暮れ、A子ちゃんにどんなことが起こりましたか。
　　f. その時、お母さんはどんな態度でA子ちゃんに接しましたか。
　　g. A子ちゃんは、自分の行きたいと思っていた学校にいけるようになったのに苦しんでいます。どうしてでしょうか。

（5）②のＢ子ちゃんのケースを読んでみましょう。まず、辞書を使わないで読んでください。
    a. Ｂ子ちゃんは、ストレスでどんな症状になりましたか。
    b. 体重が減ったこととＢ子ちゃんの成績とどんな関係がありますか。

（6）次の漢字の読み方を（　　）に書き、言葉の意味を調べてください。

                  読み方　　　　　意味
    a. 拒食　　　　（　　　　）　（　　　　　　　　　　　　　　　）
    b. 貧血　　　　（　　　　）　（　　　　　　　　　　　　　　　）
    c. （拒食）症　（　　　　）　（　　　　　　　　　　　　　　　）
    d. 兆候　　　　（　　　　）　（　　　　　　　　　　　　　　　）
    e. 〜に陥る　　（　　　　）　（　　　　　　　　　　　　　　　）
    f. （脳が）さえる　　　　　　　（　　　　　　　　　　　　　　　）
    g. 黙り込む　　（　　　　）　（　　　　　　　　　　　　　　　）

（7）②の部分をもう一度読んで、次の質問に答えましょう。
    a. なぜ拒食症の人は、急に頭がさえたりするのですか。
    b. お母さんは、医者の話を聞いて、どう思ったでしょうか。

（8）③の部分を読んでください。
    この人は、受験をする子供を持つ親はどうしなければいけないと言っていますか。

（9）次の表現は、どんな意味ですか。わからない場合は、辞書で調べて、別の日本語で説明してください。
    a. 情報に振り回される
    b. 不安に駆られる
    c. 〜に心の傷を負わせる
    d. （失い）がち
    e. 常識に照らし合わせる

（10）③の部分をもう一度読んで、次のことを考えてください。
    a. なぜ受験する子供を持つ親は、不安に駆られたりするのでしょうか。
    b. 寝不足や食欲不振が子供には特に大きな問題になるのは、なぜですか。

3．表現練習
（1）病気やストレスの症状を表わす言葉を練習しましょう。
　　　　この読み物には、次の言葉が出てきました。A子ちゃんやB子ちゃんの症状の中で、ストレスが原因で起こったものには「ス」と、病気などのストレス以外の原因で起こったものには、「ビ」と書いてください。（両方の可能性がある場合は、両方書いてください。）
　　a．食欲不振（　）　b．腹痛（　）　c．おう吐、吐く（　）　d．発熱（　）
　　e．頭痛（　）　f．緊張（　）　g．拒食（　）　h．貧血（　）i．飢餓状態（　）

（2）あなたは、ストレスが原因で、（1）のa～iのような症状になったことがありますか。

（3）次の文を、点線の表現に注意しながら読み、その意味を考えてください。（これらの表現には、本文に点線が引いてあります。）
　　a．風邪で寝込んでしまった。
　　b．自分の悩みを友達に打ち明けた。
　　c．「頑張ってね。」と母親に励まされた。
　　d．熱で頭がぼーっとして、試験の答えを書くどころではなかった。
　　e．明日の試験がちゃんとできるかどうか、不安に駆られた。
　　f．なにげなく大人がした質問が、あの子に心の傷を負わせてしまった。
　　g．仕事や勉強に追われて緊張しているときは、心のゆとりを失いがちだ。

（4）（3）の点線の表現の中から適切なものを選び、文を完成させてください。必要な時は、形を変えて使いましょう。
　　a．今日は年賀状を書こうと思っていたが、ひどい頭痛で年賀状を（　　　　　　）。
　　b．2日後のクラスでの発表がうまくいくだろうかと（　　　　　　）、緊張している。
　　c．最近は、忙しすぎて、リラックスする時間がないので（　　　　　　）。
　　d．足立さんが今日会社を休んでるのは、どうもインフルエンザで（　　　　　　）らしい。
　　e．親の離婚問題が子供に（　　　　　　）ことがある。

4．話し合いましょう。
　（1）あなたは「子供の心のクリニック―受験期の子供たち―」を読んで、受験をする子供のストレスについて、どう思いましたか。

　（2）ここに書かれているような問題は、なぜ起こると思いますか。また、どのようにすれば、この問題が解決できると思いますか。

　（3）あなたの国でも同じような問題がありますか。また、他に子供がストレスを感じる原因がありますか。その場合、どのような症状が見られますか。問題の解決方法も考えてください。

VII. ロールプレイ

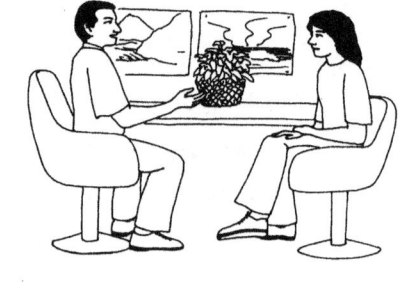

次の設定でロールプレイをしましょう。
＜ロールA＞

（1）あなたは最近体の調子がよくありません。ときどき胃がむかむかしたり、頭痛がしたりします。仕事（または勉強）がとても忙しく、大変なので、寝不足と心配が続いています。このままだと病気になるかもしれないので、医者のBさんのところに行って、診てもらってください。

（2）親しい友達のBさんにパーティに誘われます。しなければいけないことがいろいろあるし、気分もすぐれないので、断わってください。気分がすぐれないのは、仕事（または勉強）に追われて、自分の時間がとれないせいかもしれません。

（3）あなたは、自分の姪のことで心配しています。姪は、最近親が離婚したことが原因でストレスがたまり、元気がなく、拒食症（＝ご飯をほとんど食べないようす）になりかけています。この姪のために力になりたいと思いますが、どうしたらいいか、友人のBさんに相談してください。

（4）あなたは東京でホームステイをしています。都会の生活は疲れるし、あなたが世話になっている家族とあなたとは生活習慣が違うので、合わないことがあります。最近こういったことでストレスがたまってきているので、留学プログラムのアドバイザーのBさんに相談してください。

（5）あなたは同僚のBさんと喫茶店で話しています。最近忙しくてあなたもBさんも（また、会社の他の同僚も）疲れています。人間関係などの問題もあるので、ストレスもたまってきています。自分の状態やどのようにそれを解消しているか、話してください。

（6）あなたは会社員で、同僚のBさんとスナックで話しています。最近の不景気（ふけいき）とリストラで多くの会社員、特に中年の会社員にストレスがたまってきていると言われています。この問題について、Bさんと話してください。

＜ロールB＞
（1）あなたは医者です。胃の調子が悪く、気分がすっきりしないという患者（かんじゃ）が来ました。事情を良く聞いてください。胃の薬を飲むように言ってください。原因はストレスのようなので、それを解消するために、どうしたらいいか、アドバイスをしてください。

（2）今度あなたの家で親しい友達を呼んでパーティーをしようと思います。Aさんに電話して、招待してください。Aさんが断わったら、その事情をよく聞いて、Aさんにも気分転換になるからと説得（せっとく）してください。

（3）友人のAさんが姪（めい）のことで心配しています。そのことについて相談しますので、事情をよく聞いて、助言してあげてください。

（4）あなたは東京にある大学の留学プログラムのカウンセラーです。学生のAさんが、生活のことで悩んでいて相談にきますので、事情をよく聞いてアドバイスしてあげてください。

（5）あなたは同僚のAさんと喫茶店で話しています。最近忙しいことと、人間関係の難しさからストレスがたまっていることなどについて話してください。また、ストレスをどのように解消しているかについても話してください。

（6）あなたは会社員で、同僚のAさんとスナックで話しています。最近の不景気（ふけいき）とリストラに関する問題などをAさんが話してきますので、そういった問題についてAさんと意見交換してください。

＜語彙リスト＞

<u>I．準備</u>
ストレス　　　　　　　　　　　　　原因　　　　げんいん

<u>II．ストレス度チェック</u>
１．症状
症状　　　　　しょうじょう　　　　（肩が）凝る　（かたが）こる
寝起き　　　　ねおき　　　　　　　下痢　　　　　げり
便秘　　　　　べんぴ

２．ストレス度チェック
いきいき　　　　　　　　　　　　　異常　　　　　いじょう
心身　　　　　しんしん

３．ストレス度の診断
診断　　　　　しんだん　　　　　　（バランスを）崩す　くずす

<u>III．ストレスの原因と解消法：聞き取り</u>
１．キーワード
解消する　　　かいしょうする　　　解消法　　　　かいしょうほう

２．聞き取り（足立＆さやか）
残業　　　　　ざんぎょう　　　　　（疲れが）ぬけない
懐かしい　　　なつかしい　　　　　気を遣う　　　きをつかう
追い回される　おいまわされる　　　健康的　　　　けんこうてき
気分転換　　　きぶんてんかん

３．聞き取り（本田＆ブラウン）
居酒屋　　　　いざかや　　　　　　胃　　　　　　い
人一倍　　　　ひといちばい　　　　能力　　　　　のうりょく
（能力が）欠ける　かける　　　　　陽気　　　　　ようき
繊細　　　　　せんさい　　　　　　冗談　　　　　じょうだん
深刻　　　　　しんこく

IV. 日本人とストレス：読解１
１．読む前に

愚痴っぽい	ぐちっぽい	気力	きりょく
集中力	しゅうちゅうりょく	荒い	あらい
熱中する	ねっちゅうする	団らん	だんらん

２．読んでみましょう

掲載	けいさい	日増しに	ひましに
複雑化	ふくざつか	悲観的	ひかんてき
実施する	じっしする	～を超える	こえる
世論調査	よろんちょうさ　（「せろん」とも読む）		
ひずみ		日常的	にちじょうてき
探る	さぐる	群を抜く	ぐんをぬく
具体的	ぐたいてき	多忙	たぼう
過労	かろう	責任感	せきにんかん
男女差	だんじょさ	社会進出	しゃかいしんしゅつ
浮き彫りにする	うきぼりにする	最多	さいた
現代人	げんだいじん	意識する	いしきする
各	かく	選択	せんたく
選択肢	せんたくし	意識する	いしきする
高率	こうりつ	影響	えいきょう
敏感	びんかん		

V. インタビュー
（１）

| 段階 | だんかい | ぴくぴくする／ピクピクする | |
| 自覚する | じかくする | 釣り | つり |

（２）

| イライラする | | 人にあたる | |
| （年齢とともに）丸くなる | まるくなる | | |

（３）

| 辛い | つらい | 独立する | どくりつする |
| 一人暮し | ひとりぐらし | 文句を言う | もんくをいう |

（意見の）交換	こうかん	我慢する	がまんする
きっとなる		ちまちまと	
頭痛持ち	ずつうもち	（〜が頭から）離れない	はなれない
すっきりする		（〜に）走る	

VI. 子供のストレス：読解2

年末年始	ねんまつねんし	入院	にゅういん
治療	ちりょう	食欲不振	しょくよくふしん
心身症	しんしんしょう	診断する	しんだんする
順調に	じゅんちょうに	外泊	がいはく
おう吐	おうと	寝込む	ねこむ
暮れ	くれ	打ち明ける	うちあける
発熱	はつねつ	模擬試験	もぎしけん
励ます	はげます	〜した途端	〜したとたん
吐く	はく	怖い	こわい
泣きじゃくる	なきじゃくる	志望校	しぼうこう
緊張	きんちょう	拒食	きょしょく
貧血	ひんけつ	危険	きけん
兆候	ちょうこう	飢餓	きが
陥る	おちいる	脳	のう
自己防衛	じこぼうえい	異常	いじょう
さえる		分泌する	ぶんぴ（つ）する
黙り込む	だまりこむ	情報	じょうほう
振り回す	ふりまわす	駆られる	かられる
（傷を）負わせる	（きずを）おわせる	（心の）ゆとり	
成長期	せいちょうき	素朴	そぼく
常識	じょうしき	照らし合わせる	てらしあわせる
見守る	みまもる	小児	しょうに
精神科	せいしんか		

VII. ロールプレイ

むかむかする		診る	みる
離婚	りこん	不景気	ふけいき
患者	かんじゃ	説得する	せっとくする

Unit 10

大丈夫？　—病気—

　あなたは健康な体を保つために、どのようなことに気をつけていますか。これまでに、外国で病気になったことがありますか。もし日本で病気になったら、日本語で症状を説明できますか。このユニットでは、健康管理や病気について考えてみましょう。日本で健康診断を受けることになったブラウンさんの経験を通して、病気やアレルギーについて、その名前や症状を日本語でどのように表すか、学びましょう。また、日本の病院の制度や薬についても勉強しましょう。

1．一般的な病気や症状についての日本語の表現を理解できるようになりましょう。
2．日本で病気になったり、アレルギー症状が出た時、日本語で自分の症状が説明できるように練習しましょう。

話題
1．健康診断
2．病気と症状
3．死亡原因となる病気
4．インフルエンザ
5．アレルギー
6．病院
7．薬

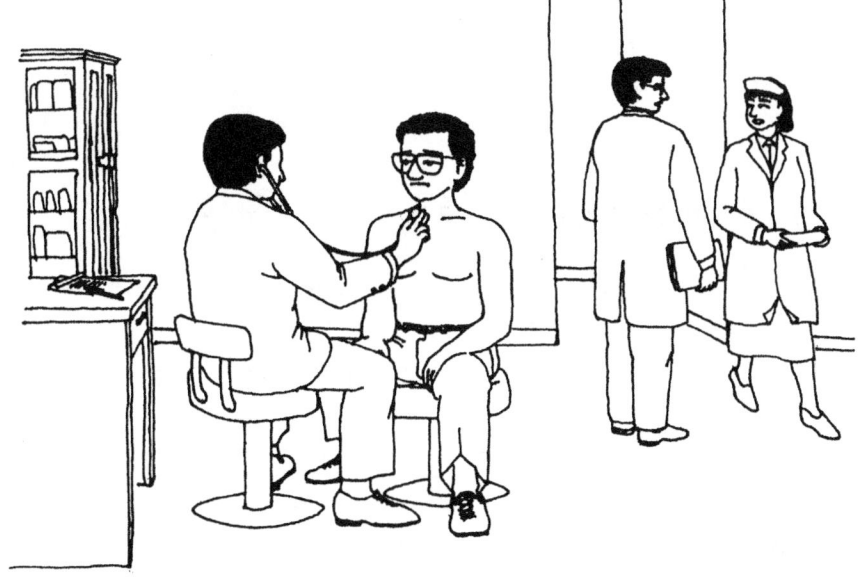

I. 準備

次の質問に答えましょう。
（1）あなたは今までにどんな病気をしましたか。

（2）風邪を引いたなと思ったとき、どうしますか。あてはまるものを選んで
　　 ください。また、それはどうしてですか。
　　 a. 医者には行かないが、薬を飲んで治す
　　 b. すぐに医者に行く
　　 c. 医者に行かず、できるだけ薬も飲まないで、自然に治るのを待つ
　　 d. その他

（3）アメリカやあなたの国では、医者に診てもらう時、予約しますか。

（4）普段、健康管理のために、どんなことをしていますか。あてはまるものに
　　 ○をしてください。
　　 a. 運動をする
　　 b. 定期的に健康診断を受ける
　　 c. 食事に気をつける
　　 d. よく寝る
　　 e. その他

（5）もし日本で病気になったら、日本語で症状が説明できますか。

II. 健康診断

1. 足立さんとブラウンさんの会話を聞いて、次の質問に答えましょう。
　　 [☺D3-#1]
　　 （1）健康診断とは、何ですか。

　　 （2）アメリカの会社と日本の会社で、健康管理のシステムはどのように違
　　 いますか。

　　 （3）（ブラウンさんが行った）アメリカの学校と一般的な日本の学校では、
　　　　　健康管理のシステムが違いますか。

2．次の健康診断記録票は、足立さんやブラウンさんの会社で配られたものです。

（1）記録票の中の①から⑤は何についての質問か、ペアで考えてください。わかるところは、自分のことを記入してください。

（2）わからない言葉を○で囲んでください。

（3）ブラウンさんが足立さんに記録票について質問している会話を聞きます。聞きながら、難しい漢字の読み方や単語の意味をメモしてください。　[☺D3-#2]

健康診断記録票

診査年月日　平成　　年　　月　　日

氏名			性別	男・女	生年月日	明・大・昭　　年　　月　　日（　　歳）		
住所				職業		電話　（　　）		

＊次の該当する項目を○で囲んでください。

| ① 自覚症状 | 1.（頭痛、めまい、ふらつき、耳なり）が続く
2. 胸の奥が（しめつけられる、痛い、不快な、苦しい、焼ける、息がつけない）感じがする
3. 坂道、階段を登る時（息切れ、動悸）がする
4. 脈の乱れ（脈がとぶ）がある
5. 顔、足がよくむくむ
6. よく喉が乾き、よく水分を飲む | ② 既往歴 | 1. 心臓病　（　）歳頃（治療した、治療中、放置）
2. 脳卒中　（　）歳頃（治療した、治療中、放置）
3. 高血圧　（　）歳頃（治療した、治療中、放置）
4. 糖尿病　（　）歳頃（治療した、治療中、放置）
5. 腎臓病　（　）歳頃（治療した、治療中、放置）
6. 貧血　　（　）歳頃（治療した、治療中、放置）
7. 肝臓病　（　）歳頃（治療した、治療中、放置）
8. 高脂血症（　）歳頃（治療した、治療中、放置） |
| ③ 喫煙歴 | 1. タバコを
　（吸う、やめた、吸わない）
2. 1日平均（　　）本 | ④ 飲酒歴 | 1. 酒、ビール、ウイスキーを
　（飲む、飲まない、やめた）
2. 1日平均（　　　　） | ⑤ 家族歴 | （血のつながった家族）
1. 心臓病（父、母、兄弟姉妹）
2. 脳卒中（父、母、兄弟姉妹）
3. 糖尿病（父、母、兄弟姉妹） |

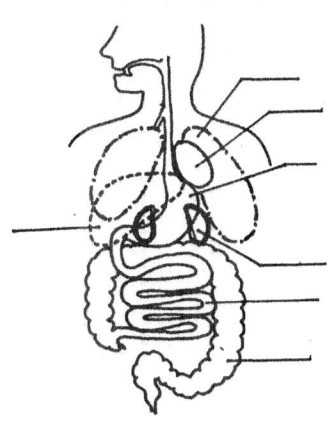

3．2の健康診断記録票に出てくる病気について調べましょう。それぞれ、どのような症状がありますか。

（1）心臓病

（2）脳卒中

（3）高血圧

（4）糖尿病

（5）腎臓病

（6）貧血

（7）肝臓病

4．健康診断記録票の中に出てきた次の言葉の読み方を（　　）に書きましょう。また、言葉の意味を調べましょう。

　　　　　　　　　　　　読み方　　　　　　　　意味
（1）ふらつき　　　　　　　　　　　　（　　　　　　　　　　　　　　）

（2）耳なり　　　　　（　　　　　）（　　　　　　　　　　　　　　）

（3）胸がしめつけられる（　　　　　）（　　　　　　　　　　　　　　）

（4）息がつけない　　（　　　　　）（　　　　　　　　　　　　　　）

（5）息切れ　　　　　（　　　　　）（　　　　　　　　　　　　　　）

（6）脈の乱れ　　　　（　　　　　）（　　　　　　　　　　　　　　）

（7）喉が乾く　　　　（　　　　　）（　　　　　　　　　　　　　　）

（8）治療　　　　　　（　　　　　）（　　　　　　　　　　　　　　）

（9）放置　　　　　　（　　　　　）（　　　　　　　　　　　　　　）

5．2の健康診断記録票に自分のことを記入してみましょう。

6．健康診断の結果についての会話を聞いて、次の質問に答えましょう。
　　[☺D3-#3]
（1）ブラウンさんはどこに異常が見つかりましたか。

（2）健康診断の結果、ブラウンさんがしなければならないことは何ですか。
　　　a．すぐに入院する
　　　b．毎日薬を飲む
　　　c．お酒を飲まない
　　　d．病院で、もう一度検査する

（3）足立さんはブラウンさんにどのようなアドバイスをしましたか。

III．病気と症状

1．病気や怪我の種類

（1）皆さんがかかったことのある病気や怪我の名前をあげてください。自分がかかったことがなくても、他の人がよくかかる病気、家族がかかったことのある病気、日本語の名前を知りたい病気などの名前もあげてください。

（2）以下は病気の名前でしょうか、怪我の種類でしょうか。「病」または「怪」と書いてください。どちらともいえないものには「?」と書いてください。

　　（　）胃炎　　　　　　（　）捻挫
　　（　）高血圧　　　　　（　）骨折
　　（　）腰痛　　　　　　（　）脳卒中
　　（　）食中毒　　　　　（　）打ち身
　　（　）癌　　　　　　　（　）胃かいよう
　　（　）肺炎　　　　　　（　）盲腸炎
　　（　）糖尿病　　　　　（　）風邪
　　（　）心臓病　　　　　（　）火傷

2．病気

次の病気は体のどの部分におこりますか。首から上のものには1、胸部のものには2、腹部や腰のものには3、体全体におこるものには4と書いてください。

(　)	胃炎	(　)	高血圧
(　)	食中毒	(　)	腰痛
(　)	脳卒中	(　)	癌
(　)	心臓病	(　)	胃かいよう
(　)	盲腸炎	(　)	糖尿病
(　)	肺炎	(　)	風邪

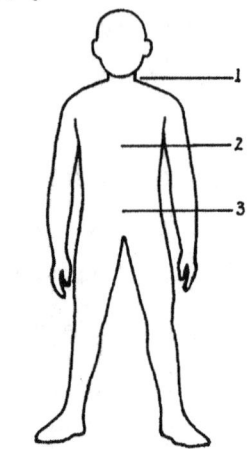

3．死亡原因となる病気

下の資料を見て、日本人の死亡原因のうち、多い方から3つを書き出しましょう。また、あなたの国で死亡原因となっている病気を多い方から3つあげてみましょう。

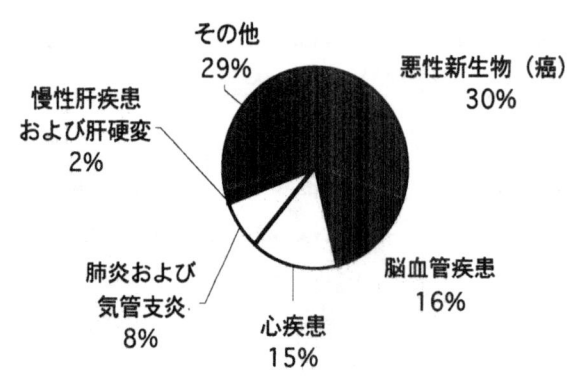

＜資料＞　　日本人の主な死亡原因（1996年）

その他 29%
悪性新生物（癌）30%
慢性肝疾患および肝硬変 2%
肺炎および気管支炎 8%
心疾患 15%
脳血管疾患 16%

資料：厚生省「人口動態統計」（1998年）

1981年から、癌（悪性新生物）が死因の第1位、第2位は脳血管疾患、第3位は心臓病となっている。

[慢性（の）：chronic　　疾患：体の故障、病気　　肝硬変：cirrhosis (hardening) of the liver　　人口動態統計：vital statistics]

4．あなたが日本で病気になったら、その症状を説明できるでしょうか。

次の病気の時にはどのような症状があるか、グループで考え、あてはまる言葉を下から選んで入れてください。

	病気	症状
（1）	風邪	
（2）	インフルエンザ	
（3）	胃炎	
（4）	胃かいよう	
（5）	食中毒	
（6）	糖尿病	
（7）	心臓病	
（8）	高血圧	
（9）	脳卒中	
（10）	妊娠（病気ではない）	

```
a. 顔色が悪い      b. だるい         c. 熱がある        d. 寒気がする
e. やせる         f. （足が）むくむ   g. けいれんをおこす  h. 頭痛
i. めまい         j. 胸が痛い        k. 吐き気、        l. 食欲がない
m. 呼吸困難       n. 節々の痛み      o. 便秘            p. 下痢
q. 腹痛           r. せき            s. はれる          t. しっしん
u. 動悸           v. かゆみ          w. 胃の痛み        x. 意識を失う
```

5．聞き取り

いろいろな人が病気の症状について話している会話を聞きましょう。会話を聞いて、下の表に書き込んでください。[☺D3-#4～8]

	会話（1）	会話（2）	会話（3）	会話（4）	会話（5）
病名					
症状					
治療法					

6．痛みを表す表現

日本語では、痛みなどを表わす時、よく擬態語（ぎたいご）が使われます。

(1) 会話の中に出てきた擬態語を復習しましょう。（　）の中に適切な言葉を入れてください。

　　　a. 本田さんは、胃が（　　　　　）痛む。
　　　b. ブラウンさんは、（　　　　　）して、気分が悪い。
　　　c. 足立さんは、頭が（　　　　　）する。
　　　d. 上岡さんはお腹が（　　　　　）痛む。
　　　e. 妻は、頭が（　　　　　）痛い。

その他にも次のような表現がよく使われます。
鋭（するど）い痛み、激（はげ）しい痛み、強い痛み、鈍（にぶ）い痛み

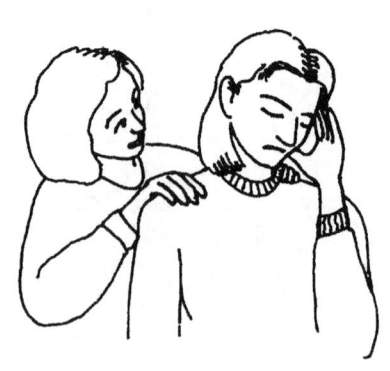

（2）次の擬態語は、どんな痛みを表すか考えて、左の言葉と右の説明を線で結んでください。

a. きりきり痛む　　　　　　　　ア. 傷や頭が脈うつようにたえず強く痛む様子

b. ずきずき痛む（ずっきんずっきん）　イ. 腹や頭などが鋭く痛む様子

c. がんがん痛む　　　　　　　　ウ. 針などでさされるような痛み

d. しくしく痛む　　　　　　　　エ. けがをした皮膚の痛い様子

e. ひりひり痛む　　　　　　　　オ. 腹などが絶えず鈍く痛む様子

f. ちくちく痛む　　　　　　　　カ. 頭の中で、大きな音がしているように、痛みの激しい様子

（3）次の表現は、どんな様子を表しているでしょうか。どんな時に次のような症状になりますか。

頭が重い

頭が割れそうに痛い

胃がむかむかする。

胃がもたれる

胸焼けがする

7．あなたは病気の他にどんな時に医者に行きますか。

8．次のような怪我をしたことがありますか。また、どのような症状ですか。
（1）火傷
（2）骨折
（3）捻挫
（4）打ち身
（5）切り傷
（6）すり傷

IV. インフルエンザ：読解

1. 読む前に

（1）あなたは、インフルエンザにかかったことがありますか。どんな症状でしたか。

（2）どのように治療しましたか。

（3）治るのに何日ぐらいかかりましたか。

　十二月に入るとインフルエンザはいっそう流行した。予防注射を打っていたわが家の子供たちも、次から次にインフルエンザにかかっていった。病院の廊下を歩いていると事務長に呼び止められた。
　「昼過ぎに、NHKがインフルエンザの取材に来させて欲しいということです。お忙しいでしょうが、数分間インタビューに答えてやってもらえませんか」
　事務長にそう言われてから調査を始めた。インフルエンザにやられてマスクをしている職員に聞いて回った。
　「どんな症状だった？咳はでた？のど痛かった？熱は何度？吐いた？下痢した？体はだるかった？全部で何日かかった？」
　聞けば聞くほど皆がばらばらな症状だった。しかし共通して、治るのには一週間近くかかっていた。衛生研究所に電話して問い合わせると、鳥取(とっとり)でも香港A型ウイルスを検出(ほんこん)しているという。
　若いアシスタントアナウンサーの女性が外来の診療室でインタビューを始めた。
　「かかる前、そしてかかってから、どういうことに注意したらいいでしょう？」
　インフルエンザにかからん薬もないし、かかってすぐ治る薬もないので、まあ時の経つのを布団の中でじーっと待つしかないでしょうなあ、と答えようとしたがNHKのインタビューには不似合いなお答え、と思いなおし答え方を変えた。
　「ええ、若い人の場合は大抵どうということありませんから、学校や会社に無理に行かずに思いきって休んで、暖かくしてゆっくり休養をとって下さい。お年寄り、あるいは心臓や肺にもともと病気のある人は心不全や肺炎のきっかけになりますから、医者にかかってよく診てもらって下さい。皆さん、一週間ぐらいかかっているようです」
　すると、アシスタントアナは、「学校閉鎖があちこちで行われていますが、これからもインフルエンザは拡がっていくでしょうか？」と質問した。
　「あすのことは、風邪に聞いてみて下さい」と答えようとしたが、これも次のように改めた。「まだ寒い日が続くようですし、今しばらく流行するのではないかと思います。注意して下さい」

根拠のないことを歯の浮いたような口調で気取って言ってしまった。ディレクターは、「はい結構です。どうもありがとうございました。今後ともまたよろしく」と言ってビデオカメラを肩に引き上げて行った。

徳永　進「毎日のこと」（日本の名随筆・別巻43　『名医』作品社）

Permission to reproduce granted by Susumu Tokunaga.

[　取材する：to gather information　　調査：しらべること　　鳥取：鳥取県
　香港A型ウイルス：インフルエンザのウイルスの一種　　外来：入院していない患者　]

2. 本文を読んで、次の質問に答えましょう。

（1）著者の職業は何でしょうか。次の中から選んでください。

　　a．医者　　　b．教師　　　c．アナウンサー

（2）この人は、なぜいろいろな人にインフルエンザの症状を聞いて回ったのでしょうか。

（3）著者は、インフルエンザを治す薬はあると思っていますか。

3. 語彙の練習をしましょう。

（1）次の漢字の読み方を（　）に書き、言葉の意味を調べましょう。

	読み方	意味
a．予防注射	（　　　）	（　　　　　　）
b．マスク		（　　　　　　）
c．診察室	（　　　）	（　　　　　　）
d．心臓	（　　　）	（　　　　　　）
e．肺	（　　　）	（　　　　　　）
f．学校閉鎖	（　　　）	（　　　　　　）

（2）次の言葉はどういう意味でしょうか。右から選んで線で結びましょう。

　　a．吐く　　　　　　　　ア．to examine
　　b．検出する　　　　　　イ．to become widespread
　　c．休養をとる　　　　　ウ．to vomit
　　d．診る　　　　　　　　エ．to detect
　　e．流行する　　　　　　オ．to rest

（3）次の病気はどのような病気でしょうか。どんな症状があるか調べましょう。
　　　a．心不全
　　　b．肺炎

4．もう一度読んで、次の質問に答えましょう。
（1）本文の内容と合っているものに〇、合っていないものに×をつけてください。
　　　（　）予防注射はよく効いた。
　　　（　）この病院の職員のなかには、何人もインフルエンザにかかっている人達がいる。
　　　（　）インフルエンザにかかっている人達の症状は、さまざまである。
　　　（　）インフルエンザにかかった時は、効く薬がないので寝ているしかないと、この人はインタビューで答えた。
　　　（　）インフルエンザにかかった人は、仕事などは休んで、ゆっくり休んだほうがよいとこの人は言った。
　　　（　）この人は、これからもインフルエンザがはやると確信している。

（2）インフルエンザにかかった人は、治るのにどのぐらいの時間がかかっていますか。

（3）この人がインタビューで最初に答えようとしたことと実際に言ったことはどのように違うでしょうか。なぜ、最初に思ったことを言わなかったのでしょうか。

（4）事務長はなぜこの人に「答えてくれませんか」ではなく、「．．．答えてやってもらえませんか」と頼んだのでしょうか。あなたの母国語では、こういう場合、どのように言いますか。

（5）本文中で点線の下線を引いた表現の練習をしましょう。まず本文の中でどのように使われているかを考え、さらに下記の例文での使い方と意味を考えてください。また、表現を使って自分で文を作ってみましょう。
　　a．～させて欲しい
　　　その出張はぜひ私に行かせて欲しいと新入社員の足立が言った。
　　b．～やってもらう／～あげてもらう
　　　太郎に英語を教えてやってもらえませんか。
　　c．～すればするほど
　　　外国語は練習すれば（練習）するほど上手になる。

d. 〜しかない
　　　勉強が大変だと言っても<u>やるしかない</u>。
　　e. 思いきって
　　　体の調子が悪い時は、<u>思いきって</u>仕事を休んだほうがいい。
　　f. 歯の浮いたような口調で
　　　私のこの小さな家を、三田は<u>歯の浮いたような口調で</u>「立派なお宅で…」と言った。

V. アレルギー

1. あなたには次のアレルギーがありますか。また、それぞれのアレルギーにはどのような症状がありますか。次の a-t に示された言葉を使って説明をしてみましょう。

   （1）花粉アレルギー
   （2）乳製品のアレルギー
   （3）猫などの動物のアレルギー
   （4）エビ、カニのアレルギー
   （5）果物のアレルギー
   （6）ほこりのアレルギー
   （7）その他

a. かゆみ	b. むかむかする	c. 吹き出物	d. 涙がでる	e. 頭痛
f. くしゃみ	g. 鼻づまり	h. 目が充血する	i. 頭が重い	j. しっしん
k. だるい	l. 熱	m. 吐き気、嘔吐	n. 食欲がない	o. はれる
p. 下痢	q. 腹痛	r. 呼吸困難	s. せきが出る	t. その他

2. インタビューを聞いて、下の表に書き込みましょう。[☺D3-#9〜11]

	アレルギーの種類、原因	症状	治療法
（1）			

（2）			
（3）			

3．花粉症：読解

次の新聞記事を読んで、質問に答えましょう。

花粉症早めの対策で症状抑制

　東京都内で、今年スギ花粉の飛散が初めて観測されたのは、今月五日。都内で連続して花粉が飛び続ける飛散開始日は、一月下旬から二月上旬と、平年よりも一、二週間早いと見られ、全国的にも同様になると予想されている。

　この時期に風邪でもないのに、鼻がむずむずしてくしゃみが出ると、花粉症だと思い込んでしまいがちだ。

　しかし、鼻アレルギーを起こす原因で最も多いのは、実は家の中のほこりやダニなどのハウスダスト。全体の半数以上を占める。「花粉症だと思っていた人が検査してみたら、ダニアレルギーだったという例も少なくない」と厚生省の佐藤敏信さん。原因が違っていたら、せっかくの対策も十分な効果が期待できないからだ。

　血液検査などでスギ花粉が原因とはっきり分かれば、症状を抑えるための手だてはある。最近は鼻の奥の細胞に作用して、症状を抑える抗アレルギー薬がいろいろと開発されている。眠気などの副作用が少ない種類も発売され、昼間仕事をしなければならない人など、生活スタイルに合わせて、薬も選択の幅が広がっている。

　ただ、花粉症のようなアレルギー性疾患では、薬の効果は絶対ではない。マスクやうがい、洗顔や空気清浄器の使用など、花粉を体内に吸収しないよう心がけるセルフケアが欠かせない。

（読売新聞、1995年1月20日の記事より抜粋）

[抑制：出ないようにすること　　飛散：飛んで広がること　　観測される：見つけられる
　平年：ふだんの年　　ダニ：mite　　手だて：方法　　細胞：cell　　作用する：はたらく
　副作用：side effect　　開発する：新しく作る　　疾患：病気　　清浄：きれいにすること]

（1）東京でスギ花粉アレルギーが始まるのはいつ頃ですか。

（2）次の文の内容が、記事の内容と合っていたら○、違っていたら×を書きましょう。
　　　（　）鼻がむずむずしたりくしゃみが出たら、花粉症だと考えれば間違いはない。
　　　（　）鼻アレルギーの主な原因は、スギ花粉ではない。
　　　（　）抗アレルギー薬の種類は多くなってきている。
　　　（　）花粉症の症状は、自分に合う薬を飲めば必ずなくなる。

（3）アレルギーの症状を抑えるために大切なことは何ですか。

4．調べてみましょう。

（1）あなたのクラスには、アレルギーのある人がいるでしょうか。クラスメートにインタビューして、アレルギーの原因、症状、治療法を聞いてみましょう。

（2）（1）のインタビューによると、あなたのクラスで多いアレルギーは何ですか。多い方から3つあげてみましょう。

VI. 病院へ行く

1．会話を聞いて、次の質問に答えましょう。[☺D3-#12]

（1）ブラウンさんは、なぜ病院に行きますか。

（2）足立さんは、どんな病院に行ったらいいと言いましたか。

（3）病院に行く時に、必要なものは何ですか。

2．以下の病気や怪我の時には何科の医者にいきますか。下のaからgの中から選んで書き入れてください。

a. 内科（ないか）	b. 外科（げか）	c. 眼科（がんか）	d. 耳鼻咽喉科（じびいんこうか）
e. 皮膚科（ひふか）	f. 産婦人科（さんふじんか）	g. 小児科（しょうにか）	

（　　）胃炎	（　　）捻挫	
（　　）食中毒	（　　）骨折	
（　　）腰痛	（　　）肺炎	
（　　）癌	（　　）子供の発熱	
（　　）火傷	（　　）糖尿病	
（　　）高血圧	（　　）打ち身	
（　　）中耳炎	（　　）風邪	
（　　）妊娠（病気・怪我ではない）	（　　）目の充血	

健康保険証
（けんこうほけんしょう）

日本では、病院に受付で、「保険証を見せてください」と言われることが多い。これは健康保険証のことで、その人が、どういう種類の社会保険に加入しているかを表すカードのことだ。会社員は会社の保険に加入していることが多く、自営業などの場合は国民健康保険に入っていることが多い。どちらの場合も、加入している人が一定の保険料を支払う。健康保険に入っていると、病院でかかった費用のうち7割から9割程度を、保険がカバーしてくれる。（割合は保険の種類によって異なる。）1年以上日本に住む場合は外国人でも国民健康保険に加入できる。

国際商事株式会社健康保険組合員証		
組合員番号	記号	番号
	29-A-5	456
氏名	アダチ　タカノリ 足立　恭則	性別 男
生年月日	昭和46年 5月 11日	
住所	東京都日野市程久保1-2-3	
資格取得年月日	平成11年4月1日	
所在地	東京都千代田区大手町3-3-3	
保険者番号 及び名称	1 2 3 4 0 0 5 1 国際商事株式会社健康保険組合	
交付年月日	平成11年4月18日	
有効期限	平成13年11月30日	

3．会話を聞いて、下のプロセスを確認してください。また、処方せんというのは何か考えてください。[◎D3-#13]

総合病院に行ったら…

総合（そうごう）の受付　　…保険証を見せる。どの科に行ったらいいかを教えてもらう。
　↓
診療科（しんりょうか）の受付
　↓
待合室（まちあいしつ）　　…受付をした順に見てもらうので、それまで待つ。
　↓

検査・診察・治療	…医者の診察、治療を受ける。薬が必要な時は、処方せんをもらう。
↓	
薬局	…処方せんを出して、薬を用意してもらう。
↓	
会計	…費用のうち、自分が負担する分（1～3割）を払う。 （残りの費用は、健康保険がカバーしてくれる）

4．会話をもう一度聞いて、次の質問に答えましょう。[☺D3-#13]

（1）ブラウンさんと本田さんは、今どこにいますか。

（2）本田さんは診察を受けた後、何をしますか。

（3）どんな病院にも薬局がありますか。

（4）病院に行く時に予約をしないことの長所（＝いい点）と短所（＝悪い点）は何ですか。

VII．薬を飲む

1．考えましょう

薬をのむ場合にはどのような情報が必要ですか。また、薬についてはどんなことに注意しなければなりませんか。リストを作ってください。

＜情報＞
・
・
・

＜注意点＞
・
・
・

2．本田さんが病院でもらった薬の袋を見て、次の質問に答えましょう。

内 用 薬

本田　正徳　　殿

用法
1日　　　3　回　　　7　　日分
食前　　（食後）　　食間
時間毎・朝・昼・夕・就寝前服用
散剤は1回　　　　1　　　　包宛　服用
カプセルは1回　　1　　　　個宛　服用
錠剤は1回　　　　2　　　　個宛　服用

平成 11 年 12 月 4 日

東京都千代田区駿河台1丁目2番3号
　　内科
　　外科
　　皮膚科　　**千代田総合病院**
　　耳鼻咽喉科
　　眼科

　　TEL　03-3355-1212（代表）

（1）袋を見て、下の表を完成させましょう。

1日に飲む回数	
いつ飲むか	
薬のタイプ（粉、カプセル、錠剤など）	
何日分あるか	

（２）次の言葉はどういう意味でしょうか。日本語で説明してください。

    a. 食間　　b. 服用　　c. ～時間毎（例：６時間毎）

３．下の市販(しはん)の薬の説明書を読んで、次の質問に答えましょう。

胃腸薬
キャベジンコーワ錠

効能
胃酸過多、胸やけ、げっぷ、胃痛、胃部不快感、飲みすぎ、食べ過ぎ、嘔吐、胸のつかえ、消化不良、消化促進、胃部・腹部膨満感、食欲不振、もたれ、胃弱、（薬の箱の絵）はきけ（二日酔、悪酔のむかつき）

用法
成人（１５才以上）・・・・・・・・・１回２錠
８才以上１５才未満・・・・・・・・・１回１錠
１日３回毎食後、水または温湯で服用してください。

注意
１．湿気、高温、直射日光をさけ、小児の手のとどかない所に、密栓し保管してください。
２．使用に際して、能書(のうがき)をよくお読みください。

[能書(のうがき)：薬の使用に関する説明書]

（１）この薬を飲むのは、次のうちのどの時ですか。
    a. 頭がずきんずきんと痛む。
    b. 鼻水が出て、目がかゆく、のども少し痛い。
    c. 油っこいものを食べ過ぎて、胃が重くて、もたれた感じがする。

（２）いつ、どれぐらいの量を、どのように飲めばいいですか。

（３）「効能」の部分を見てください。次の言葉は、どんな症状を表していますか。（すでに出てきた言葉も新しい言葉もあります。）ペアで話し合ってください。辞書を使ってもかまいません。

    a. 胃酸過多(いさんかた)　　b. げっぷ　　c. 嘔吐(おうと)　　d. 消化不良
    e. 食欲不振(ふしん)　　f. はきけ　　g. 二日酔(よい)　　h. 悪酔

（4）上記の a～h の症状はどんな時におこるか、考えてみましょう。

（5）この薬は子供が飲んでも大丈夫ですか。子供が飲む場合、気をつけなければいけないことは何ですか。

（6）「注意」を読んで、次の中からいいと思われるものを選んでください。
   a. この薬を日がよく当たる台所のテーブルの上に置きました。
   b. 薬を風通しのよい部屋の引き出しに入れました。この家には子供はいません。
   c. お風呂の隣の洗面所の棚に置きました。お風呂の隣なので湿気が多いですが、日は直接当たりません。
   d. 気分がとても悪いので、1回に3錠飲みました。
   e. 12才の子供が胸やけがするというので、食後に1錠飲ませました。

VIII. ロールプレイ

1. ロールプレイをする前に考えましょう。

医者は患者を診察して、診断をします。次のような時には、医者は何と言うと思いますか。また、患者はどのような質問をすると思いますか。グループで話し合ってください。

（1）頭が痛くて熱があって、寒気がする。時々吐き気がする。せきや鼻水もひどく、インフルエンザのようだ。

（2）胃が時々刺すように痛く、むかむかしたり吐いたりするという患者が来た。どうやら胃炎のようだ。

（3）胃の具合が悪いという患者を診たが、検査の結果、胃かいようだと分かった。

（4）スキーに行って転んだという患者が来たが、ひどい捻挫のようだ。もしかすると、骨が折れているかもしれない。

（5）（4）の患者のレントゲン検査の結果、骨が折れていることが分かった。

（6）自転車事故で、足と腕をひどくすりむいて、血だらけになっている患者が来た。

（7）料理をしていて腕に火傷をした患者が来た。

2．ロールプレイをしましょう。

＜ロールA＞

（1）とてもひどい風邪をひきました。かぜのすべての症状がでています。医者にあなたの症状を説明してください。

（2）スキーをしていて、転びました。足首と膝がとても痛いです。外から見ただけでは、少し腫れているぐらいで、何ともないようなのですが、とにかく痛いので心配です。医者に症状を話してください。

（3）料理をしていて、腕にひどい火傷をしました。医者に症状を説明してください。

（4）先月から寝不足とストレスで胃の調子が悪いです。

（5）昨日、少し古い魚を食べたら、体がおかしくなってしまいました。食中毒ではないかと心配なので、医者に行くことにしました。

（6）あなたは医者から薬を渡されましたが、胃が弱く、強い薬を飲むと、時々気分が悪くなるので、心配です。医者にどうすればいいか、聞いてください。

（7）あなたは留学生です。胃の具合があまりよくないので、胃腸薬を買ってきたのですが、下の説明書によくわからないことがあり、心配なので、隣の学生に聞きます。

太田胃散
飲みすぎ・胃のもたれ・胃の痛みに

●効能●

飲みすぎ、胃もたれ、胃痛、胸やけ、食べすぎ、消化不良、消化促進、食欲不振、胃弱、胃酸過多、胃部不快感、胃部・腹部膨満感、はきけ（胃のむかつき、二日酔・悪酔のむかつき）、嘔吐、胸のつかえ、げっぷ

●用法・用量●

大人1回 1.3g（1さじ）・1 4～8才 0.65g。いずれも1日3回食後または食間（食後2～3時間）に服用

（8）日本語のクラスの前です。先ほどからくしゃみがとまりません。隣に座っているBさんがどうしたのかと心配して聞きます。実は、1週間程前からくしゃみなどの花粉アレルギーの症状がいろいろでています。Bさんに自分の状況を説明してください。

<ロールB>

（1）あなたは内科の医者です。患者の症状をよく聞いて、どのような検査や治療をすればよいか、考えてください。

（2）あなたは外科の医者です。足を怪我したという患者が来ました。症状をよく聞いて、適切な処置をしてください。

（3）あなたは外科の医者です。火傷をした患者が来ました。適切な診断と治療をしてください。

（4）あなたは、内科の医者です。患者の症状をよく聞いて、適切な治療をしてください。

（5）あなたは内科の医者です。お腹の調子が悪いという患者が来ました。症状をよく聞いてください。食あたりのようです。適切な治療をしてください。

（6）あなたは医者です。患者に薬を飲むように言いましたが、それに関して患者がいろいろ質問するので、丁寧に答えてあげてください。

（7）あなたは留学生です。友達のAさんから薬の説明書について質問をされるので、一緒に説明書を読んで考えてあげてください。

（8）あなたの隣に座っているAさんが先ほどからくしゃみをしています。どうしたのか、聞いてアドバイスを

IX. まとめ

今までにかかった病気やアレルギーについて、その症状とどのような治療を受けたかについて説明してください。

<語彙リスト>

I. 準備

健康管理	けんこうかんり	定期的	ていきてき
健康診断	けんこうしんだん	症状	しょうじょう

II. 健康診断

1. 聞き取り

体重	たいじゅう	血圧	けつあつ
血液	けつえき	レントゲン	
身長	しんちょう	予防接種	よぼうせっしゅ

2. 健康診断記録票

健康診断記録票	けんこうしんだんきろくひょう		
該当する	がいとうする	項目	こうもく
自覚症状	じかくしょうじょう	めまい	
ふらつき		耳なり	みみなり
しめつけられる		不快な	ふかいな
息切れ	いきぎれ	動悸	どうき
脈	みゃく	むくむ	
喉	のど	乾く	かわく
既往歴	きおうれき	心臓病	しんぞうびょう
脳卒中	のうそっちゅう	高血圧	こうけつあつ
糖尿病	とうにょうびょう	腎臓病	じんぞうびょう
貧血	ひんけつ	肝臓病	かんぞうびょう
高脂血症	こうしけっしょう	治療	ちりょう
放置	ほうち	喫煙	きつえん
飲酒	いんしゅ		

III. 病気と症状

1. 病気や怪我の種類

怪我	けが	胃炎	いえん
腰痛	ようつう	食中毒	しょくちゅうどく
癌	がん	肺炎	はいえん
捻挫	ねんざ	骨折	こっせつ

打ち身	うちみ	胃かいよう	いかいよう
盲腸炎	もうちょうえん	火傷	やけど

3. 死亡原因となる病気

死亡	しぼう	原因	げんいん
慢性	まんせい	肝（臓）	かん（ぞう）
疾患	しっかん	肺炎	はいえん
気管支	きかんし	脳	のう
血管	けっかん	悪性	あくせい
厚生省	こうせいしょう		

4. 症状を説明する

インフルエンザ		妊娠	にんしん
だるい		寒気	さむけ
やせる		けいれん	
めまい		吐き気	はきけ
嘔吐	おうと	呼吸	こきゅう
困難	こんなん	節々	ふしぶし
便秘	べんぴ	下痢	げり
しっしん		かゆみ	

5. 聞き取り

（1）

きりきり痛む	きりきりいたむ	痛みが引く	いたみがひく
むかむかする		胃酸過多	いさんかた
初期	しょき	刺激物	しげきぶつ
さける		いずれにしても	

（2）

食あたり	しょくあたり	下痢止	げりどめ

（3）

がんがんする		流行る	はやる
とりあえず			

（4）

胃腸薬	いちょうやく	しくしく痛む	しくしくいたむ
にぶる			

（5）

建設的	けんせつてき	肩が凝る	かたがこる

6. 痛みを表す表現

擬態語	ぎたいご	鋭い	するどい
激しい	はげしい	鈍い	にぶい
胃がもたれる	いがもたれる	胸焼け	むねやけ
切り傷	きりきず	すり傷	すりきず

IV. インフルエンザ：読解

流行する	りゅうこうする	予防注射	よぼうちゅうしゃ
事務長	じむちょう	取材	しゅざい
職員	しょくいん	マスク	
衛生研究所	えいせいけんきゅうじょ	検出する	けんしゅつする
外来	がいらい	診療室	しんりょうしつ
（時が）経つ	たつ	布団	ふとん
心不全	しんふぜん	休養をとる	きゅうようをとる
診る	みる	学校閉鎖	がっこうへいさ
根拠	こんきょ	歯の浮いたような	はのういたような
口調	くちょう	気取る	きどる
著者	ちょしゃ		

V. アレルギー

1. アレルギーの症状

花粉	かふん	乳製品	にゅうせいひん
吹き出物	ふきでもの	充血する	じゅうけつする
しっしん			

2．インタビュー

（1）

春先	はるさき		あたる

（2）

芝生	しばふ	検査	けんさ
（鼻が）つまる	（はなが）つまる	市販	しはん
地元	じもと	蜂蜜	はちみつ
抗体	こうたい	効く	きく
～ないでもない			

（3）

さくらんぼ		鮫	さめ
息	いき	じんましん	
斑点	はんてん	体質	たいしつ

3．読解

対策	たいさく	抑制	よくせい
飛散	ひさん	観測する	かんそくする
むずむずする		花粉症	かふんしょう
思い込む	おもいこむ	ダニ	
ハウスダスト		厚生省	こうせいしょう
手だて	てだて	細胞	さいぼう
作用する	さようする	開発する	かいはつする
眠気	ねむけ	副作用	ふくさよう
選択	せんたく	疾患	しっかん
うがい		空気清浄器	くうきせいじょうき
吸収する	きゅうしゅうする	抜粋する	ばっすいする

VI．病院へ行く

1．聞き取り

総合病院	そうごうびょういん	受付	うけつけ
保険証	ほけんしょう		

2．病院の種類

内科	ないか	外科	げか
眼科	がんか	耳鼻咽喉科	じびいんこうか
皮膚科	ひふか	産婦人科	さんふじんか

小児科	しょうにか	発熱	はつねつ
中耳炎	ちゅうじえん	健康保険証	けんこうほけんしょう
自営業	じえいぎょう		

3. 聞き取り（診察のプロセス）

診療科	しんりょうか	待合室	まちあいしつ
診察	しんさつ	処方箋	しょほうせん
会計	かいけい	薬局	やっきょく
気が遠くなる	きがとおくなる	具合が悪くなる	ぐあいがわるくなる
待ちくたびれる	まちくたびれる		

VII. 薬を飲む

2. 薬の飲み方

内用薬	ないようやく	食間	しょっかん
散剤	さんざい	服用	ふくよう

3. 市販の薬の飲み方

市販	しはん	効能	こうのう
不快感	ふかいかん	消化不良	しょうかふりょう
消化促進	しょうかそくしん	膨満感	ぼうまんかん
食欲不振	しょくよくふしん	胃弱	いじゃく
二日酔	ふつかよい	悪酔	わるよい
用法	ようほう	成人	せいじん
以上	いじょう	未満	みまん
温湯	おんとう	能書	のうがき
湿気	しっけ	洗面所	せんめんじょ
棚	たな		

VIII. ロールプレイ

刺す	さす	転ぶ	ころぶ
すりむく		食中毒	しょくちゅうどく

Unit 11

足立さん、失恋する？ —励ます—

　病気になった本田さんは、気持ちも、とても落ち込んでいます。あなたが本田さんの同僚だったら、どのように本田さんを励ましますか。このユニットでは、いろいろな場面に応じて、適切な表現を使って、他の人を励ますことができるように練習しましょう。また、新聞の記事を通して、日本の大学生や地震の災害について考えてみましょう。

　このユニットでは、助言して励ましたり、ほめて励ましたりする表現も練習しますので、以前勉強した「助言する」「ほめる」などの表現を復習する機会にもなります。

1．いろいろな状況で、人間関係などにふさわしい励まし方ができるようになりましょう。
2．新聞記事を読んで、励ます時の表現が、文化や社会とどのように関係があるか考えましょう。
3．自分の経験（地震にあった経験や人に励まされた経験）をまとめて他の人に話したり、書いたりしてみましょう。

話題
1．大学や会社での問題
2．地震による災害
3．大学進学

I. 準備

1．考えましょう。
最近、ほかの人を励ましたり、励まされたりしたことがありますか。どんな状況でしたか。

2．復習しましょう。
ユニット8で出てきたように、目上の人が目下の人をほめるときは、励ましの気持ちが入っていることがよくあります。次の会話を聞いて、どのような励ましの気持ちが入っているか、考えてください。[☺D3-#14～16]

（1）

（2）

（3）

II. 励ましの表現：聞き取り1

Ⅰで出てきた以外に、どんな時に励ますでしょうか。またそんな時、どのような表現を使うでしょうか。いくつか、例を聞いてみましょう。

1．会話を聞いて、下の表を完成させましょう。[☺D3-#17～23]

	人間関係	問題
(1)		
(2)		
(3)		
(4)		
(5)		
(6)		
(7)		

2. 同情や励ましを伝える表現

場合によっては、励ます時に、相手に同情したり、相手を慰めたりすることがあります。上の会話例では、どのような表現を使って、同情の気持ちを表わしたり、励ましたりしていましたか。もう一度会話を聞いてみましょう。

	同情や励ましの表現
(1)	
(2)	
(3)	
(4)	
(5)	
(6)	
(7)	

3. 聞いてみましょう。

Unit 7で聞いた、足立さんが友達を励ましている会話を2つ聞きます。それぞれの会話について、次のことを聞き取ってください。[☺D3-#24～25]

(1) 相手の問題は何か
(2) 足立さんはどのような表現を使って励ましているか

4. 話し合ってみましょう。

(1) 上の1と2で考えたことをもとにして、人間関係によって、励ますときの表現がどのように変わるか、話し合ってみましょう。目上の人に使うと、失礼になる表現はあるでしょうか。

(2) あなたの母国語では、人間関係によってどのように励ます表現が変わるでしょうか。親しい人にはどのような表現をつかいますか。また距離を感じる人に対してはどうですか。日本語の場合と比較してみましょう。（IVを参照してもいいです。）

III. 足立さんと本田さんの問題： 聞き取り2

1. 足立さんと友達の会話を聞いて、次の質問に答えましょう。[☺D3-#26]

(1) 足立さんが元気がない理由は、次の中のどれですか。
 a. 仕事で失敗をして、上司にしかられた。

b. さやかさんと気まずくなってしまった。
c. さっちゃんに振られてしまった。
d. デートをしたいがお金がない。

（2）友達は何と言って足立さんを励ましていますか。

（3）足立さんが元気がなくなる原因になった、さやかさんとの会話を聞いてみましょう。二人はどんな様子ですか。どんな言葉や態度にそれが表われていますか。会話を聞いた後で、二人の様子を説明してください。[☺D3-#41]

2．足立さんと同僚の本田さんの会話を聞いて、次の質問に答えましょう。
[☺D3-#27]

（1）本田さんのストレスの原因は何ですか。

（2）医者は本田さんに何とアドバイスしましたか。

（3）足立さんは何と言って本田さんを励ましていますか。

IV．表現のまとめ

　励ます時の決まった表現はありませんが、これまでの会話に出てきたような表現を話題に応じて使うことが多いです。場合によっては、励ます時に、同情や慰めの気持ちを表したり、助言をしたりすることもあります。

◆　よく使われる励ましの表現　◆

1．そんなに気にしないで／そんなにくよくよしないで

　（試験の後、友達同士で）
　A：英文学の中間試験、全然できなかったの。どうしよう…。
　B：そんなに気にしないで。期末試験でいい点取れば大丈夫だよ。

2．そんなに焦（あせ）らないで。／もっとリラックスしたら。／気分転換（きぶんてんかん）したら。

　（レポートの提出期限（ていしゅつきげん）まで1週間、友達同士で）

A：私、レポートが終わってないの。どうしよう…。
B：そんなに焦らなくても大丈夫だよ。まだ1週間もあるんだから…。

3．元気だして。／頑張って。

（会社の帰りに、同僚同士）
A：あ～あ、今日は疲れたな。ちょっとしたことで課長に怒られちゃたし…。
B：元気だしてくださいよ。明日はきっといいことありますって。

4．大変でしたね。

（急に父親を亡くした友達に）
A：大変だったね。
B：うん。まだ信じられなくて…。
A：元気だしてね。

Ⅴ．表現練習

下線部分に同情や励ましの表現を入れて会話を完成させましょう。

（1）（出丸が久しぶりに同級生の菅原に会う。）

出丸：あ、菅原さん、久しぶり。どうしたの。最近授業もよく休んでるみたいだけど。

菅原：うん。そうなの。実は母が急病で入院しちゃって。家と病院の往復であんまり授業に出られなくなったの。

出丸：＿＿＿
　　　先生には事情話した？

菅原：うん。理解のある先生だから、良かったんだけど…。でも、あんまり授業に出られないと、来年またやり直さないといけなくなるなあ。

出丸：そうか。＿＿＿＿＿＿＿＿＿＿＿＿＿＿＿＿＿＿＿＿＿＿＿＿＿＿＿＿＿＿＿＿＿＿＿＿。

（2）（本田は、自分の会社の上司が厳しくて、自分の仕事を評価してもらえないと嘆いている。同僚のブラウンが同情し、慰める。）

ブラウン：本田さん、どうしたんですか。元気がないみたいですけど。

本田　　：ええ、実は、この間書いた報告書のできばえがよくないと、係長にまた注意されたんです。一生懸命やったから、今度のは自分ではよくできたと思っていたんですけど、がっくりですよ。

ブラウン：_____
　　　　　_____。
本田　　：そうですか。そう言ってもらえると気が楽になります。

（3）（高血圧と言われ、落ち込んでいるブラウンを足立が励ます。）
　　ブラウン：足立さん、病院に行ったんですけど、やっぱり高血圧だって言われて…。コレス
　　　　　　テロールが高いから、食事の習慣を変えるようにって言われました。
　　足立　　：そうですか。
　　ブラウン：ええ。だから肉はひかえて魚にするとか、チーズケーキなんかは食べちゃいけ
　　　　　　ないとか、いろいろあるんですよ。おまけに、お酒も今までみたいに飲んじゃ
　　　　　　いけないって…。あ〜あ、人生の楽しみが半減ですよ。がっかりです。
　　足立　　：_____
　　　　　　_____。

（4）（菅原が友達の出丸に会う。）
　　菅原：ねえ。ちょっと聞いて。
　　出丸：どうしたの。
　　菅原：きのう、すっごく頑張って卒論やってたんだけど、やった分を印刷しようとしてい
　　　　たら、その時コンピューターが変になっちゃって、印刷できなかったの。で、もう
　　　　一回やったとこを見てたら、今度は何やっても動かなくなって、リセットするしか
　　　　なくなっちゃったの。
　　出丸：えっ。そしたら、やったところは…。
　　菅原：そうなのよ。なくなっちゃったのよ。5時間もやってたのよ。全部よ。全部なく
　　　　なったのよ。
　　出丸：ええっ。セーブしてなかったの？
　　菅原：それが、とにかく打つことに夢中になっちゃってて、してなかったのよ…。バカみ
　　　　たい！　もう悔しくて悔しくて、涙がぼろぼろ出てきちゃった。
　　出丸：_____
　　　　_____。

（5）（足立は会社の帰り、駅で近所の青年（浩樹）と偶然会い、いっしょに帰る。）

　　足立：あれ、浩樹君じゃない。

　　浩樹：あっ、足立さん、こんばんは。

　　足立：久しぶりだね。どう？最近。確か就職探してるんだったよね。

　　浩樹：それが、就職のほうがあんまりうまくいってなくて…。今日も会社まわりしてきたんですけど、この不景気でしょ。今年は新入社員はとらないってところが多くて、職を探してる人は多いのに、仕事がないんですよ。

　　足立：そうか。

　　浩樹：こんなんじゃ大学卒業しても…。なんていろいろ考えちゃって。

　　足立：＿＿＿＿＿＿＿＿＿＿＿＿＿＿＿＿＿＿＿＿＿＿＿＿＿＿＿＿＿＿＿＿＿＿＿＿＿＿＿。

（6）（ビルが日本人ルームメートの健次を励ます。）

　　健次：あ〜あ。

　　ビル：どうしたんだよ。ため息なんかついて…。

　　健次：今日、社会学の授業でまたディスカッションがあったんだけどさ、全然うまくディスカッションに入れなくて…。みんなの前で意見を言うのってほんとに難しいよ。英語の問題もあるしさ…。

　　ビル：＿＿＿＿＿＿＿＿＿＿＿＿＿＿＿＿＿＿＿＿＿＿＿＿＿＿＿＿＿＿＿＿＿＿＿＿＿＿＿
　　　　　＿＿＿＿＿＿＿＿＿＿＿＿＿＿＿＿＿＿＿＿＿＿＿＿＿＿＿＿＿＿＿＿＿＿＿＿＿＿＿。

VI. 黒板に幼いエール：読解1

1．読む前に考えましょう。

（1）あなたは、今までに地震を経験したことがありますか。また、あなたの家族や親戚の人で、地震を経験した人がいますか。

（2）（（1）で「ある」と答えた人は、次の質問にも答えてください。）
　　　a. 地震を経験したのは、いつ、どこでですか。
　　　b. どんな様子でしたか。どのように感じましたか。
　　　c. どんな被害がありましたか。

（3）今までに経験したり、ニュースなどで聞いたりした地震について、その被害や地震後の様子などを説明してください。

2．次の新聞記事を読んで、下の質問に答えましょう。

黒板に幼いエール
― 長女亡くし　立った教壇 ―

　兵庫県芦屋市の小学校で１年３組を担当する山田さと子さん（45）。同市の自宅は地震で一瞬にして崩れた。夫、二女、長男とともに脱出したが、長女の美里さん（15）は、がれきの下敷きになった。

　二時間後に救出した美里さんに、外傷はなく、まだ寝ているように見えた。「早く起きて」。思わず声をかけた。しかし、呼吸はすでに停止していた。人工呼吸をしながら病院に運んだが、午前八時過ぎ、死を告げられた。

　震災後、家族は同県小野市の親類宅に避難したが、さと子さんは一人だけ残り、学校へ向かった。寝泊まりしながら、避難中の約五百人の住民の世話に₁追われた。心配だった児童らには一人の犠牲者もなく、₂胸をなで下ろした。

　数日後、ふとのぞいた自分の教室の黒板に、白いチョークの文字を見つけた。

　　＜先生げんきだしてね＞

　　＜かなしいけれどがんばって＞

　今月二日、授業が再開され、久しぶりに教壇に立った。子供たちを前に、声を上げているときだけ、娘のことが忘れられる。子供たちは気遣ってくれているのだろう。黒板のメッセージ以来、美里さんのことは₃口にしない。

　「どんなに泣いても美里はもうかえらない。この子らに美里の分まで生きてほしい」。さと子さんはそう願っている。

（読売新聞、1995年2月5日より抜粋、文中の人物は仮名）

Permission to reproduce granted by Yomiuri Shimbun Publishing Co.

[　教壇：教室の黒板の前にある台　　脱出する：to escape　　がれき：崩れた建物
　救出する：助け出す　　外傷：体の外側の怪我　　告げる：知らせる
　震災：大きい地震による災害、ここでは1995年1月の阪神淡路大震災をさす
　避難する：to evacuate　　児童：小学生　　犠牲者：事故や災害などで亡くなった人
　再開する：もう一度始める　］

（1）この記事は、次のどの事に関する記事ですか。
　　a．先生が子供達を励ました話
　　b．子供達が先生を勇気づけようとした話
　　c．住民同士が助けあった話

（2）山田さんの家族はみんな無事でしたか。

（3）見出しに「黒板に幼いエール」とありますが、「エール」の意味は何ですか。

3．記事をもう一度読んで、次の質問に答えてください。
（1）本文の内容と合っている文には〇を書き、違っている文には×を書きましょう。
　　（　　　）山田さんの長女は、地震の後、見つからなくなった。
　　（　　　）山田さんは地震の後も家族と自宅で生活した。
　　（　　　）山田さんは地震の後、しばらくは小学校で生活をした。
　　（　　　）山田さんが勤めている小学校は地震の後、しばらくは住民の避難所になっていた。
　　（　　　）山田さんのクラスの子供たちは全員助かった。
　　（　　　）山田さんのクラスの子供たちは、毎日、山田さんに励ましの言葉をかけてくれた。

（2）山田さんは、なぜ家族と離れて、一人だけ学校に残ったのでしょうか。

（3）山田さんが、クラスの子供達に望んでいることは何ですか。

4．表現の練習をしましょう。
（1）下線1の「追われた」を別の表現で言い替えてみましょう。

（2）下線2の「胸をなで下ろした」は次の中のどの気持ちを表していますか。
　　a．信じることができない気持ち
　　b．とても心配な気持ち
　　c．とても嬉しい気持ち
　　d．ほっとした気持ち

（3）下線3の「口にしない」の主語は何でしょう。また、「口にしない」を別の表現で言い替えてみましょう。

（4）この記事の文には、主語が省略されている文がたくさんあります。それぞれの文について、主語は何かを考えてみましょう。また、どのような時に主語が省略されているか、考えてみましょう。

5．あなたは、この記事を読んでどのように感じましたか。感じたことをクラスメートと話し合ってください。

VII. 学ぶ姿勢：読解2

1．読む前に：考えてみましょう。
（1）アメリカでは（またはあなたの国では）大学に入る時にどんな準備をしますか。どのように入学する大学を決めますか。

（2）日本ではどうでしょうか。

（3）日本の大学生はよく勉強すると思いますか。日本の大学生とアメリカの大学生と、どのようなところが違うと思いますか。

2．次のページの新聞の投書を読んで、下の質問に答えましょう。
（1）この人は大学に入学して嬉しかったですか。

（2）この人の気持ちを変えたのは何ですか。

（3）この人はどのように気持ちが変わりましたか。今は、どのように考えていますか。

3．語彙の練習

次の言葉の読み方を（　　　）の中に書いてください。また、意味を右から選んで線でむすんでください。

（1）姿勢　　　（　　　）　　　a. to respect
（2）志望校　　（　　　）　　　b. environment
（3）尊敬する　（　　　）　　　c. end
（4）進路　　　（　　　）　　　d. real ability
（5）環境　　　（　　　）　　　e. one's self
（6）終えん　　（　　　）　　　f. attitude
（7）実力　　　（　　　）　　　g. betterment
（8）資格　　　（　　　）　　　h. realization
（9）取得する　（　　　）　　　i. the school of one's choice
（10）実現　　　（　　　）　　　j. qualification, license
（11）自己　　　（　　　）　　　k. one's way, one's chosen path
（12）向上　　　（　　　）　　　l. to obtain

どの大学でも学ぶ姿勢次第

調布市（ちょうふし）　白岩英樹（大学生20歳）

　桜の花の華やかさとは裏腹に、沈んだ気持ちでいる大学新入生も多いだろう。第一志望校に合格出来ず、やむを得ず第二志望以下の大学に入学した人たちのことである。

　僕も二年前はその一人であった。決して素直に喜べない入学であった。そんなとき、最も尊敬していた恩師の一人から手紙をもらった。「実は私も希望通りの進路に進むことが出来ずにいろいろ思い悩んでいた学生であった。しかし、問題なのは学校名ではなく、そこでいかに努力をするかである」とあった。

　僕はこれに勇気づけられた。すべてを良い方向に考えることにした。「自分がその大学に入学した、という事実は変えられない。ならば、そこにある環境を最大限に利用して、出来る限りの努力をしよう」「自分はこの大学でよかったのだ。この大学でなかったら、自分を見つめ直す機会なんてなかっただろう」というふうに。

　最近バブル経済の終えんと共に、実力社会がやって来つつある。就職試験などでも履歴書に学校名を記入せずに、取得した資格だけを記入するという企業が増えている。

実力社会の実現のためにも、また何よりも、自己の向上のためにも、たゆまぬ努力を続けていきたい。

(朝日新聞、1996年4月23日)

Permission to reproduce granted by Asahi Shimbun Publishing Co.

[華(はな)やか：とても美しい　　裏腹(うらはら)に：反対に　　沈んでいる：元気がない
　恩師(おんし)：世話になった先生　　勇気づける：to encourage　　機会：chance
　記入する：書類に書く　　たゆまぬ：休みがない、切れ目がない　]

4．もう一度読んで、次の質問に答えましょう。

(1) この投書を書いた人の名前は、どう読みますか。

(2) 大学に入学したのに沈んだ気持ちでいる大学生がいるのは、なぜですか。

(3) この人は恩師から手紙をもらってどんな気持ちになりましたか。

(4) この人は手紙をくれた恩師のことをどう思っていますか。

(5) この恩師は自分の経験についてどのようにいいましたか。

(6) この人は自分の環境についてどのように考えるようになりましたか。

(7) この大学に入ったことはどうしてよかったのですか。
　　a. 希望の大学だから
　　b. あまり思い悩む必要がないから
　　c. 自分を見つめ直す機会ができたから

(8) 実力社会がやってくることで、企業の方針にどんな変化がでてきましたか。

(9) この人は、実力社会に向けて、どうするつもりですか。

(10) あなたには、この人のように尊敬する恩師がいますか。

(11) あなたの国では、就職試験がありますか。また、どのようなことを履歴書に書きますか。

5．表現練習

下の文には、投書の中に出てきた表現が使われています。新しい表現の使い方を考えて、それらの表現を使って文を作ってみましょう。

(1) ～次第

その会合に行くか行かないかは、あなた次第です。

(2) ～とは裏腹に

あの人は、あの明るい笑顔とは裏腹に、心の中では悩んでいる。

(3) やむを得ず

志望校に入れなかったので、やむを得ず他の大学に入った。

(4) 素直に

入った大学は志望校ではなかったので、素直に喜べなかった。

(5) 勇気づける

母親の言葉が私を勇気づけた。

(6) 最大限に利用する

日本留学の機会を最大限に利用して、日本の人や社会についてできるだけ学ぶつもりだ。

(7) 自分をみつめ直す

今回の失敗は、自分をみつめ直す機会になった。

(8) たゆまぬ努力をする

自分の仕事で人に認められるように、たゆまぬ努力をするつもりだ。

VIII. 励まされた経験：作文

読解に出てきた山田さと子さんや、投書を書いた白岩英樹さんのように、あなたにも、今までいろいろな機会に慰められたり、励まされたりした経験があるでしょう。あなたの経験について、作文してください。

IX. ロールプレイ

次の設定でロールプレイをしましょう。

＜ロールA＞

（1）あなたは今、卒論を書くのに苦労しています。このままでは、提出期限に間に合わないのではないかと悩んでいます。友達のBさんに、苦労していることを打ち明けます。

（2）あなたはGREを受けましたが、スコアがあまりよくありませんでした。このままでは、大学院に進学できないかもしれません。友達のAさんにこのことを相談します。(GRE: Graduate Record Examination. アメリカで大学院の応募の時などにそのスコアが必要とされることが多い。)

（3）あなたは大学1年生です。今学期、Dを2つ取ってしまい、今後の大学の勉強に不安を感じています。クラブの4年生の先輩のBさんに、相談します。

（4）あなたは会社員です。最近、体調を崩し、体重もずいぶん減ってしまいました。病院で受けた検査の結果もまだわかりません。重い病気かもしれないと心配しています。そのことを帰りがいっしょになった部下のAさんに打ち明けます。

（5）あなたの上司はとても厳しい人で、あなたがした仕事をなかなか評価してくれません。そのことを同僚のBさんに聞いてもらいます。

（6）あなたは日本からアメリカに来ている留学生です。クラスでのディスカッションでなかなか意見が言えなくて、気を落としています。

（7）あなたは最近ガールフレンド／ボーイフレンドとあまりうまくいっていません。友達のBさんに話を聞いてもらいます。

（8）あなたは留学生で、今、大学の寮に住んでいます。ルームメイトとうまくいかず、疲れています。友達のBさんに事情を聞いてもらいます。

＜ロールB＞

（1）友達のAさんの元気がありません。事情を聞いて励まします。

（2）友達のBさんが元気がないので、事情を聞いて励まします。

（3）あなたは大学4年生です。クラブの後輩、1年生のAさんが成績のことで悩んでいます。事情を聞いて励まします。

（4）あなたは会社員です。最近、上司のBさんが元気がないので心配しています。たまたま帰りがいっしょになったので、Bさんに事情を聞いて、励ましてください。

（5）同僚のAさんが仕事のことで悩んでいます。事情を聞いて、慰めてください。

（6）友達の留学生のAさんが勉強のことで悩んでいます。事情を聞いて、助言をし、励ましてください。

（7）友達のAさんの元気がありません。事情を聞いて、慰めたり、励ましたりしてください。

（8）友達の留学生、Aさんがルームメートのことで悩んでいます。事情を聞いて、助言をし、励ましてください。

＜語彙リスト＞

II. 励ましの表現：聞き取り1

浮かない顔	うかないかお	卒論	そつろん
がっくりする		いじめる	
陰険	いんけん	能力	のうりょく
評価	ひょうか	（将来に）響く	（しょうらいに）ひびく
喧嘩	けんか	避ける	さける
弱気になる	よわきになる	（家に）こもる	
はかどる		仕上がる	しあがる
切羽詰まる	せっぱつまる	資料	しりょう
気分転換	きぶんてんかん	志望する	しぼうする
すべる		学問	がくもん
実力	じつりょく	やる気	
要点	ようてん	満点	まんてん
キーワード		概念	がいねん
中途半端	ちゅうとはんぱ	はっきりしない	
骨休め	ほねやすめ		

III. 足立さんと本田さんの問題：聞き取り2

1．（足立さんと桜井さんの会話）

ごろごろする		振られる	ふられる
深刻	しんこく	勘違いする	かんちがいする
責める	せめる	よそよそしい	
気まずくなる	きまずくなる	誠意	せいい
誤解	ごかい	（誤解）がとける	

IV. 表現のまとめ

焦る	あせる	提出	ていしゅつ
期限	きげん	亡くす	なくす

V. 表現練習

急病	きゅうびょう	嘆く	なげく
できばえ		がっくり	
ひかえる		半減	はんげん

印刷	いんさつ	リセット	
悔しい	くやしい	（涙が）ぼろぼろ出る	
不景気	ふけいき	会社まわり	かいしゃまわり
ため息	ためいき		

VI. 黒板に幼いエール：読解1

地震	じしん	被害	ひがい
担当する	たんとうする	一瞬にして	いっしゅんにして
崩れる	くずれる	脱出する	だっしゅつする
がれき		下敷きになる	したじきになる
救出する	きゅうしゅつする	外傷	がいしょう
思わず	おもわず	呼吸	こきゅう
停止する	ていしする	人工呼吸	じんこうこきゅう
告げる	つげる	震災	しんさい
親類	しんるい	避難する	ひなんする
寝泊まりする	ねとまりする	住民	じゅうみん
追われる	おわれる	児童	じどう
犠牲者	ぎせいしゃ	胸をなでおろす	むねをなでおろす
再開する	さいかいする	教壇	きょうだん
気遣う	きづかう	～以来	いらい

VII. 学ぶ姿勢：読解2

次第	しだい	華やか	はなやか
裏腹に	うらはらに	沈む	しずむ
志望校	しぼうこう	やむを得ず	やむをえず
素直	すなお	尊敬する	そんけいする
恩師	おんし	進路	しんろ
努力する	どりょくする	勇気づける	ゆうきづける
環境	かんきょう	最大限	さいだいげん
利用する	りようする	見つめ直す	みつめなおす
機会	きかい	バブル経済	バブルけいざい
終えん	しゅうえん	履歴書	りれきしょ
記入する	きにゅうする	取得する	しゅとくする
資格	しかく	実力	じつりょく
実現	じつげん	自己	じこ
向上	こうじょう	たゆまぬ	

IX. ロールプレイ

提出期限	ていしゅつきげん	打ち明ける	うちあける
体調	たいちょう	崩す	くずす
検査	けんさ	評価する	ひょうかする

Unit 12

よかったね、足立さん　―感情を表す―

　さやかさんと気まずくなってしまった足立さんは、どうしているでしょうか。足立さんの気持ちの変化を通して、ここでは日本語での感情の表わし方について学習しましょう。嬉しい時、困った時、悲しい時、驚いた時など、どのように言えばいいでしょうか。またそのような感情を生き生きと描写するのにどのような表現を使えばよいでしょう。このユニットでは、感情を表わす表現の幅を広げ、いろいろな場面で自分の気持ちを自然に表わせるようになるとともに、感情を表わすイディオムやボディーランゲージも含めた日本人のコミュニケーション・スタイルについても理解を深めましょう。

1．自分や他の人の気持ちや様子を的確な日本語で描写したり説明したりできるようになりましょう。
2．いろいろな場面で自分の気持ちを反射的にどのように表わせばいいか、練習しましょう。
3．日本人のボディーランゲージ、およびコミュニケーション・スタイルについての理解を深めましょう。

話題
1．喜怒哀楽の表情と表現
2．人違いされた時
3．仲直り
4．感情表現の比較
5．いじめ
6．感情表現の分析

I. 準備

復習しましょう。

下の（1）から（6）の人物はどのような感情を表わしていると思いますか。思いつく表現をすべてあげてみましょう。

II. 感情描写の表現

1. 次のような場面では、どのような気持ちになりますか。箱の中にある感情を表す表現の中から選びましょう。同じ表現を何度使ってもかまいません。

   （1）婚約をした。
   （2）自分のミスではないのに、上司に注意された。
   （3）テニスの試合で、もう少しで勝てたのに、逆転負けしてしまった。
   （4）大勢のクラスメートの前で、先生にほめられた。
   （5）配達を頼んだピザが、1時間以上たったのに届かない。
   （6）前から好きだった人を思いきって映画に誘ったら、断られた。
   （7）ズボンのファスナーが開いていることを友達に注意された。
   （8）スーパーで、欲しかった物の隣にあった品物を、間違って買ってきてしまった。

(9) 恋人にふられた。
(10) 入学試験に合格した。
(11) 家族が交通事故にあったという知らせをもらった。

---

a. がっかり	b. 悔しい	c. 腹が立つ	d. おどろく	e. 残念	f. 頭に来る
g. 幸せ	h. 嬉しい	i. 恥ずかしい	j. 心配する	k. 悲しい	l. 不安になる
m. 寂しい	n. くよくよする	o. イライラする			

---

2. 次の下線を引いた表現は、1番のaからoのどの感情や様子と関係がありますか。aからoの中に該当するものがなければ、どのような気持ちや様子を表わしているか、考えてください。

（1）夜道を歩いていて、誰もいないと思っていたら、急に後ろから声をかけられて<u>ぎょっとした</u>。

（2）今度は片山の<u>顔がこわばった</u>。同窓会に行っているはずの妹がボーイフレンドと向こうから歩いてくるのだ。

（3）自分の発表の番が近づいてくると、<u>胸がドキドキした</u>。

（4）「今日はきっと何かいいことがある」と思うと<u>心がうきうきした</u>。

（5）奥さんとどこで知り合ったか聞いたら、ブラウンさんの<u>顔が真っ赤になった</u>。

（6）すぐそばでいきなり犬がほえたので、山田は<u>仰天して飛び上がり</u>そうになった。

（7）その人の名前を聞くと、若者は<u>目を輝かせた</u>。彼の探している人だったのだ。

（8）「他の人にばっかり気をつかって、自分のことは全然心配してくれない」と太郎は<u>ふてくされた</u>。

（9）ソファから立ち上がった男を見て、山田は<u>目を丸くした</u>。「あ…。あなたは―」…

III. 感情を表わす表現：聞き取り１

1. 次に聞く感情を表す表現は、下のどの場面のものですか。もっとも当てはまるものを選んでください。[☺D3-#28〜32]

2. 上の（１）から（５）の絵の人物は、どんな感情だと思いますか。

IV. 気持ちや様子について話す：聞き取り2

1. 会話を聞いて、出来事と（ ）の中の人物の気持ちや様子を下の表に書き込みましょう。[☺D3-#33〜38]

	出来事	どのような感情や様子だったか
(1)		（足立）
(2)		（足立）
(3)		（ブラウン）
(4)		（本田）
(5)		（菅原）
(6)		（菅原）

2. もう一度聞いてみましょう。[☺D3-#33〜38]

どのような表現で、その人物の感情がわかりますか。下の表に書き込みましょう。

	感情を表す表現
(1)	
(2)	
(3)	
(4)	
(5)	
(6)	

3. 2で書き出した表現は、一般的にはどのような場合に使いますか。

　　（例えば、心配事がある時、悲しい時、等）

V. こんな時何と言う？

1. 次のような時に、（　）で示した相手に対して、何と言って自分の気持ちを表現しますか。例にならって考えましょう。（特定の聞き手がいない場合は、（x）で示してあります。）

   （例）友達と自分の大学のスポーツ・チームの試合を観戦している。応援しているチームが試合に勝ったのを見た瞬間。（x）
   →やった〜！すごい（ぞ）！よしっ！

   （1）（日本語のクラスで）先週受けたとても難しい試験を、クラスで先生に返してもらったら、100点だった。それを知ったその瞬間。（x）

   （2）日本語のクラスのパーティーの席で、みんなの前で先生から留学生試験に合格したと言われた。（パーティーに来ている先生とクラスメートに）

   （3）日本語の先生から電話で、留学生試験に合格したことを知らされた。他にも何人か試験を受けたが、合格したのは自分だけだということがわかった。（先生に）

   （4）日本語のクラスのパーティーの席で、いつもクラスで口論をしている二人のクラスメートが婚約したと、友達から聞かされた。（その友達に）

   （5）友達3人と待ち合わせをしているが、そのうちの一人が30分以上待っているのに来ない。（他の友だちに）

   （6）自分の大学のスポーツ・チームの試合をテレビで見ていたら、惜しいところで負けてしまった。（x）

   （7）仲のよいルームメートの日本人留学生が、急に日本に帰ることになった。食事の席で、そのことを聞かされた。（そのルームメートに）

   （8）仲のよいルームメートの日本人留学生が、急に日本に帰ってしまった。他の友だちと一緒に空港で見送った。（一緒に見送りに来た他の友達に）

   （9）3時間かけて作ったパイを、オーブンから取り出す時に、床に落としてしまった。（x）

(10) 宝（たから）くじで10万円当たったことがわかった。（x）

(11) 親友から電話があり、（親友が）希望の大学に合格したことを聞かされた。
（その親友に）

VI. 人違い：読解1

1. 読む前に

あなたは、外国で他の国の人に間違えられたことがありますか。そんな時、どんな気持ちがしましたか。また、それで困ったことがありましたか。

2. 本文を読んで次の質問に答えましょう。

遠藤周作（えんどうしゅうさく）という作家は、戦後まもなくフランスに留学していました。その時、よく他の国の人に間違えられたそうですが、その時の経験について、次のように書いています。

別に何国人に間ちがえられても構わないのだが巴里（パリ）やリヨンには北アフリカのアルジェリア人やモロッコ人の行商人が多くいる。巴里である日、幼友だちの歌手の古沢淑子（ふるさわとしこ）さんのアパートをたずねた時、生憎、古沢さんは留守で彼女と同居の仏蘭西（フランス）人女性が扉をあけてくれた。私を見るや否や、この女性は半分扉をしめて、
「いりませんね、いりませんよ」
と大声で叫んだ。
その時の私は古ぼけたソフトをかぶり、古ぼけたバンドつきのレインコートを着ていたのである。この仏蘭西人女性は私を見て、アルジェリア人の行商人とあきらかに間ちがったのであろう。
こちらが何も言えぬうちにバタンと相手は扉を閉じてしまった。
私はスゴスゴと、そして憤懣やる方なくアパートを出て歩いていると、折よく向こうから古沢淑子さんが戻ってこられるところだった。
「ひどい目にあいました」
事情をきいた彼女は可笑しさを噛みころしながら私をつれて、ふたたびアパートに戻った。
彼女の女友だちは恐縮し、笑いころげ、しきりにアヤまったが、私はふくれ面をしていた。

遠藤周作「私と日本人」『ぐうたら人間学』（講談社文庫）

[構（かま）わない：気にしない　　行商人（ぎょうしょうにん）：家をまわって物を売る人
幼（おさな）友だち：子供の時からの友だち　　生憎（あいにく）：運悪く　　同居の：一緒に住んでいる
見るや否や：見るとすぐに　　ソフト：帽子の種類　　折よく：タイミングよく　　]

（1）この人（遠藤周作）は、誰の家に行きましたか。

（2）すぐ家の中に入ることができましたか。なぜですか。

（3）最後は、どうなりましたか。

（4）本文の中の点線の下線を引いた表現は、どんな気持ちをあらわしているか、考えましょう。
　　　a．スゴスゴと　　　　b．憤懣やる方なく　　　c．可笑しさを噛みころす
　　　d．恐縮する　　　　　e．笑いころげる　　　　f．ふくれ面をする

（5）（4）で考えた表現の使い方をもう少し勉強しましょう。また、自分でも文を作ってみましょう。
　　a．勇太（ゆうた）は、父に叱られて、スゴスゴと自分の部屋に行った。
　　b．友達の山田の言ったことがうそだったとわかって、僕は憤懣やるかたない気持ちで、街を歩いた。
　　c．フランス語のクラスで先生の質問に答えたら、先生は、可笑しさを噛みころしながら私の言ったことを訂正した。きっと何か変なことを、私がフランス語で言ったに違いない。
　　d．お忙しい先生に私の問題であんなに時間を使っていただき、まったく恐縮しています。
　　e．何を言っても可笑しい年頃なのか、うちの息子は、ちょっとした冗談にも笑いころげる。
　　f．私の言ったことが気に入らなかったのか、夫は、ふくれ面をしてだまりこんだ。

3．本文に出てきた表現の他に、怒ったり、笑ったりする時のいろいろな表現を勉強しましょう。

（1）次の表現の中で、「怒（いか）り」を表すものはどれですか。辞書で調べてみましょう。
　　a．頭に来る　　　b．頭が固い　　　c．頭に血がのぼる　　　d．頭が切れる
　　e．頭が下がる　　f．腹が立つ　　　g．腹にすえかねる　　　h．腹がすわる
　　i．腹をかかえる　j．腹の虫がおさまらない

（2）次の表現はどのような笑い方を表していますか。また、どのような時にその笑い方をしますか。
　　　a. クスクス笑う　　b. ゲラゲラ笑う　　c. ニコッと笑う
　　　d. ニタニタ笑う　　e. 大笑いする

（3）（1）と（2）で出てきた表現の中から適切な表現を選んで次の（　）の中に入れましょう。当てはまる表現は、ひとつ以上あるかもしれません。
　　　a. 一番気にしていたことを言われたその瞬間、（　　　　　　）。
　　　b. アメリカに来て2週間。朝早く家の近くの公園を散歩していたら、向こうから来た中年の女の人が（　　　　）と笑いかけた。考えてみたら、こんな挨拶のしかた、日本ではしないなあ。
　　　c. 旅行会社のミスで、予約してあったはずの飛行機が予約されていなかった。そのせいで楽しみにしていた旅行ができなくなった。こっちは文句を言って、向こうは平謝りに謝ったが、まだ（　　　　　　）。
　　　d. 居眠りをしていた斉藤君が先生にあてられて、先生の質問にちんぷんかんぷんな答をしたので、ほかの生徒達たちが（　　　　）笑った。
　　　e. 「いくら言ってもわからないやつだ。今度という今度は、本当に
　　　　　（　　　　　　）。」
　　　f. 毎晩遅くまでうるさく騒いでいる隣の人に（　　　　）て、とうとう文句を言いにいった。
　　　g. 「さっきから（　　　　）笑ってどうしたの。何かたくらんでるの。」
　　　　　「いや、別に。なんでもないよ。」

4．ここに出て来た表現も含めて、怒っていることを表わすのにどのような言葉があるか、考えて、リストを作ってみましょう。また、嬉しい気持ちについても同様に考えてみましょう。

VII. 足立さんの気持ち：聞き取り3

1．会話を聞いて、次の質問に答えましょう。[☺D3-#39]
　　（1）桜井さんは、なぜ足立さんのアパートに来ましたか。

　　（2）桜井さんが来る直前、足立さんは何をしていましたか。

（3）足立さんはどのような気持ちですか。また、それはどのような表現でわかりますか。

（4）さやかさんとの問題を解決するために、足立さんはどんなことをしましたか。

（5）足立さんは、今度さやかさんと何をするつもりですか。

２．会話をもう一度聞いて、次のタスクをしてください。

（1）足立さんの気持ちを表わす言葉を書き出してください。他にどんな表現が使えると思いますか。

（2）次の表現は、どんな感情や様子を表していますか。
    a. まいる
    b. よそよそしい
    c. 目尻がとろっとする
    d. 沈んでいる

（3）次の表現はどのような意味でしょうか。また、どんな時に使いますか。
    a. 誤解がとける
    b. 誠意が伝わる
    c. 話がはずむ

（4）桜井さんは、足立さんのことを「気持ちがそのまま顔に出る」と言っています。あなたもそうですか。

（5）次の表現は、会話を進める上で、どんな時に使われるでしょうか。足立さんと桜井さんの会話をもう一度注意して聞いてみましょう。
    a. どうりで…わけだ
    b. だいたい…

他には次のような例があります。
（例１）
足立　　：本田さん、係長に叱られたんですって。
ブラウン：<u>どうりで</u>がっかりしている<u>わけ</u>ですね。

（例2）
　　子供：お母さ〜ん、また先生に叱られちゃッた…。
　　　　　宿題のプリント、持ってくの忘れちゃったんだ。
　　母　：んも〜、また？<u>だいたい</u>あなたはいつもそうなのよ。

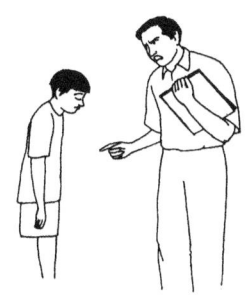

VIII. 感情を表す表現の比較

　感情を言葉で表現するとき、似たような表現を使っても、言語によって表わすものが違うかもしれません。

1．次の英語の表現は、どんな感情や様子を表しますか。

（1）He <u>narrowed his eyes</u> in suspicion while listening to the stranger's story.

（2）The child turned away and <u>pouted</u> when he did not get his way.

（3）He <u>jutted his chin</u> in defiance while he was being questioned.

（4）He <u>clenched his teeth</u> in pain while the doctor set his broken arm.

（5）<u>His face was flushed with excitement</u> when he heard that he won first prize.

（6）<u>He is puffed up with self-importance.</u>

（7）I've asked my roommate to clean up his mess until <u>I'm blue in the face</u>.

（8）"What's the matter?　You <u>look a little green</u> (around the gills)."

2．次の日本語の表現は、どんな感情や様子を表しているでしょうか。

（1）おばあさんは、大きくなった孫を見て<u>目を細めた</u>。

（2）太郎は、<u>口をとがらせて</u>文句を言った。

（3）10キロも走ったら、<u>あごが出て</u>しまう。

（4）<u>歯をくいしばって</u>頑張った。

（5）怒りで父の顔が真っ赤になった。

（6）太郎は、自分の言ったことが聞いてもらえず、ふくれっ面をした。

（7）なにか黒い影を見たとたん、山田の顔が真っ青になった。

（8）本田さん、最近青い顔して、元気がなさそうですね。

3．1と2の表現で、意味が似ているところ、違うところをくらべてみましょう。

IX. いじめ：読解2

　数学者の藤原正彦が、家族とともにイギリスで暮らした時の思い出をつづったエッセイの中に、次のような場面があります。

①　十月中旬のある日だった。一日の研究を終え、いつも通り夕方の六時過ぎに帰宅すると、女房は台所で夕食の準備をしていた。
「手紙は来たかい」
と薄暗い裸電球の下で、何やら手を動かしている女房の背中に向かって言った。普段なら、
「どこかから手紙の来る予定があるの」
「うん、美しい女性からラブレターが」と続くはずなのだが、この日は、
「別に」
とそっけなく言うだけだった。心配事があるか、怒っているかのサインだった。
「何かあったの」
と聞いても同じ返事が抑揚なく戻るだけだった。
「どうかしたのか」
と傍まで行って横顔をのぞき込みながら問うと、やっと、
「次郎が学校でいじめられたの」
と言った。我が家では五歳になる次男の彦次郎を、略して次郎と呼んでいる。
「なぐられたのか」
「そう」

口数が少ないのは感情を抑えているから、のようだった。明るくケリをつけようと、「喧嘩くらいはどこでもあるさ。日本の幼稚園でもたまにはあったろう。子供の世界はなぐったりなぐられたりさ」
と言ったが、女房はこれに答えなかった。

②　食事の後、まだワインを飲んでいたら、しばらく口を開かなかった女房が、
「あなたは呑気でいいわよ」
と私の目を見ないで皮肉たっぷりに言った。次郎の件をむし返したのだった。
「子供の喧嘩のことをまだ考えているのか。喧嘩は子供の商売さ。喧嘩もできないような子供は望みがない。そんなことをいちいち深刻に考えていたらノイローゼになっちゃうよ」
「心配かけたくなかったから言わなかったけど、ここのところはほとんど毎日いじめられているの」
　無数の茶碗じみのある丸テーブルに目を落としながら、女房が言った。せっかく評判の高い遠くの小学校を選び、わざわざ車の送り迎えまでして通わせているのに、と憮然たる思いだった。
「それで、次郎はなぐり返しているのか」
と聞いたら、案の定、していないと言う。
「なぐり返さないなら、こちらが悪い」
「なぐり返すなんて。次郎はやさしい子だから。第一、そんなことで問題は解決しないわよ」
私はカッときて、
「お前は子供の何たるかを分かっていない。子供の世界は動物と同じで、弱い奴が徹底的にいびられる。一発やられたら二発やり返すことが最善だ」
と語気を荒らげて言った。怒りにアルコールが加わったようだった。
「そんな野蛮な」
と女房はなかばあきれたように言って、私から目をそらした。

　　　　　　　藤原　正彦　『遙かなるケンブリッジ　一数学者のイギリス』（新潮文庫）

Permission to reproduce granted by Masahiko Fujiwara.

[ケリをつける：結論を出す　　呑気：easy-going, optimistic　　むし返す：また思い出す、話題にする　　ノイローゼ：nervous breakdown　　案の定：予想した通りに　　いびる：いじめる　　最善：一番いい　　野蛮：savage]

1．エッセイを読んで、次の質問に答えましょう。
　　（1）この人の家庭に、どのような問題が起こりましたか。

　　（2）この人は、どうすれば問題が解決する考えましたか。

　　（3）この人の妻は、その解決策をどう思いましたか。

2．下線部分の表現は、どのような感情を表していると思いますか。
　　a．そっけなく言う　　　　　b．抑揚なく　　　　　　　　c．感情を抑える
　　d．しばらく口を開かなかった　e．目を見ないで皮肉たっぷりに　f．目を落とす
　　g．憮然たる思い　　　　　　h．カッとくる　　　　　　　i．語気を荒げる
　　j．あきれたように　　　　　k．目をそらした

3．①のところで、この人の奥さんはどのような気持ちですか。

4．②のところをもう一度読んで、次の質問に答えましょう。
　　（1）この人と奥さんは、それぞれどのような気持ちですか。

　　（2）この人と奥さんの感情は、どのように移り変わっていますか。

　　（3）奥さんの目の動きはどのような感情を表していますか。
　　　　a．目を見ない　　　b．目を落とす　　　c．目をそらす

5．あなたが、この人やこの人の奥さんだったら、次郎君の出来事に対してどのように感じますか。また、その気持ちをどのようにして表現しますか。

6．本文に出てきた表現の練習をしましょう。
　　下線部分に当てはまる表現を下から選んで、文を完成させましょう。必要な時は、語尾の形を変えてください。

　　　仕事の悩みを聞いて欲しいと姪の真由美(まゆみ)に呼び出された。会ってみると、真由美はすぐには₁_____。「何か困っているのか」と聞いてみたら、「このところずっと先輩に無視されているの…。」と言って、真由美は₂_____。どうして無視するのか直接理由をたずねたところ、相手は「別に」と、₃_____答えたそうである。しかし、その後も先輩の意地悪(いじわる)な態度(たいど)が続くので、「こんなことでは一緒に仕事

ができません。」と、上司に相談したらしい。ところが、それがかえって相手を怒らせてしまい、「新入社員のくせに態度が大きいのよ。」と、4＿＿＿＿＿＿＿＿言ってきたそうである。真由美もつい5＿＿＿＿＿＿＿、「私はちゃんと仕事をしているだけです！」と、言い返してしまったということだった。真由美が大変な思いをしているのは分かるが、子供の世界のような出来事に、私は6＿＿＿＿＿＿＿。

a. 語気を荒げる	b. カッとくる	c. あきれる
d. そっけなく	e. 目を落とす	f. 口を開かない

7．調べてみましょう。

(1) いろいろな国で子供達の間にいじめの問題があります。日本やあなたの国ではどのような問題がありますか。いじめる側といじめられる側の気持ちや心理状態はどのようでしょうか。調べて発表しましょう。

(2) いじめをなくすためにどのようなことをすればよいでしょうか。（1）で調べた資料をもとに、解決策を考えてみましょう。

X. 感情表現の分析

　ボディーランゲージには、文化によってさまざまな違いがあります。ここでは、感情表現の分析をして、この問題を考えてみましょう。

(1) テレビや映画などを見て、登場人物がどのようにして言葉としぐさで感情を表わしているかを分析してみましょう。

(2) 登場人物の感情の表現の仕方の中に、不思議に思ったり、変だと思ったりするものがありますか。

XI. ロールプレイ

感情を上手に表しながら、ロールプレイをしましょう。
<ロールA>

（1）自分のミスではないのに上司に注意されてしまいました。別の会社に勤めている友達のBさんに話します。

（2）大学／大学院に合格しました。（または、奨学金をもらえることになりました。）推薦状を書いてもらった先生のBさんに話します。

（3）かわいがっていたペットが行方不明になってしまいました。友達のBさんに話します。

（4）せっかく焼いたケーキを食べる前に床に落としてしまいました。訪ねてきた友達のBさんに話します。（ケーキはBさんが来るので焼いたのです。）

（5）ようやく完成したレポートのデータが、コンピューターのトラブルで全部消えてしまいました。そのクラスを教えている先生、Bさんに話します。

（6）夜中に何度もいたずら電話がかかってきて、寝不足になってしまいました。同僚のBさんに話します。

（7）恋人にふられてしまいました。友達のBさんに話します。

（8）いいなぁと思っていた人とデートすることになりました。友達のBさんに話します。

（9）あなたには弟（または妹）がいますが、その弟が最近学校でよくいじめられます。学校にいくのが苦痛になっている弟の様子を見て、あなたはとても心配しています。友達のBさんに相談してください。

＜ロールＢ＞

（１）あなたとは別の会社に勤めている、友達のＡさんの話を聞いてあげます。

（２）あなたは先日教え子のＡさんの推薦状を書いてあげました。Ａさんが報告に来るので、話を聞いてあげます。

（３）友達のＡさんはペットをとてもかわいがっています。Ａさんが話しかけてきます。

（４）友達のＡさんの家を訪ねたら、Ａさんは何だか元気がありません。話を聞いてあげてください。

（５）あなたは大学の先生です。クラスを取っているＡさんが相談に来ます。

（６）同僚のＡさんがとても疲れているようです。話を聞いてあげます。

（７）友達のＡさんがとても落ち込んでいます。話を聞いて励ましてください。

（８）友達のＡさんは、何だか嬉しそうです。話を聞いてあげます。

（９）友達のＡさんの相談にのってあげてください。

XII. 書いてみよう

　遠藤周作や藤原正彦の文を参考にして、話を生き生きさせるための感情表現に工夫して、短い話を書いてみましょう。今までの経験をもとに、嬉しかったこと、悲しかったこと、悔しかったこと、また喧嘩などをテーマにし、フィクションの要素も入れ、ユーモアもまじえて書いてください。

＜語彙リスト＞

II. 感情描写の表現

1．

婚約	こんやく	逆転負け	ぎゃくてんまけ
腹が立つ	はらがたつ	配達	はいたつ
頭に来る	あたまにくる	寂しい	さびしい
くよくよする			

2．

該当する	がいとうする	仰天する	ぎょうてんする
輝かせる	かがやかせる	ふてくされる	

IV. 気持ちや様子について話す：聞き取り2

網棚	あみだな	慌てる	あわてる
封筒	ふうとう	どじ	
忘れ物係	わすれものがかり	預かる	あずかる
人前かまわず	ひとまえかまわず	ずばずば言う	ずばずばいう
がっくりくる		(～さんを）かっている	
かっこ（う）悪い	かっこ（う）わるい	必死で	ひっしで
つり革	つりかわ	ひざ	
ドカッと			

V. こんな時何と言う？

観戦する	かんせんする	応援する	おうえんする
瞬間	しゅんかん	口論	こうろん
惜しい	おしい		

VI. 人間違い：読解1

構わない	かまわない	行商人	ぎょうしょうにん
幼友だち	おさなともだち	留守	るす
生憎	あいにく	～するや否や	～するやいなや
扉	とびら	スゴスゴと	
憤懣やる方ない	ふんまんやるかたない	折よく	おりよく
可笑しさを噛みころす	おかしさをかみころす	恐縮する	きょうしゅくする

笑いころげる	わらいころげる	しきりに	
ふくれ面	ふくれつら	頭が固い	あたまがかたい
頭に血がのぼる	あたまにちがのぼる	頭が切れる	あたまがきれる
頭が下がる	あたまがさがる	腹にすえかねる	はらにすえかねる
腹がすわる	はらがすわる	腹をかかえる	はらをかかえる
腹の虫がおさまらない	はらのむしがおさまらない		
クスクス		ゲラゲラ	
ニコッと		ニタニタ	
大笑いする	おおわらいする	挨拶	あいさつ
平謝り	ひらあやまり	ちんぷんかんぷん	

VII. 足立さんの気持ち：聞き取り3

こないだ（この間）（このあいだ）		まいる	
誤解	ごかい	誤解がとける	ごかいがとける
誠意が伝わる	せいいがつたわる	話がはずむ	はなしがはずむ
どうりで		うきうきする	
目尻	めじり	目尻がとろっとする	

VIII. 感情を表す表現の比較

目を細める	めをほそめる	口をとがらせる	くちをとがらせる
あごが出る	あごがでる	歯をくいしばる	はをくいしばる
顔が真っ青になる	かおがまっさおになる	青い顔をする	あおいかおをする

IV. いじめ：読解2

中旬	ちゅうじゅん	そっけなく	
抑揚なく	よくようなく	口数が少ない	くちかずがすくない
（感情を）抑える	おさえる	ケリ（けり）をつける	
呑気	のんき	皮肉たっぷりに	ひにくたっぷりに
むし返す	むしかえす	しみ （茶碗じみ）	
ノイローゼ		目を落とす	めをおとす
憮然たる思い	ぶぜんたるおもい	案の定	あんのじょう
徹底的	てっていてき	いびる	
語気を荒げる	ごきをあらげる	野蛮	やばん
あきれる		目をそらす	めをそらす
遥か	はるか	意地悪	いじわる

X. 感情表現の分析

分析	ぶんせき	登場人物	とうじょうじんぶつ

XI. ロールプレイ

行方不明	ゆくえふめい	床	ゆか
寝不足	ねぶそく	ふられる	
苦痛	くつう		

XII. 書いてみよう

喧嘩	けんか	まじえる

Appendix 1: CD Track Numbers

Disk 1			
	ユニット1	トラック	
		1	足立さんの自己紹介
		2	竹田さんの自己紹介
		3	福田さんの自己紹介
		4	ブラウンさんの会社の初日
		5	ブラウンさんの出身地
		6	足立さんの出身地
		7	足立さんと竹田さんの家族構成
		8	足立さんと竹田さんの家族の性格
		9	足立さんと竹田さんの職業
	ユニット2		
		10	足立さん住宅情報誌
		11	足立さん、不動産屋に行く
		12	足立さんと不動産屋、アパートの下見
	ユニット3		
		13	水
		14	時計
		15	出前
		16	往診
		17	コピー
		18	道
		19	アルバイト
		20	ノート
		21	文献
		22	ミーティング
		23	足立さんと上岡さん
		24	休暇願い
		25	引っ越し
		26	車
		27	泊まる
		28	家庭教師
		29	休暇のインタビュー（長谷川）
		30	休暇のインタビュー（菅原）
		31	休暇のインタビュー（中楯）

	ユニット4		
		32	夏の休暇
		33	夏休みの旅行
		34	宿泊施設
		35	旅先の出来事
	ユニット5		
		36	さやかさんを誘う
		37	麻利子さんと智堂さん
		38	先輩の山本さんと足立さん
		39	田中さんと足立さん
		40	桜井さんと足立さん
		41	佐藤さんと片岡先生
		42	高橋さんと足立さん
		43	上司の新築祝い
		44	忘年会（ブラウン）
		45	忘年会（竹田）
		46	忘年会（山本）
Disk 2			
	ユニット6		
		1	上司の家に行く相談
		2	玄関で
		3	部屋で
		4	帰る時
		5	翌日
		6	桜井さんがアパートに来る
		7	桜井さんが帰る
		8	片岡先生のインタビュー（贈り物）
		9	お中元
		10	訪問の予定を変更する（小石先生）
		11	訪問の予定を変更する（課長）
		12	訪問の予定を変更する（上岡）
	ユニット7		
		13	悩みについてインタビュー（ペレズ）
		14	悩みについてインタビュー（ウッド）
		15	悩みについてインタビュー（マイケル）
		16	長谷川さん佐藤さん
		17	学生と先生

		18	足立さんとブラウンさん
		19	足立さんと石口さん
		20	菅原さんと教授
		21	足立さんと上岡さん
	ユニット8		
		22	バレエ
		23	オフィスの掃除
		24	片岡先生とゆずるちゃん
		25	大人と子供
		26	中浜さんと當作(とうさく)先生
		27	當作先生と橋田さん
		28	例1）字が上手
		29	例2）足が長い
		30	例3）図書館
		31	例4）イヤリング
		32	例5）ゲーム
		33	例6）講演
		34	例7）スタイル
		35	例8）インタビュー
		36	例9）ピアノ
		37	例10）花屋
		38	足立さんの部屋
		39	足立さんの写真
		40	足立さんのお父さん
		41	上司の家
		42	報告書
		43	足立さん、先生の講演
	ユニット9		
		44	足立さんとさやかさん
		45	ブラウンさんと本田さん
		46	インタビュー（桜井さん）
		47	インタビュー（小石さん）
		48	インタビュー（三沢さん）
Disk 3			
	ユニット10		
		1	健康診断
		2	健康診断記録票
		3	健康診断の結果

		4		本田さんが病院
		5		ブラウンさんが病院へ行く
		6		足立さんが病院へ行く
		7		上岡さんが薬局へ行く
		8		妻と夫
		9		アレルギーのインタビュー（足立）
		10		アレルギーのインタビュー（佐藤）
		11		アレルギーのインタビュー（上野）
		12		ブラウンさんと足立さん
		13		本田さんとブラウンさん
	ユニット11			
		14		足立さんと上司
		15		母と子
		16		先生と生徒
		17		友達
		18		木村課長
		19		出丸さんと菅原さん
		20		出丸さんと菅原さん
		21		おじとおい
		22		学生と先生
		23		上司と部下
		24		足立さんとブラウンさん
		25		足立さんと石口さん
		26		桜井さんと足立さん
		27		本田さんと足立さん
	ユニット12			
		28		感情を表す表現
		29		感情を表す表現
		30		感情を表す表現
		31		感情を表す表現
		32		感情を表す表現
		33		山本さんと足立さん
		34		山本さんと足立さん
		35		足立さんとブラウンさん
		36		足立さんとブラウンさん
		37		出丸さんと菅原さん
		38		出丸さんと菅原さん
		39		桜井さんと足立さん

	付録		
		40	方言
		41	足立さんとさやかさん

Appendix 2: Transcripts

聞き取りのトランスクリプト

[（　）：相づち]

Unit 1

II.1

[ナレーション（ナ）：会社に就職した足立さん達は、会社の新入社員の歓迎パーティーで次のような自己紹介をしました。]

（足立）　D1-#1

　あ、どうも、はじめまして。ええー足立と申します。えっと〜僕は、あの、出身は、東京なんですが、え〜、東京とは言うものの、実は、あの、東京の一番果ての方、え〜、一番西の方の、あの、八王子に近いんですが、日野市という所の出身です。で、え〜、日野市と言いますと、多摩動物公園ていうのがあるんですが、え〜、動物園からほぼ十分ぐらいの所に住んでいたんで、え〜と、小学校の時は、よく学校から帰ると、動物園に走って行って、象とかは見ないで、ウサギを見に行っていました。

　で、え〜、今までの経歴を簡単に申しますと、え〜、高校3年生の時に一年間、交換留学で、アメリカのミネソタ州の、え〜、そうですね、人口500人ぐらいの小さい町にいまして、え〜、高校もすごく小さくて、28人ぐらいしかいなくて…え〜、東京とは大違いで、最初はショックだったんですが、え〜、ま、その留学はとてもいい経験になりました。で、え〜、高校を卒業してから、一応、日本の大学に入ったんですが、ま、あまりおもしろくなくて、結局また、あの、アメリカに留学することになりました。え〜、ミネソタにある小さい大学、あの〜、マカレスター大学という所に行きました。で、あの〜、最初は、言語教育に興味があったので、教育学を専攻しようと思ったんですが、あの〜、言語教育をするためには、やはり言語のことを勉強しなくちゃいけないってことで、え〜、言語学のクラスを取ったら、あの、はまってしまって、で、結局、言語学の、え〜、専攻にしました。そして、それがおもしろくて、ま、大学院に行って、修士課程でも勉強しました。

　で、えっと、趣味は、人に言えるような大した趣味はないんですが、え〜、高校の時から空手をやっていました。あとは、映画を見たり、そうですね、気分転換に山に登ったりすることが好きです。

　え〜、あの〜、仕事の経験はありませんが、力一杯頑張ろうと思っていますので、よろしくお願いします。
（拍手）

（竹田）　D1-#2

　はじめまして。竹田明子と申します。　え〜、静岡県の浜松市の出身です。浜松というと「うなぎパイ」が有名です。実は、それはお土産なんですけど、私はそれが大好きなんで、自分で買って食べてしまいます。
（笑）

　大学では、社会学を勉強しました。大学にいる間に、浜松には日系ブラジル人とか、東南アジアからの研修生がたくさんいるので、その人達にボランティアで日本語を教えていました。それがすごく楽しくて、それで、外国の人達や外国と何か関係があるような仕事に就けたらいいなと思っていました。だから、え〜、今回、この会社に就職できて、とても嬉しく思っています。

　え〜、それから、趣味はアウトドアなら何でも…スポーツが大好きです。スキーとか、釣りとか、水泳なんかが好きです。え〜と、それから、コンピューターをいじるのも好きで、コンピューターの講座を受けたりしたこともあるんで、特技というほどではないんですけど、少しは、わかると思います。

　私は、ビジネスのことはわからないので、いろいろ教えていただけたらなぁと思います。頑張りますので、どうぞよろしくお願いします。　（拍手）

（福田）　D1-#3

　はじめまして。福田麻利子と申します。私が生まれたのは、愛知県の安城市という所です。「安城市ってどこ？」ってよく聞かれるんですけど、「新幹線の駅があるよね」と言ってくれる人もいます。「三河安城」という新幹線の駅がある所です。「安城市」は、あの…「日本のデンマーク」と呼ばれていて（笑）、これを言うとみんなに馬鹿にされるんですが、農業の盛んな所で、いちじくとか、お米とか、なしとかが取れるんですけど、農業のスタイルがデンマークに似ているところから、日本のデンマークと言われています。デンパークと呼ばれるテーマパークもあります。　（笑）よかったら、いらしてください。

　えっと、私は生まれてから、ずっとこの安城市で育ったんですが、高校の時に一年間、アメリカのインディアナ州の高校に留学しました。その高校では、えっと、日本人は私ひとりだったので、とても勉強になり

ました。高校を卒業した後、南山大学に入学したんですけれども、最初は、国際経営の学科に入ったんですが、途中で、外国語学部の方に移りたくなったので、一年終わった時に、転部の試験を受けて、2年生から外国語学部の日本語学科に入りました。学部生の時は、え〜と、もう一度アメリカに留学するチャンスがありまして、今度はワシントンDCのジョージタウン大学で言語学を専攻しました。

趣味は、えーと、高校の時は、いろいろやってたんですが、今でも好きなのは、映画を見たり、音楽を聞いたり、それから、小さい時からピアノをやっていたので、ストレスがたまるとよくピアノを弾きます。習字とかそろばんも得意です。

仕事の経験がないので、わからないこと、不安なことがいろいろあるんですけども、頑張りたいと思いますので、どうかよろしくお願いします。（拍手）

III.2 (1)　　D1-#4
[ナ：足立さんが同僚のブラウンさんと話しています。今日は、ブラウンさんが会社で働く最初の日です。]
ブラウン：すいません、遅くなりました。
足立　　：ああ、ブラウンさん。心配していたんですよ。
ブラウン：どうもすみません。ラッシュアワーの電車は初めてだったんで、なかなか乗れなかったんです。
足立　　：あっ、そうですか。（ええ）東京は人が多くておどろいたでしょう。
ブラウン：ええ。私がいたオレゴン州の町は人口が12万人ぐらいの小さな町でしたから…。
足立　　：あ、そうですか。
ブラウン：ところで、東京の人口ってどのぐらいなんですか。
足立　　：そうですね、たしか1200万人ぐらいだったと思いますよ。
ブラウン：1200万人！
足立　　：ええ。
ブラウン：すごいですね。
足立　　：ええ、東京都全体では。
ブラウン：そうですか。
足立　　：ええ。23区内だけだったら800万人ぐらいですかねえ。
ブラウン：23区内だけでも800万人もいるんですか。
足立　　：ええ。
ブラウン：すごいですね。
足立　　：まあ、日本の人口の10％ぐらいが東京に住んでるってことですよね。
ブラウン：ええ、すごいですね。随分人口が集中してるんですね。
足立　　：ん〜、だから、電車がこむわけですよね。
ブラウン：ええ。
足立　　：毎朝のことですから、大変ですよね。
ブラウン：ええ。先が思いやられますね。
足立　　：ええ。や〜、でも、大丈夫ですよ。すぐ慣れますよ。
ブラウン：そうでしょうか。

III.2 (2)　　D1-#5
[ナ：昼休みに、足立さんとブラウンさんが出身地について話しています。]
足立　　：ブラウンさんはオレゴン州出身って言ってましたよね。
ブラウン：ええ。
足立　　：オレゴン州って西海岸ですよね。
ブラウン：ええ、カリフォルニアの北側です。
足立　　：あ〜、そうでしたね。オレゴンっていうと、どんな産業が盛んなんですか？
ブラウン：そうですね〜、まあ、林業とか農業ですね。
足立　　：あ〜、じゃあ自然が結構豊かなところなんですね。
ブラウン：ええ。まあ、自然だけがとりえですよ。最近は自然破壊が問題になってますけど…。
足立　　：あ、そうですか。（ええ）オレゴンでもそうなんですか。
ブラウン：ええ。
足立　　：ふ〜ん。で、あの、オレゴン州のどこなんですか。
ブラウン：あの、ユージーンっていう小さな町なんですけど…。
足立　　：ああ。
ブラウン：あの、ポートランドはご存知ですか？

足立　　：ええ、聞いたことありますけど。
ブラウン：ええ、ポートランドは州で一番大きい町なんですけど、そこから南へ車で2時間ぐらい行ったと
　　　　　ころにあるちっちゃな町ですよ。
足立　　：あ〜。あの、小さいってどのぐらい小さいんですか。
ブラウン：人口12万人ぐらいですね。大学町で、オレゴン大学があるんですよ。
足立　　：あ〜、そうですか。それで、気候なんかはどうなんですか。
ブラウン：ユージーンがあるオレゴンの西の方は雨が多いですね。夏以外は毎日のように雨が降るんですよ。
足立　　：あ、そうですか。（ええ）じゃあ、なんか日本の梅雨みたいですね。
ブラウン：ええ。
足立　　：夏は、じゃあ、どうなんですか。
ブラウン：夏は毎日いい天気ですよ。気温はちょっと高くなりますが、湿度が低いから過ごしやすいですね。
足立　　：ああ、それはいいですね。（ええ）東京にいる者にとってはちょっとうらやましいですね。
ブラウン：そうでしょう。オレゴンに行くんだったら夏がいいですよ。
足立　　：ん〜、そうですね〜。

III.2 (3)　D1-#6
ブラウン：ところで、足立さんはどちら出身なんですか。
足立　　：あ、東京です。
ブラウン：あ、だから東京のこと、詳しいんですね。東京のどちらですか。
足立　　：あの〜、日野市ってところなんですけど。
ブラウン：日野市…？
足立　　：ええ、東京の西の方にある町なんですけどね、ご存知ですか。
ブラウン：いいえ。日野市ってどんなところですか。
足立　　：そうですね〜、まあいい所ですよ。まだまだ自然が残っているし。
ブラウン：あ、そうですか。
足立　　：ええ、大学もたくさんあるんですよ。
ブラウン：あっ、そうなんですか。
足立　　：家の近くにも2つありますし…。
ブラウン：へ〜。
足立　　：ま、基本的に住宅街ですね。（ええ）あの、日野自動車とか工場もありますけど。
ブラウン：あ、そうなんですか。で、人口はどのくらいですか。
足立　　：人口、う〜ん、30万人ぐらいですかね。
ブラウン：それじゃあ、ユージーンよりも大きいですね。
足立　　：そうですね。
ブラウン：はあ、それにしても蒸し暑いですね。
足立　　：う〜ん。
ブラウン：東京はいつもこうなんですか。
足立　　：ええ、夏はいつも蒸しますね。
ブラウン：はあ。じゃあ、冬はどうなんですか。雪は降りますか。
足立　　：雪はほとんど降りませんね。
ブラウン：あ、そうですか。
足立　　：ええ、乾燥して晴れの日が多いですよ。
ブラウン：あ、そうですか。それはいいですね。…あ、そろそろ時間ですね。
足立　　：あ、もうこんな時間。じゃあ、あの、そろそろ。
ブラウン：ええ。

III.4 (2) D1-#7
[ナ：会社の帰りに一緒になった足立さんと竹田さんが、家族について話しています。]
竹田：ところで足立さんって、一人っ子ですか。
足立：いやあ、僕は兄と妹がいるんですけど…。
竹田：えっ、じゃ私と同じですね。私も二つ上の兄と4つ下の妹がいるんですよ。
足立：へえ、じゃあ、僕と似てますね。僕の場合は妹と5つちがいなんですけど。
竹田：あ、そうですか。私、どういうわけか、学部の時から海外留学してた人って、一人っ子かなって思っ
　　　ちゃうんですよ。だから足立さんも一人っ子かなって、思ったんですけど。

足立：あ、そうですか。どうしてかな…。
竹田：だって、親の方も結構大変じゃないですか。子供を海外留学させるのって、いろんな面で。
足立：うん、まあそれはそうですよね。
竹田：うちの父なんか、子供がみんな一人立ちしたからほっとしたなんて言ってますよ。今年61になったんだけど、老後の生活に備えて料理でも習おうかななんて言っちゃって。
足立：そうですか。それはいいですね。

III.5 (1)　　D1-#8
[ナ：足立さんと竹田さんが家族の性格や、家族との関係について話しています。]
竹田：ところで、海外の大学に行くなんて、足立さんの御両親って理解がありますよね～。
足立：いや～、どうかなあ。うちの父なんか結構頑固で、言い出すとなかなか聞いてくれないんですけどね。でも留学の方は、どういうわけか、すんなりオッケーしてくれましたね。
竹田：へえ、いいですね。実は、私も留学したかったんだけど…。
足立：あ、そうなんですか。
竹田：うん。親が許してくれなくって…
足立：ああ
竹田：父親は頑固だし、母親は行かせてやってもいいと思ったみたいだけど、父の言うことにあんまり反対しないから。
足立：あ、そうですか。それはちょっと残念でしたね。
竹田：う～ん。ね、足立さんのお母さんってどんな人ですか？
足立：う～ん、うちの母はどちらかと言うと社交的で、楽観的な性格かな。
竹田：ふうん。じゃ、足立さんは、お母さん似なんですね。
足立：そうですね。父よりは母に似てますかね。父は結構生真面目だから。でも、ま、尊敬するところもあるんですけどね。
竹田：へえ…。で、足立さんの御家族って、みんな海外経験あるんですか？
足立：う～ん、留学してたのは、僕だけですね。でも、2年前まで兄が会社から派遣でボストンに行ってたことがあるんですけど。
竹田：あ、ボストン。きれいなところですよね。
足立：ええ。でも、兄はおやじに似て、くそ真面目だから、海外生活って言っても僕のとはずいぶん違ってましたけどね…。
竹田：え、どんな風に？勉強ばっかりとか？
足立：そうなんですよ。でも、兄がボストンにいた時は、僕も何回か会いに行ってね、いつもは、あの～、一人じゃ行けないような高いレストランに連れてってもらって、結構楽しかったんですけどね。
竹田：へえ～。いいな～。足立さんって妹さんもいらっしゃるんですよね。
足立：ええ、いますよ。あいつもよく旅行してますね、好奇心旺盛だから。ヨーロッパとかオーストラリアとか。
竹田：へ～。うらやましい。
足立：そうですか。や～、でもね、仕事があるから長期滞在はしてないんですけどね、旅行だけで…。
竹田：ふ～ん、国際的な家族なんですね。
足立：いやあ、そうでもないですけど…。でも、僕も妹も旅行が好きだから、妹とは結構話が合うんですけど。
竹田：へえ、仲がいいんですね。

III.6 (4)　　D1-#9
[ナ：足立さんと竹田さんが職業について話しています。]
足立：ところで、竹田さんはどうしてこの会社に入ったんですか？
竹田：う～ん、本当はこの会社じゃなくて、高校生の頃から、ファッション業界で仕事してみたいなぁって思ってたんですけど…。
足立：ほ～、じゃあ、なに、あの、スーパー・モデルとか？？
竹田：やだ～、まさか～。ほら、イタリアとかフランスに行って、ショーを見たり、洋服を輸入したりとか…。
足立：あ～、おもしろそうじゃないですか。
竹田：うん。でもね、やっぱりファッション業界もすごく大変そうだし、無理かなぁと思って…。
足立：ふ～ん。
竹田：でも、何か国際的な仕事がしたかったから…。

足立：あ～、なるほどね。
竹田：足立さんは？
足立：僕は、修士課程が終わった時に、大学に残ろうかなぁとも思ったんですけど、ま、会社で経験するのもいいかなぁと思って…。
竹田：ふうん。じゃあ、足立さんは、この会社で定年まで働くつもりですか。
足立：定年ね～。それはどうかなぁ。まあ、できたら40代ぐらいで会社やめて、イタリアン・レストランの経営なんかしてみたいなぁと思っているんですけどね…。
竹田：へ～。じゃあ、転職？
足立：うん。あの～、おやじも、前はコンピューター関係の仕事をしてたんですけども、ま、転職して、今は大学で教えてるんですよ。
竹田：じゃ、今は大学の教授？
足立：ええ。あの、竹田さんのところは？
竹田：うちは、父は銀行員だけど、もうすぐ定年で、母親は、公務員なんです。
足立：あ、そうですか。

Unit 2

III.4　D1-#10
[ナ：足立さんとブラウンさんが昼休みに話をしています。]
ブラウン：足立さん、何読んでいるんですか。
足立　　：ああ、これ？
ブラウン：ええ。
足立　　：あの、住宅情報誌ですよ。
ブラウン：住宅情報誌？
足立　　：ええ。アパートやマンションの情報がのってるんですけどね。
ブラウン：あ～、アパートを探してるんですか。（ええ）でも、足立さんは御両親のお家が東京にあるじゃないですか。
足立　　：ん～、そうなんですけどね…。ま、もう社会人だし…。（ええ）前から一度、一人暮らし、してみたかったんですよ。
ブラウン：ああ、そうなんですか。で、どんな部屋を探しているんですか。
足立　　：う～ん、まあ、できるだけ通勤に便利なところがいいと思ってるんですけどね。
ブラウン：ええ。
足立　　：でも、そうすると家賃が高いんですよね。
ブラウン：ああ、それはそうですよね～。で、何かいい物件、見つかりましたか。
足立　　：ええ。あの、これ？（ええ）これなんか、家賃も条件もよさそうなんで、
ブラウン：あ、そうですね。
足立　　：これから不動産屋に行って見せてもらおうかと思ってるんですけど。
ブラウン：あ、そうですか。うまくいくといいですね。
足立　　：ええ。

IV.2　D1-#11
[ナ：足立さんがアパートを探しに不動産屋に行きます。]
ガラガラ（ドアの音）
不動産屋：はい、いらっしゃいませ。
足立　　：あ、あの～、アパートを探しているんですけど。
不動産屋：はい。どうぞおかけ下さい。

不動産屋：で、御予算は。
足立　　：あの、6万円ぐらいを考えているんですけど…。
不動産屋：6万円ね～。6畳一間に台所とトイレだけっていうのだったらありますけど。
足立　　：えっ、風呂はないんですか。
不動産屋：風呂が付いたら最低8万円ぐらいは…。
足立　　：あ、そうですか。じゃあ、8万円台で、6畳バストイレ付きの1Kだったらどんなのがありますか。

不動産屋：1Kね…。
足立　　：あ、それから、あの、できれば駅から徒歩15分以内のところがいんですけど…。
不動産屋：徒歩15分以内ね〜。う〜ん。あ、これ9万円だけど、いい物件ですよ。駅から15分。スーパーもあるし便利ですよ。
足立　　：9万円はちょっと…。8万円台でありませんか。
不動産屋：8万円台ね…。あ、8万6千円がある。1Kで駅からバスで5分、自転車で10分ぐらいってとこですね。新築だし、1階はコンビニで便利だし、2階で南向きだし、いいと思いますよ、これ。
足立　　：そうですか。あの、敷金、礼金なんかはいくらなんですか。
不動産屋：ええっと、敷、礼とも3ヶ月分ですね。
足立　　：あ〜、そうですか。ん〜、やっぱり高いなあ。もう少し安いのはありませんか。
不動産屋：もう少し安いのね…。あ、8万円ちょうどってのがありますよ。築15年だからちょっと古いですけど、駅から徒歩15分です。それで、敷、礼とも2ヶ月分ですね。
足立　　：あ、そうですか…。
不動産屋：よかったら、これから見に行ってみますか。
足立　　：そうですね。じゃあ、お願いします。

IV.3　D1-#12
[ナ：足立さんが不動産屋とアパートの部屋を見に来ました。]
不動産屋：さ、どうぞ。
足立　　：あ、どうも。
不動産屋：どうすか。ちょっと古いけど、風呂付きだし、窓も大きいし、いいでしょう。
足立　　：あ、いいですね。
不動産屋：ここが押し入れで、こっちが台所です。
足立　　：へ〜、大きい台所ですね…。あの〜、ここは契約期間は何年ですか。
不動産屋：2年です。その後は再契約になりますね。
足立　　：あ〜、そうですか。
不動産屋：再契約の時に家賃がちょっと上がるかもしれませんが、それまでは8万円です。あ、それから、再契約の時は、あの、契約手数料として、家賃の1ヶ月分いただくことになっていますが…。
足立　　：あ、そうですか。
不動産屋：どうなさいますか。
足立　　：そうですね。じゃあ、お願いします。
不動産屋：はい。
足立　　：で、あの〜、手付け金は。
不動産屋：いや、あの、いくらでもいいすけど、まあ、2万ぐらいで。
足立　　：はい、わかりました。

Unit 3

I.2　D1-#13-21
[ナ：いろいろな場面で人にものを頼む会話を聞きます。]
　（例）A：すいませ〜ん。お水をもらえますか〜。
　　　　B：はい。少々お待ちください。

　（1）A：あの〜、すみません。この時計、見たいんですけど。
　　　　B：こちらでございますね。少々お待ちください。

　（2）A：もしもし、3丁目の足立ですけど、てんぷらそば3つ、出前をお願いしたいんですけが。
　　　　B：はい。3丁目の足立さん、てんぷらそば3つですね。毎度ありがとうございま〜す。

　（3）A：はい、藤井です。
　　　　B：あ、夜分遅く恐れ入ります。あの〜、1丁目の山田と申しますが…。
　　　　A：はい。
　　　　B：実は、あの〜、子どもが熱を出しまして、あの〜、先生に往診していただけないかなと思いまして…。

264

A： あ、そうですか。熱は何度ぐらいあるんですか？
B： あの〜、39度ぐらいあるんですけど…。
A： あ、そうですか。
B： ええ、あの、薬を飲ませても下がらないんです。
A： ん〜、そうですか。わかりました。じゃ、30分ぐらいで行きます。
B： あ、ありがとうございます。
A： はい、
B： 助かります。
A： はい、どうも。

(4) A： あ、ちょっと、足立さん。
B： はい。
A： これ10部コピーしておいてもらえますか。午後の会議で使いたいんで。
B： はい。10部ですね。

(5) A： すみません。ちょっと道をお尋ねしたいんですが…。
B： はい？
A： あの〜、この辺に、東京文化センターがあると思うんですけど…。
B： ああ。東京文化センターね。2つ目の角を右に曲がるとすぐですよ。
A： 2つ目の角を右ですね。
B： ええ。
A： どうもありがとうございました。

(6) A： ね〜、来週の火曜日の夕方ヒマ？
B： うん。特には用事ないけど…。
A： 悪いんだけどさ〜、その日、バイト替わってもらえないかな？
B： え〜。それって数学の家庭教師でしょ〜。私、数学苦手だから、できないよ。
A： えっ。ね〜、お願い！お願い！絶対大丈夫だから。
B： ダメだって〜。他の人に頼んでよ〜、悪いけど。
A： う〜ん。わかった、ごめんね、変なこと頼んで。

(7) A： ね〜ね〜、昨日の英文学のクラス出た？
B： うん。出たよ。
A： 私、バイトが忙しくって、出られなかったんだ。悪いんだけど、ノート貸してもらえないかなぁと思って。
B： うん、いいけど〜、僕のノートたぶん読めないよ。
A： 大丈夫、大丈夫。だいたいわかればいいから。

(8) A： 先生、あの〜、今、お時間ありますか。
B： ええ、10分ぐらいなら大丈夫ですよ。
A： 実は、今度のレポートの文献探してるんですけど…。
B： ええ。
A： なかなか見つからなくて。
B： ああ、そうですか。誰の本？
A： あの〜、鈴木春彦が89年に出した本なんですけど。
B： それなら、家にあるはずだけど。
A： あ、そうですか。あの、申し訳ないんですけど、1週間ぐらいお借りできないでしょうか。
B： いいですよ。じゃ、家で調べてみて、あったら、明日持ってきましょう。
A： じゃ、ありがとうございます。いつもすみません。

III.1　D1-#22
ナ：ブラウンさんが足立さんに何かを頼んでいます。
ブラウン：足立さん、すいません、今ちょっといいですか。
足立　：あ、はい。何でしょう。

ブラウン：あの～、今日のマーケティングの会議、僕が出ることになっているんですが、実は昨日からちょっと
　　　　　調子悪くて。
足立　　：あ、風邪ですか。
ブラウン：ええ、そうみたいなんですよ…。それで、できたら足立さんに代わりに出席してもらえないかな
　　　　　あと思って。
足立　　：あ、ええ。いいですよ。
ブラウン：どうもありがとうございます。本当に助かります。
足立　　：いいえ、どうぞお大事に。
ブラウン：どうも。

III.3　D1-#23
[ナ：足立さんが、仕事の後で友達の上岡さんに会いました。上岡さんは足立さんとは違う会社で仕事をし
　ています。]
上岡：あ、足立くん！
足立：あ、さっちゃ～ん。
上岡：仕事どう？
足立：それがさあ、結構苦労しててさあ。
上岡：へえ、どうして？
足立：それが、俺の会社って客が周りにいつもいるじゃない。
上岡：うん。
足立：だから同僚に話す時もていねいな言葉を使わなくちゃいけなくってさあ。それがけっこうかったるくて。
上岡：へえ、そうなんだ。
足立：つい、友達と話すみたいになっちゃってさあ。さっちゃんのところはどう？ソフトウェアの会社にい
　　　るんだったよね。
上岡：うん。私のところはそんなことぜんぜんない。同僚にていねいな言葉で話し掛けたら、どうしたのっ
　　　て言われちゃう、きっと。
足立：あ、そう。じゃ、例えば同僚に電話がきた時とかどんなふうに言うの？
上岡：ん～、「なんとかくん、なになにさんから電話。」
足立：へえ～。うちだったら「田中さん、佐藤さんからお電話です。」って言わなくっちゃいけないんだよ。
上岡：へえ。会社によってずいぶん違うんだ。
足立：ん～、そうだね。

IV.1　D1-#24
[ナ：足立さんが上司に休暇のことで頼んでいます。]
足立：あの、課長、今よろしいですか。
課長：はい。なんですか？
足立：実は、今度引っ越しをすることになりまして。
課長：あ、そう。足立さん、今は御両親と住んでいるんでしたよね。
足立：ええ、今はあの～日野なんですが、もうちょっと会社に近いところにアパートを借りることにしたんです。
課長：あ～、そうですか。どの辺なんですか。
足立：あの、世田谷なんですけど…。
課長：あ～、そうですか。
足立：それで～、引っ越しの日は、会社を休ませていただけないかと思いまして…。
課長：あ～、そうですね～。いつ引っ越しの予定なんですか。
足立：再来週の金曜日にしようかと思っているんですが…。
課長：再来週ね～。ちょうど月末だから、一番仕事が忙しい時ですよね～。ん～…。
足立：あの～、だめでしょうか。
課長：そうですね～、ちょっとね～。できれば、その前の週か、その次の週にしてもらえませんか。
足立：そうですね。わかりました。じゃあ、もう1週間延ばすことにします。
課長：あ、そう？そうしてもらえるとありがたいわ。
足立：はい。どうもあの、お忙しい時にすみませんでした。
課長：あ、いえ、いいですよ。

V.2
[ナ：足立さんが友達に何かを頼んでいます。]
（1）D1-#25
足立：あ、もしもし、田中さんのお宅ですか。
田中：はい。あっ、なんだ～。その声は足立か？
足立：あったり～。今度の金曜日ヒマ？
田中：まあ、おれは学生だし、いつでも結構ヒマだけど、なんで？
足立：実はさあ、今度、引っ越しするんだけど、荷物運ぶの手伝ってもらえないかな～。
田中：しかたがないね、いいよ。
足立：お、ラッキー。じゃ、今度ごちそうするからさ。
田中：ごちそうって何よ？
足立：ん～、チャーハンぐらい？
田中：俺はそんなに安くないよ。ビールに酢豚にマーボー豆腐もつけてもらおうかな。
足立：あ～、しょうがないなあ。
田中：じゃ、また前の日にもう一度電話くれる？
足立：オッケー。じゃあよろしく～。

（2）D1-#26
足立：もしもし、菅原さん？
菅原：あ、足立さん。元気～？
足立：うん、元気元気。実はさあ頼みがあるんだけど。
菅原：なになに～？
足立：今度の日曜日、車貸してもらえないかな。
菅原：あれ？足立さんの赤い車はどうしたの？
足立：いや～、この前駐車場でぶつけられちゃってさあ、今修理に出してるんだ。
菅原：ああ、そうなの。じゃ、デートの時に困るでしょ！
足立：そうなんだよ～。
菅原：私、その日は使わないから、貸してもいいけど、ぶつけないでよ～、大事にしてるんだから。
足立：大丈夫、大丈夫。じゃ、朝、9時半頃取りに行っていい？
菅原：いいよ、わかった。じゃ～ね～。

（3）D1-#27
桜井：はい、桜井です。
足立：あ、桜井？
桜井：えっ？
足立：足立だけどさ、もう寝てた？
桜井：お、足立？まだテレビ見てた。どうしたの？
足立：いや～、あの～、実はね、今新宿にいるんだけど、電車なくなっちゃってさあ。
桜井：え～っ。
足立：や、走ったんだけどね、間に合わなくてさ、終電、乗り遅れちゃったんだ。
桜井：しょうがね～な～。
足立：で～、悪いんだけどね、今晩泊めてくれない？
桜井：え～っ、俺んとこ？狭いぞ。
足立：大丈夫、大丈夫。
桜井：じゃ、まあ、かわいそうだから、泊めてやるよ。
足立：あ、ほんと？よかった。
桜井：俺んとこ、わかる？
足立：あ～、ん、わかる、わかる。
桜井：じゃ、待ってるから。
足立：あ、ありがと。

VI.1　D1-#28
[ナ：足立さんが、先生に子供の家庭教師を頼まれます。]
足立：はい、足立です。
片岡：あ、足立さん？片岡です。ごぶさたしてます。

足立　：あ、片岡先生、お久しぶりです。
片岡　：お久しぶりです。足立さん、実はね、今日お電話したのは、お願いがあるんですけど。
足立　：あ、何でしょうか。
片岡　：あの〜、うちの太郎がね、「英語を習いたい」って言ってるんですけど、家庭教師をお願いできません？
足立　：あ、家庭教師ですか。
片岡　：ええ、英語の会話を1週間2回ぐらい。1回1時間ぐらいでいいんですよ。
足立　：ええ、あのう、僕、教えるのは好きなんですけど、今ちょっと時間の方が…。
片岡　：ええ、でも、1回1時間ぐらいでいいんですよ。子供の会話だから、準備もそんなにいらないと思うんだけど…。
足立　：ええ。でも、あの、今、あの、会社のほうの仕事がものすごく忙しくて。あの〜、同じ課の同僚が二人病気で休んでいるんですよ…。
片岡　：ええ。
足立　：で、企画書の提出とか、いくつもたまっているんですよね。
片岡　：ああ、そうですか。1週間に1回でもいいんだけどねえ。
足立　：はあ…。でも、これからしばらく、毎日残業が続くと思うので、ちょっと…。
片岡　：あ、そうですか。あ、じゃあ、お仕事が楽になってから、っていうことでどうでしょう。
足立　：そうですねえ…。ん〜…。あ、じゃあ、こういうことでいかがでしょうか。あの、僕の友達で、子供を教えている人がいるんですけど、その人に頼んでみたらどうでしょう。
片岡　：ん〜、そうですか？でも、太郎が、「習うんなら、絶対足立さんみたいな優しい人がいい」っていうんですよ。
足立　：あ、いや〜、あの〜、その人は、あの〜、ペレズさんっていう女の人なんですけど、あの、すごく優しい女の人ですよ。
片岡　：あ、女の方ですか。
足立　：ええ。あの、日本語もよく分かるし、他にも、あの、小さい子供を5人ぐらい教えているんですよ。
片岡　：あ、そうですか。
足立　：僕から頼んでおいてもいいですよ。
片岡　：そうですか。ん、そうですね、じゃあ、私、太郎に一度聞いてからお返事してもいいですか。
足立　：ええ。
片岡　：太郎はね「絶対に足立さん足立さん」って、この間もすごく言っていたもんですから。
足立　：ええ、じゃ、僕もペレズさんに聞いておきます。
片岡　：あ、そうですか。じゃ、よろしくお願いします。
足立　：はい、分かりました。じゃ、ご免ください。
片岡　：はい、ごめんください。

(休暇についてのインタビュー)
ナ：休暇について、日本人にインタビューしました。
＊スクリプトは省略させていただきます。

Unit 4

II.1　D1-#32
[ナ：昼休みに足立さんとブラウンさんが夏の休暇について話しています。]
足立　　：ブラウンさん、夏は休みをとるんですか？
ブラウン：ええ。8月に10日ぐらい。
足立　　：あ、そうですか。
ブラウン：でも、10日間しかないから、アメリカには帰らないで、日本で旅行しようかと思ってます。まだ、東京以外は行ったことがないし…。
足立　　：あっ、そうか〜、アメリカに帰るには短いですよね。それに、夏休みは飛行機代が高いから。
ブラウン：そうなんですよ。で、足立さんは夏休み、どうするんですか？
足立　　：僕は、お盆が終わってからの夏休みなんで、まだ決めてないんですよ。
ブラウン：じゃ、ちょっと遅い夏休みですね。
足立　　：ええ。さっき課長に呼ばれて、「海外との仕事があって、みんなが一度に休むと困るから、休暇は8月の終わりの方にしてくれないか」っていわれて…。ま、でも、その方が、お盆の混んでいる時期と重ならなくて、ラッキーなんですけどね。

ブラウン：お盆の時って、そんなに混むんですか？
足立　：ええ。5月の連休、8月のお盆、それから〜、年末年始は、帰省する人が多いから、どこにいっても混んでますよ。
ブラウン：帰省って何ですか？
足立　：ああ、帰省っていうのはね、遠くに住んでいる親のところへ帰ったり、あと〜親戚の家に行ったりすることなんですよ。
ブラウン：ああ、そうですか。
足立　：みんな同じような時期に旅行するから、電車や飛行機はなかなか取れないし、高速道路は混むし、すごいんですよ。
ブラウン：へ〜。じゃあ、アメリカでいうと、サンクスギビングとかクリスマスのシーズンみたいなもんですね。
足立　：そう、そう、そう。そんな感じですね。あれ、そういえば、ブラウンさんの夏休みは、ちょうどお盆の頃でしたよね。（ええ）早く予約しないと、どこにも行けなくなっちゃいますよ。
ブラウン：えっ！それは困る！じゃあ、今日帰りに旅行会社でパンフレットでも、もらってこようかな。
足立　：うん、その方がいいですよ！

II.2 (2)　D1-#33
[ナ：昼休みに足立さんとブラウンさんが夏休みの旅行について話しています。]
ブラウン：足立さん、何を見ているんですか？
足立　：あ、これ？
ブラウン：ええ。
足立　：あのう、北海道のガイドブックですよ。（ああ）きれいでしょ〜！
ブラウン：あ、そうですね。きれいですね〜。じゃ、夏休みは北海道旅行？
足立　：うん、これから旅行のプランをたてようかと思って…。
ブラウン：北海道だったら、飛行機ですか、やっぱり？
足立　：そうですね。飛行機だと早いですよね。（ええ）あと電車でも行けるんですよ。
ブラウン：でも、電車だと時間がかかるでしょう？
足立　：まあね〜。でも、「北斗星」っていう結構有名な列車があって、（ええ）それだと、夜、東京を出て、朝には北海道に着くんですよ。
ブラウン：あ、そうですか。
足立　：で、食堂車の食事も美味しいらしいし、（ええ）ま、これにしようかなぁと思ってるんですけど。
ブラウン：へ〜、それだったら電車もいいですね。飛行機よりも安いんでしょ？
足立　：いや、それがそうでもなくて…。
ブラウン：えっ？
足立　：特急列車でしかも寝台車だから、全部足すと2万5千円ぐらいなんですよ。
ブラウン：2万5千円！
足立　：ええ、飛行機とほとんど同じですよ。
ブラウン：そうですね。今、飛行機の切符、安くなってますから。
足立　：ええ。ま、それか〜、他には、青森まで新幹線と特急列車を乗り継いで行って、（ええ）で〜、青森から船で北海道に渡るっていうこともできるんですけどね。
ブラウン：あ、なるほど。いろんなチョイスがあるんですね。で、北海道に着いてからはどうするんですか？
足立　：ええ、最初は自転車でまわろうかなと思ったんですけども、ま〜、広すぎて無理かもしれませんね。
ブラウン：じゃ、レンタカー？
足立　：うん。あとは、全部バスや電車でまわるっていうこともできるんですけど。ただ、そうすると、時間をよく調べないといけないんで、（ええ）まあ、ちょっと面倒かなぁっと思って。
ブラウン：ええ、そうですね。
足立　：だったらレンタカーを借りた方がきっと楽ですよね。
ブラウン：そうですね〜。その方が、自由なプランができるかもしれませんね。

II.3 (2)　D1-#34
[ナ：足立さんとブラウンさんが、旅行先での宿泊施設について話しています。]
ブラウン：ところで、足立さん、北海道ではどんなところに泊まるんですか。
足立　：えっとね〜、場所によっていろいろなんですけど。（ええ）まず、函館は市内のホテルに泊まるでしょ。（ええ）それから、札幌はユースホステルなんですけど、（ええ）でも、あの、新しくてきれいなんでそこに決めました。それから、知床は民宿にしたんですよ。

ブラウン：あ、民宿。
足立　　：ええ。そこは、なんか料理がうまいらしいんで。
ブラウン：へえ、どんな料理が出るんですか。
足立　　：やっぱり海の幸ですね。うにとか、いくらとか。
ブラウン：へええ、いいなあ。うらやましいなぁ。
足立　　：ええ、楽しみですよ。それからね、摩周湖ではホテルに泊まって、（ええ）で、最後の登別温泉
　　　　　は旅館ですね。
ブラウン：旅館ですか。僕も泊まってみたいなあ。
足立　　：や、そこの露天風呂、あの、大きくていいみたいですよ。
ブラウン：露天風呂って何ですか。
足立　　：あ、露天風呂っていうのはね、あの、外にある風呂のこと。
ブラウン：ああ。
足立　　：あ、ほらほら、ちょうどほら、ここにほら写真がある！…これですよ。
ブラウン：あ、いいですね。気持ちよさそうですね。
足立　　：ええ。

III.2　D1-#35
[ナ：旅行から帰ってきた足立さんがアパートで旅行の話をしています。]
桜井：お、これこないだの旅行の写真？
足立：うん。
桜井：あっ、この子だれだよ。
足立：あ、これ？旅行で会った子。
桜井：おおっ、足立なかなかやるねえ。どうやって知り合ったんだよ。
足立：それがさあ、摩周湖に向かってドライブしてたら、こっち向かって手を振ってる女の子がいるんだよ。
桜井：それで？
足立：で、止まってみたらさ「すいません！！ガス欠しちゃって。近くのガソリンスタンドまで乗せてって
　　　くれませんか…」って言われちゃってさ。
桜井：へ〜、それからどうなったんだよ。
足立：うん。で、しょうがないからその子乗せてガソリンスタンドまで行って。
桜井：近くにあったの？
足立：う〜ん、結構走ったかな。ま、とにかくガソリンスタンドに着いてね、で、その子そこでガソリン
　　　買って、んで、またその子、車まで乗せて行ってあげてさあ。
桜井：やるなぁ。
足立：いや〜、で、たいしたことしてないのにさ「本当にありがとうございました。」って何度も感謝され
　　　ちゃってさぁ。
桜井：へえ。
足立：で〜、「昼ごはんでも食べて下さい。」ってお金までくれようとするんだよ。
桜井：へえ、そりゃあ、よっぽど助かったんだろうな。
足立：うん、まあな。ま、でも、「ついてなかっただけですよ」って、ま、「その気持ちだけいただきます」
　　　って、それでそこは別れたんだけどね。
桜井：え〜？じゃ、この写真はどうしたの？
足立：や〜、そうそう。そんなこんなでね、摩周湖のホテルまで着いて、で、チェックインしたら、「あの〜」
　　　って声かけられて、
桜井：え〜？
足立：振り向いたらその子なんだよ。
桜井：へ〜。
足立：で、その子もそこに泊まることになっててね。
桜井：ほんとに。まあ、それだったら縁があるなあ。
足立：ああ。それで、その子、さやかさんって言うんだけど、車のお礼に明日のお昼ごはんでもおごらせて
　　　くれって言ってくれてさ。
桜井：へ〜。で…？
足立：で、ま、ちょっと前まではね「気持ちだけで」とか言ってたんだけど、結局なんかごちそうになるこ
　　　とになっちゃってね。

桜井：やったね。いいなぁ。
足立：ああ。それで、ラーメン食べに行って、で、結局その日は一緒に観光することになっちゃってさぁ。
桜井：1日中か？
足立：ああ、や、いい子でさぁ。
桜井：どこの子？
足立：ん〜、東京。
桜井：お、いいねえ。じゃ、又、会えるじゃないか。
足立：ああ。や、実はね、明日もう会うことになってるんだ。
桜井：お、さすが！やることが早いねえ！

Unit 5

I.1　D1-#36
[ナ：北海道旅行から1週間がたちました。足立さんが旅行で知り合ったさやかさんに電話をします。]
足立　：あ、あの、足立と申しますが、さやかさんいらっしゃいますか。
さやか：えっ、足立さん？あの、北海道で会った…。
足立　：ええ。
さやか：わあ！元気？
足立　：ええ。あの、さやかさんは。
さやか：元気、元気。いつ帰って来たの？
足立　：一週間前。
さやか：あ、そうなんだ。その節はお世話になっちゃって。
足立　：いえいえいえ。あの、今、ちょっといいかな？
さやか：うん、大丈夫だけど。
足立　：あの、今度よかったら、食事でもどうかなと思って。あの、北海道の時の写真ができたからそれも
　　　　渡したいし。
さやか：え、ほんと？いいね。じゃ、どうしようか。
足立　：さやかさん、好き嫌いある？
さやか：うん、油っこいもの以外なら何でも大丈夫だけど。
足立　：あ、そう、さっぱりしてるもののほうがいいのかな。
さやか：うん。足立さんは？
足立　：ん〜、僕は何でもオッケー。
さやか：そっか。
足立　：うーん。そうだなあ。じゃあ、ベトナム料理はどう？
さやか：あ、いいね。どこかいいとこ知ってる？
足立　：渋谷にすごくおいしいところがあるんだけど、そこどうかな。
さやか：うん、いいね。じゃ、そうしよう。

II.1
[ナ：いろいろな場面で人を誘ったり、招待したりする会話を聞きます。]
（1）　D1-#37
麻利子：あ、とし君！
智堂　：あ、麻利ちゃん！。
麻利子：元気？
智堂　：うん。元気、元気。
智堂　：あの、えっと、今週の金曜日とかひま？
麻利子：うん。ひまだけど、どうして？
智堂　：えっと、なんか、今、いい映画やってるんやけども、あの、一緒に見に行かないかなと思って。
麻利子：ああ。どんな映画？
智堂　：えっと、『もののけ姫』。
麻利子：あ〜、聞いたことあるけど、
智堂　：あ、聞いたことある？
麻利子：見たことなくって、なんかすごくいい映画って聞いてたから、行きたかったんだ。

智堂　：うん。なんかすごいいい映画みたい。
麻利子：あ、ほんとに？え～、楽しみ！
智堂　：うん。じゃあ、えっと、映画はそれ8時からで、え～と、その前になんか食べて行こうか。
麻利子：あ、そうだね。何食べたい？
智堂　：えっと、近くになんかいいお好み焼き屋さんがあるから、そこで食べて行こうか。
麻利子：あ、いいね。私もお好み焼き大好き。
智堂　：うん。
麻利子：え～っと、じゃ、7時から食べるっていうことは、何時に待ち合わせしようか。
智堂　：えっと、6時半ぐらいでいいんじゃないかな。
麻利子：そうだね。えっと、じゃ、ハチ公前っていうのはどう？
智堂　：あ、ハチ公前、あ、うん。いいよ。
麻利子：うん。じゃ、金曜日に、
智堂　：金曜日の6時半
麻利子：うん。
智堂＆麻利子：ハチ公前。
麻利子：それじゃあね。
智堂　：それじゃね。
麻利子：ありがとう。
智堂＆麻利子：バイバイ。

（2）　D1-#38
先輩：足立君、足立君、どう、これから一杯？飲みに行かない？
足立：あ、すいません。あの～、今日はちょっと友達と約束があって…。
先輩：え～、そうなの。残念だなぁ。足立君は付き合いが悪いからなぁ。
足立：あ～、そんなことないですよ。また、今度、誘って下さいよ。
先輩：ん。じゃ、また今度。

（3）　D1-#39
足立：あっ、もしもし、足立ですが。
田中：もしもし、足立？田中だけど。
足立：お～、久しぶりだね。
田中：どう、仕事、忙しい？
足立：うん、まあね。
田中：ところでさ、映画のチケットがあるんだけど、今度の土曜日に一緒に行かない？
足立：映画？どんな映画？
田中：ほら、今、話題になってる、アニメだよ。
足立：あ～、アニメか～。俺、アニメはなぁ。あんまり…。ちょっと、悪いけど…。
田中：仕方ねーなー。
足立：ん～、悪いね。また今度ね。

（4）　D1-#40
足立：もしもし、桜井？足立だけど。
桜井：お～、足立、どうした？
足立：あの、今度の金曜日の夜ってヒマ？
桜井：金曜？
足立：うん。久しぶりにナイターでも行かない？
桜井：ん～、どことどこ？
足立：巨人と阪神。
桜井：おお巨人か。金曜日はヒマだから行こうかな。
足立：あ、ほんと？　じゃあさあ、6時頃、この前行った新宿の喫茶店で待ち合わせしない？
桜井：オッケ～。で、チケット、いくら？
足立：ん～っと、3000円。
桜井：結構するなあ。

（5） D1-#41
佐藤：もしもし、私、卒業生の佐藤と申しますが、片岡先生のお宅ですか。
片岡：あら、お久しぶりですね。仕事はどうですか？忙しいの？
佐藤：ええ、でも、ようやく会社の雰囲気に慣れてきたところです。
片岡：それはよかったですね〜。
佐藤：で、今日は、クラス会のことでお電話したんですが。
片岡：はい。
佐藤：来月の15日の日曜日、5時から、英文学科の卒業生でちょっとしたクラス会をするんですが、先生にもぜひおいでいただきたいと思いまして…。
片岡：あら〜、いいわね〜。で、場所は？
佐藤：え〜と、あの、新宿の小さいイタリア料理のお店なんですけど。オリーブっていうところです。
片岡：そうですか〜。あの〜、地図かなんかあります？
佐藤：はい。じゃあ、さっそく地図をお送りしますので。
片岡：じゃ、お願いします。15日の5時からですね。
佐藤：はい。久しぶりに先生にお目にかかれるの、楽しみにしています。じゃ、失礼します。
片岡：ごめんください。

（6） D1-#42
足立：あ、もしもし足立ですが…。
高橋：あ、足立君？高橋だけど。
足立：お〜、久しぶりだね〜。元気？
高橋：あ〜、元気だよ。足立君は？
足立：ん、まぁ、まぁ元気だよ。ど、どうしたの？
高橋：あ、あのさ〜、実はね、あの、今度、結婚することにしたんだ。
足立：え〜、結婚！？
高橋：おどろきでしょ？
足立：ほんとに？
高橋：ああ。
足立：あらら〜。や〜、それはおめでとう。
高橋：あ、どうもありがとう。でね、披露宴なんだけど、足立君に来てもらえないかなと思って。
足立：あ、もちろん、もちろん。で、あの、いつ？
高橋：えとね、10月の15日。…どう？
足立：あ、10月の15日。うん。大丈夫だと思うよ。
高橋：あ、ほんと、よかった。
足立：うん。
高橋：で、まあ、詳しいことは招待状を送るからさ。
足立：うん、わかった。あの〜、ぜひ行かせてもらうよ。
高橋：あ、よろしく。…それじゃね。

（7） D1-#43
上司：足立さん、足立さん、来週の土曜日、お忙しいですか。
足立：あっと、土曜日ですか。
上司：実はね、この前、家を新築したでしょう。
足立：ええ、ええ、ええ。
上司：で、会社の皆さんをお招きして、ちょとしたパーティーしようかなと思ってるんですけど、足立さんも来て頂けませんか？
足立：あ、いいんですか。
上司：ええ、ぜひ来てください。
足立：あ、じゃ、喜んで。
上司：あ、よかった。
足立：いや〜、なんか、あの、素晴らしいお宅だそうですね。
上司：いえ、小さい家なんですけどね。
足立：いや、いや。
上司：え〜と、じゃ、お昼頃でどうでしょう？

足立：ええ、大丈夫です。で、ええと、どちらでしたっけ？
上司：場所は所沢なんですけど、えっと、ちょっと駅から遠いんですけどね、ここに地図がありますから…。
足立：あ、わかりました。じゃ、これ見ればわかりますね。
上司：ええ。
足立：え、あの〜、喜んで。ありがとうございます。

III.1 (4)　D1-#44
[ナ：足立さんが同僚にレストランについて聞いています。]
足立　　：ブラウンさんって、よく外食します？
ブラウン：え〜、ま週に1、2回は…。どうしてですか。
足立　　：いや、実はね、忘年会の店を探してるんですよ。
ブラウン：忘年会って何ですか？
足立　　：あ、あの〜、年末に会社の人とするパーティーのようなものなんですけど。
ブラウン：そうですか〜。じゃ、みんなで行くんだったら、大きい店ですよね〜。
足立　　：う〜ん。
ブラウン：う〜ん、じゃあ、向かいのビルの地下にある、ミュンヘンは？
足立　　：ああ。あそこだったら近くていいですよね。
ブラウン：それに、たしか今は、ビールの飲み放題をしているはずですよ。たくさん飲めるから、いいんじゃないですか。
足立　　：飲み放題、あ、それはいいですね。
ブラウン：あ、でも、ちょっとうるさくて落ち着かないかもしれませんね。
足立　　：あ〜、それはちょっとね〜。
ブラウン：他の人にも聞いてみた方がいいですね。
足立　　：う〜ん、そうですね。

＊＊＊＊＊
D1-#45
足立：竹田さん、ちょっといいですか。
竹田：あ、はい。
足立：あの、僕、忘年会の店を探してるんですけど、竹田さんだったら、どんなところがいいと思いますか。
竹田：ああ、足立さん、忘年会の幹事さんですよね。
足立：ええ、新入社員がすることになってるからって言われちゃって。
竹田：そうね〜。う〜ん、私だったら、「ナポリ」がいいと思うけど。
足立：あっ、ナポリって、イタリア料理？
竹田：そう。足立さん行ったことある？
足立：いや〜、名前だけ。
竹田：なあんだ〜。あそこの料理は見た目はこってりしてるけど、食べてみるとさっぱりしてて、おいしいの。
足立：あ、ほんと。
竹田：うん。お店も、おしゃれだし。あ、でも、男の人は料理よりもお酒をたくさん飲みたいんですよね〜、きっと。そしたら、イタリアンじゃない方がいいのかも…。
足立：ん〜、どうかなぁ。でも、今度、一度誰かと行ってみようかなぁ。
竹田：そうね。じゃ、そうしてみて。

＊＊＊＊＊
D1-#46
足立：あの〜、山本さん、ちょっといいですか。
山本：うん、どうしたの足立君。
足立：あの〜、今度、僕、忘年会の幹事になってしまって、今、店を探しているんですけど、どこかいいとこ知りませんか。
山本：う〜ん、そうだね〜。ああ、「東京飯店」なんかどうかな。
足立：あ、「東京飯店」って、あの、ビルの15階かどっかにある中華料理の店ですよね。
山本：そうそう。あそこは店が新しいし、サービスもいいしね〜。注文するとさっと料理ができて、あまり油っこくないしね。
足立：そうですね。中華料理は、いいですよね。
山本：でしょう？そこにしたら？

274

Unit 6

II.1　D2-#1-5
[ナ：足立さんとブラウンさんが、課長の家に行く相談をしています。]
ブラウン：足立さん、
足立　　：はい。
ブラウン：今度の土曜日は課長の家の新築祝いですよね。
足立　　：ええ、ええ。
ブラウン：足立さんも行くんでしょ？
足立　　：ええ。あの、他に予定もないし、行くって返事してありますけど。
ブラウン：実は、あの〜、地図をもらったんですけど、なんだか迷いそうで心配なんですよ。
足立　　：あ、そうですか。…じゃ、一緒に行きましょうか？
ブラウン：ほんとに？そうしてもらえると助かります。
足立　　：ええ。あの〜、最寄りの駅は、西武線の所沢でしたよね。（ええ）じゃ、改札で待ち合わせして。
ブラウン：あの〜、所沢って改札はひとつだけですか？
足立　　：あ〜、ひとつじゃないかもしれないなぁ。じゃ、あの〜、念のために、下り線のホームの先頭で待ち合わせってことにしましょうか？
ブラウン：あ、そうですね。それなら、大丈夫ですね。（ええ）課長はお昼頃来いっていってたから、12時頃でいいですかね。
足立　　：う〜ん。所沢からバスだし、ま、手ぶらで行くわけにもいかないから。
ブラウン：あ、そうですね。
足立　　：ええ。駅のそばのデパートで、なんか手みやげでも買って行くとして…。（ええ）そうですね、まあ、11時半に待ち合わせしましょうか。（はい）まあ、それで十分間に合うでしょうし。
ブラウン：はい、わかりました。11時半ですね。
足立　　：ええ。
ブラウン：じゃ遅れないようにしますから。

[ナ：課長の家に着きました。]
足立　　：あ、この家のようですよ。表札が出てる。
ブラウン：12時10分ですね。ま、いいですよね。
（ピンポーン）
課長　　：あら、足立さん、ブラウンさん、遠いところ、来てくださってありがとうございます。
足立　　：あ、どうも〜。今日はお招きいただいて、どうもありがとうございました。
課長　　：いえいえ。
ブラウン：立派なお宅ですね〜。
課長　　：いいえ、小さい家ですけどね…。さ、どうぞ、おあがりください。
足立　　：あっ、おじゃまします。
ブラウン：失礼します。
課長　　：はい、どうぞ。

[ナ：課長の家で部屋に通されます。]
課長　　：じゃ、こちらの和室にどうぞ。
ブラウン：あ、ありがとうございます。
足立　　：あ、どうも。
課長　　：足をくずしてお楽にしてくださいね。
足立＆ブラウン：あ、はい。どうも。
課長　　：あの、もうすぐ、他の方もみえると思うので、その後でお昼にしましょう。
ブラウン：はい。
（お茶を入れる）
課長　　：じゃ、お茶どうぞ。
足立　　：あ、どうぞ、あの〜、おかまいなく。あ、課長、これ、あの〜、つまらないものですが、どうぞ。
課長　　：あら、わざわざすみません。じゃ、遠慮なくいただきます。こんな気をつかってくださらなくてもいいのに…。
足立＆ブラウン：いや、とんでもない。
ブラウン：あ、いや〜、しかし、ここは静かでいいところですね。

課長　　：そうですか～。
ブラウン：緑がたくさんあって、きれいだし。
課長　　：そうですね。まあ、この辺は、少し不便なんですけど、まだ自然が残ってるんですよ。

[ナ：そろそろ帰る時間です。]
足立　　：あ、もうこんな時間ですね。じゃあ、そろそろ失礼します。
ブラウン：あ、じゃ、私もそろそろ…。
課長　　：あら、まだいいじゃありませんか。もっとゆっくりしてってください。
足立　　：あ、いや～、実はこの後、日野の実家によることになっていまして。
ブラウン：私も、あの～、これから人に会うことになってまして…。
課長　　：あ、そうですか。じゃ、あんまりお引き止めしても悪いですよね。じゃあ、またいらっしゃってくださいね。
足立＆ブラウン：はい、ありがとうございます。

[ナ：玄関で]
足立　　：あっ、今日はごちそうになりました。
ブラウン：どうもごちそうになりました。
課長　　：いいえ、何のお構いもしませんで…。
ブラウン：いやいや、すっかりごちそうになりまして…。
課長　　：いいえ。
足立　　：じゃ、失礼します。
ブラウン：お邪魔しました。
課長　　：今日は遠いところありがとうございました。
足立＆ブラウン：失礼します。

[ナ：翌日、会社で]
足立：あ、課長、おはようございま～す。
課長：あ、おはようございます。
足立：あ、昨日はどうもありがとうございました。
課長：いえいえ、こちらこそ、来てくださってありがとうございました。また、いらしてくださいね。
足立：ええ、ありがとうございます。

III.1　D2-#6-7
[ナ：友達の桜井さんが足立さんのアパートに遊びに来ました。]
（トントン）
足立：お～お～、入って入って。遅かったじゃん。迷ったの？
桜井：ううん。ちょっと朝もたもたしてて、出遅れちゃったから。
足立：あ、そう。なんか、悪いな、散らかってて。その辺の本、どっかどかして、適当に座って。
桜井：うちもひどいけど、足立のところも結構散らかしてるね～。
足立：いや～、最近そうじするのが面倒でさ～。で、何か飲む？
桜井：何があんの？
足立：えっと、コーヒーと紅茶と、あとコーラ。あ、それからビールもあるけど。
桜井：じゃ、コーヒー。
足立：ん。いや～、こう見えてもさ～、コーヒーには結構うるさいから、ちゃんと豆挽いて入れてるんだ。
桜井：へ～、意外だね～。

[ナ：そろそろ帰る時間です。]
桜井：じゃ、そろそろ帰る。
足立：あ、そうか。
桜井：ん。また明日仕事もあるし…。
足立：あ～、明日、仕事か～。
桜井：まあ、また今度。
足立：ああ、そうだな。
桜井：じゃ、またな。
足立：あ、じゃ～ね。

IV.1　D2-#8
[ナ：アメリカ人の学生が、日本人の先生に、贈り物についてインタビューしています。]
（S：アメリカ人の学生、T：日本人の先生）
S：片岡先生、今日はおみやげ、って言うんですか、贈り物についてお教えいただきたいと思います。
T：はい。
S：日本人はおみやげをよく人にあげる習慣があるって聞いたんですが…。
T：はい。あの、確かに日本人はよく人にお土産をあげるんですが、その前にちょっと申し上げておくと、お土産っていう言葉を、日本語を勉強している外国の学生さんはよく間違って使われるんですね。
S：はあ。
T：あの、present とか gift という言葉の日本語訳として言ってらっしゃるようなんですが、全く同じという訳ではないんです。
S：あ、そうなんですか。
T：ええ。あの、人に差し上げるものとして、言葉で言えば、贈り物、お土産、手土産などがあって、で、贈り物の中にも、分け方はいろいろあるんですが、御中元、御歳暮、お祝い、え〜、それから御見舞、等色々あります。（はい）最近では、クリスマス・プレゼントとかバースデー・プレゼントなんていう、カタカナで書く贈り物もたくさんありますからね。
S：じゃあ、お土産っていうのは、何なんですか。
T：ええ、これはですね、大抵、どこかへ行った人が行った先の物を買ってきて人にあげるのをお土産っていうんです。
S：はい。
T：例えば、北海道へ行った人が、北海道名物のお菓子とか人形とかを買ってきたり、それから、アメリカへ行った人が、チョコレートやビーフジャーキーやそれからミッキーマウスの人形なんかを買ってきたりね。
S：そういうお土産は誰に買って帰るんですか。
T：うん。これはもらう人は誰でもいいんですけどね、まあ、大抵貰うのは、家族とか友達、（はい）それから、お世話になっている人たちですね。あ、それから、これも日本の習慣で、「お餞別」って言って、旅行に出る前に何かをくれた人、これは、もう絶対にお土産を買って帰らないといけません。
S：じゃ、お土産というのは旅行に行った人が買ってくるプレゼントのことなんですね。
T：ええ、あの、必ずしも旅行とは限らないんですけどね。
S：と言うと？
T：ん、例えば、ちょっと出かけていたお母さんが留守番をしていた子供にお菓子やおもちゃを買ってくるとかっていうのも、お土産になります。（ふうん）で、私が4、5才のころ、父が週に必ず一度ぐらい、チョコレートやお菓子を、「はい、今日のお土産」っていって手渡してくれたのをよく覚えていますよ。
S：あ〜、それは嬉しかったでしょうね。
T：ええ。だから、まあ、お土産っていうのは、どこかへ行った人が行かなかった人に買ってきてあげるものとでも言っておけばいいでしょうかね。
S：あの、じゃあ、さっきおっしゃった、手土産、ですか、それはお土産とどう違うんでしょうか。
T：ええ、手土産は、ですね、これは、誰かを訪ねて行く時に持って行くものなんです。どこかのお宅に呼ばれたとか、友達の家に遊びに行くとか、そんな時に持って行くものなんですね。
S：夕食に招待されると、アメリカでも花やワインを持って行ったりしますけど、それと同じなんですか。
T：う〜ん、同じようなものですけど、ちょっと違うかもしれません。あの、食事に招待された時には勿論、手土産を持って行きますけど、そうじゃなくても持って行くんですね。（ふうん）あの、食事時間じゃない時に誰かの家に行ってもそうだし、他に、そうですね、例えば、昔お世話になった大学時代の先生の研究室についでがあるからご挨拶に行く、なんていう時にも手土産を持って行きます。
S：そんな時には、どんなものを持って行くんですか。
T：そうですね、ま、大抵、洋菓子…、例えば、ケーキとかゼリーとか、クッキーですね。それから果物、勿論、和菓子を持って行く人もいますね。で、最近は若い人の間ではワインを持って行く人も多いようです。
S：じゃあ、アメリカの習慣とはちょっと違いますね。
T：ええ。あ、それから、これは大切なことですけれども、日本では手土産って言っても、結構値段の高いものが多いんですね。安くても千円ぐらいから、2、3千円ぐらいまで。
S：わあ、それは大変ですね。特に私達貧しい学生にとっては…。手づくりのクッキーなんかはだめなんですか。

277

T：うん。私だったらそれはとても嬉しいし、喜んで下さる方はたくさんいらっしゃるでしょうけど、親しい人じゃなくて、しかも目上の人には、有名な店で買って行った方が無難ですね。日本では、プロが作る物の方がずっと質や味がいいっていう風に思われていますからね。
S：分かりました。今日はお忙しいところを、どうもありがとうございました。
T：いいえ。

IV.4　D2-#9
[ナ：社員食堂で足立さんが先輩の山本さん、本田さんにお中元のことで相談しています。]
足立：あの〜、お聞きしようと思ってたんですけど、皆さん、お中元ってあげてるんですか。
山本：ああ、お中元。うん。あげてるよ。課長と部長に。
足立：本田さんもですか。
本田：うん、僕も、部長と課長に毎年。
足立：そうか。やっぱりあげるものなんですね。
本田：うん、まあ、やっぱり。
足立：デパートから配達するんですか。
本田：そう、そう。去年、僕、何贈ったかなあ。
山本：僕は松坂牛、贈った。
本田：へ〜、松坂牛。いいなぁ。僕のところにはそんなの届かなかった。
山本：お前のところに贈るかよ。
本田：そうか。僕は何贈ったっけ。あ、たしかワインだったかな。両方とも。
足立：あ、部長も課長もワイン飲むんですか。
本田：うん、好きみたい。
足立：あ、そうですか。
山本：今年は何にしようかなあ。いつも迷うんだよなあ。
本田：そうだなあ。そろそろ、考えないとな。

VI.　D2-#11
[ナ：訪問の予定を変更する会話を聞きます。]
（１）
先生：あ、もしもし。
足立：あ、あの、小石先生のお宅ですか。
先生：はい。
足立：あの〜、足立と申しますが…。
先生：あ、足立さん？
足立：あ、どうも。あの〜、実は、今日そちらにおじゃますることになっていたんですが、あの〜、今朝からちょっと具合が悪くて…。
先生：まあ、そうですか。風邪ですか。
足立：ええ。なんか、そうみたいなんです。
先生：あ、大変ですね。
足立：ええ。で、申し訳ないんですが、今日はちょっと行けそうにないんですが…。
先生：あら、そうですか、残念ですね。でも、風邪だったら仕方ないですね。
足立：はあ。
小石：じゃ、また、今度ぜひ遊びにいらして下さいね。
足立：ええ、ありがとうございます。や〜、本当にすみません。
先生：いいえ。
足立：あ、じゃ、失礼します。
先生：はい、じゃ、お大事に。

（２）D2-#11
課長：はい、霧島でございます。
足立：あ、あの〜、足立ですが…。
課長：あ、足立さん？
足立：あ、課長ですか。
課長：ええ。

足立：あ、すみません、あの〜、今そちらに向かっているところなんですが、実は小田急線が踏み切り事故でずっと止まっちゃいまして…。
課長：え、そうですか。大変ですね。
足立：ええ。で、今やっと新宿に着いたところなんですよ。
課長：あ、そうですか。
足立：で、あの〜、大変申し訳ないんですが、多分、あの、3、40分遅れてしまうと思うんですが…。
課長：あ〜、そうですか。はい、わかりました。
足立：あ、すいません。
課長：いえ、大丈夫ですよ。
足立：じゃ、あの〜、なるべく早く行きますんで。
課長：あ、はい、わかりました。じゃ、後ほど。

（3）D2-#12
菅原：もしもし
上岡：あ、もしもし、上岡ですけど。
菅原：あ、おはよう。
上岡：起きてた？
菅原：うん。
上岡：あ、よかった。あの、今日遊びに行くことになってたんだけど、（うん）実はちょっと家の仕事が急に忙しくなっちゃって、手伝えって言われて〜。
菅原：あ、本当？
上岡：悪いんだけど、また今度…。
菅原：あ、うん。
上岡：ごめんね。
菅原：ううん。じゃ、頑張ってね。
上岡：うん。じゃ、またね。

Unit 7

II.1　D2-#13
[ナ：日本の会社で仕事をしているアメリカ人に、どんな悩みがあるかインタビューしました。]
（1）
（イ：インタビューする人、ペ：ペレズ）
イ：ところでペレズさんは、日本の会社で日本人と毎日仕事をしてらっしゃるわけですけど、何か悩みとか困ったことありませんか。
ペ：そうですね。やっぱり、文化の違うところで毎日暮らしていると、困ることってありますね。
イ：あ、そうですか。例えば、どんなことですか。
ペ：私が今困ってるのは、休憩時間とか食事の時間にね、他の人と話をあわせるのが、大変だなって思ってるんです。
イ：あ、そうですか。他の人と話を合わせるっていうのは、どういうことですか。
ペ：う〜ん…、食事の時間なんか、やっぱり私は他の女子社員と食堂に行ったりすることが多いんですね。彼女達、よく小さなことについて話すんですよ。"small talk"っていうのかな。あんまりそういう話についていけないんですね。
イ：うん、うん。
ペ：だから、同僚と一緒にいても楽しいっていう感じがしないんです。
イ：あ、そうですか。どんな話題が多いんですか。
ペ：そうですね。ファッションとか、持ってるものとか、レストランの話とか、ペットの話なんか多いんですね。そういう話もすこしだったらいいんですけど、すごく多いから、そんなこと、どうでもいいって思っちゃうんです。
イ：あ、そうですか。じゃ、ペレズさんは同僚とどんな話がしたいと思いますか。
ペ：ううん… そうですね。もう少し… 今社会で起こってるような問題とか、自分の意見を言ったり、内容のある話ができたらいいな〜と思います。
イ：あ、そうですか。そうですね。確かに職場の人とそういった意見を交換するというのは、日本人はあまり得意じゃないかもしれませんね…。
ペ：あ、そうですか…。

（2）D2-#14
（イ：インタビューする人、ウ：ウッド）
イ：ウッドさんは、日本人ばかりの中で仕事してらっしゃって、「困ったな」と思われることはありますか。
ウ：ええ、ありますね。
イ：あ、そうですか。どんなことですか。
ウ：今困ってることの一つは、みんなグループ意識が強いっていうか、他の人に気を遣うっていうか、たとえば、会社は一応5時になったら、退社してもいいということになってるんですけど、誰も帰らないんです。
イ：あ、そうですか。
ウ：仕事が終わった時でも、他に終わっていない人とか、忙しい人とかいると、なんか仕事を見つけてしてたりするんですよ。
イ：あ、なるほどね。
ウ：それで、私は、スポーツクラブとか行きたいから、仕事が5時に終わったときは、それで帰りたいんですけど、みんなまだいるから、「お先に失礼します」と言いにくいんです。
イ：あ、そうですか。
ウ：時々頑張って言うんですけどね…。アメリカ人は、私一人だけだし… やっぱり、ちょっとやりにくいんですよ。でも、残業する必要がないなら、帰って当然だと思うし…。
イ：そうですね。

（3）D2-#15
（イ：インタビューする人、マ：マイケル）
イ：あの〜、マイケルさんは、日本語もほんとにすばらしいし、しばらく日本の会社で仕事をなさってらっしゃいますから、「困ったな」と思われることなんか、ほとんどないんじゃないんでしょうか。
マ：う〜ん。そうですね。確かに日本語がわからなくて困るというケースは、ほとんどないですね。
イ：ええ。
マ：ええ。私は、日本で仕事をして、まぁ、今年3年目ですし、大分慣れてきましたから。
イ：ああ、そうですか。
マ：あっ、でも、やはり困ることも時々あるんですよ。
イ：あ、そうですか。それはどんなことですか。
マ：う〜ん、言葉の奥にある考え方と言えばいいかなあ、言ってることはわかるんですけれど、なぜそういう風に考えるのかが、まだわからないケースがあるんですね。
イ：ふ〜ん。
マ：まあ、簡単に言うと、日本人の考え方がまだよくわからないということでしょうかね…。
イ：と言いますと、例えばどんな時ですか。
マ：ん〜、そうですね…。例えば会議の時に、いろいろ意見を出して、何か決めますね。
イ：ええ。
マ：その時、いろいろな人の言ってること、まぁ、その言葉の意味は理解できるんですけれども、最後にやっぱりこの方法がいいっていうことになって、決まる時、どうしてみんながそういう方法がいいと思うのかが、わからないんですね。（ふうん）それまでに出た意見や方法を考えると私だったら別の結論になるんですよ。恐らく、アメリカ人だったら、同じ条件で日本人とは別の結論になると思います。
イ：ああ、そうですか。それはどうしてなんでしょうね。
マ：う〜ん、だから、言葉には出てこない日本人の考え方とか、文化があるんだと思うんですけど、その辺のことがまだよくわからないんです。だから、なぜそういうふうに考えるのか、わからないっていうことがあるんですね。
イ：あ、そうですか。
マ：ん〜、ですから、やはり、言葉がわかっても、ま、日本の文化や人の考え方がわかるようになるには、時間がかかるということですね。
イ：なるほどね。難しい問題ですね。
マ：ん〜、そうですね。

III.1　D2-#16
[ナ：いろいろな場面で助言をする会話を聞きます。]
（1）
佐藤　　：あ、長谷川さん、ちょっとお話したいことがあるんですが…。
長谷川：あら、何？

佐藤　：あの〜、今ここではちょっと話しにくいんですけど、仕事の後、お時間ありますか。
長谷川：いいですよ。じゃ、5時半頃ね。
佐藤　：はい。

[ナ：喫茶店で]
佐藤　：どうもすみません、お忙しいのに。
長谷川：いいえ。で、どうしたの。
佐藤　：実は昨日母から電話があって、（ふん）お見合いをしたらどうかって言われたんです。
長谷川：あ、そう。
佐藤　：うん、あなたも、もう27才だからって。それで、叔父の会社の人でとてもいい人がいるから是非会うようにって…。
長谷川：いいじゃない。
佐藤　：でも、私、当分結婚する気はないんですよね、どうしたらいいかなと思って…。
長谷川：どうして結婚したくないの？
佐藤　：だって、今仕事がとっても面白くなってきたところだし、やめたくないんですよ。
長谷川：結婚したからって、仕事やめなくてもいいでしょう？
佐藤　：でも、私、長谷川さんみたいにタフじゃないから、両方は無理だと思うんですよ。
長谷川：いや、私だって、タフじゃないよ。家の仕事も会社の仕事もいい加減にやっているだけ。
佐藤　：え〜、そんなことないですよ。長谷川さんの仕事すごいから。
長谷川：ううん、本当に適当にやってるの。それに家のは、家事に協力的だから、そんなに大変じゃないのよ。
佐藤　：え〜、そんな男の人って、いるんですか。
長谷川：今じゃ、たくさんいるのよ。その、叔父さんの会社の方っていう人も、もしかすると、新しい考え方の人かもしれないし。
佐藤　：う〜ん。
長谷川：とにかく一度会ってみたらどう？
佐藤　：そうですね…。
長谷川：嫌な人だったら、おつきあいしなければいいんだし…。（うん）だめでもともとよ。もしかしたらすごくいい人かもしれないしね。
佐藤　：う〜ん、そうですね。じゃ、一度、会うだけ会ってみようかな。
長谷川：そうしなさいよ。
佐藤　：ええ、そうします。どうもありがとうございました。

（2）　D2-#17
学生：先生、ちょっとお話があるんですが、今お時間ありますか。
教授：ええ、いいですよ。どうしたんですか。
学生：あのう、実はここ2、3週間クラスが難しくなって、よく分からないんです。勉強はしているんですが、やっぱり分からなくって。どうしたらいいでしょうか。
教授：そうですか。ええっと(ノートをめくる音)、う〜ん、そうですねえ、確かに高橋さんの小テスト、このところ下がっていますねえ。
学生：ええ、それでとても心配で。今までAとBしか取ったことがなかったので、悪い成績は取りたくないんです。
教授：う〜ん。で、高橋さんはどうやって勉強してるんですか。
学生：はい、教科書を読んで、練習問題をしているんですが。
教授：アメリカ人の友達とは話をしたりテープを聞いたりしてるの?
学生：いいえ、そんな時間はないですから。
教授：ああ、それじゃあだめですよ。外国語の勉強っていうのは、実際に使ってみなければ上手になりませんよ。特にこのクラスは聞き取りが大切だから、本だけ読んでもだめなんですよ。
学生：はあ。
教授：明日から、カンバーセーションアワーに行って、毎日3人のアメリカ人と15分ずつ話してみたらどうですか。1ヶ月ぐらいでかなり聞けるようになりますから。
学生：はい、分かりました。じゃあ、やってみます。どうもありがとうございました。
教授：はい。またしばらくしたら、話しに来てくださいね。うまくいっているか、私も知りたいから。
学生：はい。分かりました。失礼します。

（3） D2-#18
ブラウン：あ、足立さん、
足立　　：おお、ブラウンさん、ブラウンさんも、今帰りですか。
ブラウン：ええ、毎日忙しいですね。
足立　　：そうですね… やんなっちゃいますね…。
ブラウン：あの〜… 足立さん、
足立　　：はい、
ブラウン：あの… ちょっと… 相談にのってほしいことがあるんですが…。
足立　　：ああ、あ、いいですよ。僕でよかったら。じゃ、その喫茶店でどうですか。
ブラウン：はい、すみません。

[ナ：喫茶店で]
足立　　：どうしたんですか。
ブラウン：ええ、実は… プライベートなことなんですが…。
足立　　：ええ。
ブラウン：実は… 今つきあってる人がいるんですけどね〜。
足立　　：あ、そうですか。
ブラウン：ええ、すごく優しい人なんですけどね〜。
足立　　：ええ。
ブラウン：それが、時々、彼女何考えてんのか、よくわからないことがあるんですよ。
足立　　：は〜、そうですか。
ブラウン：それでこの間、何か話してたら、「私の気持ちがわかってない」っていわれちゃって…。
足立　　：はあ…。
ブラウン：そんなことがあって、よく考えてみると、これは、やっぱり、自分の日本語が未熟なせいなかあ
　　　　　…とか、悩んじゃって…。
足立　　：ええ…？
ブラウン：やっぱり、私は(彼女の日本語が)わかってるようで、わかってなかったのかな…っていう気がす
　　　　　るんですよ。
足立　　：そうかなあ…。僕、ブラウンさんの日本語は、全然問題ないと思うけど…。
ブラウン：そうですか。
足立　　：うん。全然問題ないですよ。
ブラウン：そうでしょうか。
足立　　：ええ。ま。でもね、ブラウンさん、人の気持ちがわかるって、時間のかかることじゃないですか。
ブラウン：ええ。
足立　　：たとえ言ってることがわかっても、どういう気持ちでそういってるのかわかるには、やっぱり時
　　　　　間がかかりますよ。（はい）ま、違う人間同士ですからね…日本人同士だって、そういうこと、
　　　　　しょっちゅうありますよ。
ブラウン：そうですか。
足立　　：ええ、僕だって、彼女のこと、考えてること、わからないこと、よくありますからね。
ブラウン：そうですか。
足立　　：うん。だから、日本語の問題じゃないですよ。
ブラウン：そうでしょうか。
足立　　：うん。そうですよ。だから、ブラウンさん、まあ、そんなにあせらないで、あまり気にしない方
　　　　　がいいんじゃないですか。
ブラウン：ええ、そうですね…。
足立　　：ええ、そうですよ。まあ、相手の人だって、ブラウンさんのこと、本当にわかるようになるには、
　　　　　時間がかかるんだから…。
ブラウン：そうですね…。
足立　　：ま、ブラウンさん、だから、ま、元気出してくださいよ。
ブラウン：はあ。や、足立さん、どうもありがとうございます。

（4） D2-#19
足立：お、石口、こっち、こっち。
石口：いや、元気そうだな。
足立：ああ。

ウエイトレス：いらっしゃいませ。
石口：すみません。コーヒーください。
ウエイトレス：はい、ホットでございますね。
石口：はい。
足立：いや～、久しぶりだなあ。
石口：うん。今日は悪かったな、急に呼び出して…。
足立：いやいやいや、いいよいいよ。でも、どうしたんだよ。何か深刻な顔して…。
石口：う～ん。俺、仕事やめたんだ…。
足立：え～っ、どうして…。あんなにいい会社に就職したのに…。
石口：うん、それがさぁ、何かわかんなくなっちゃったんだよ、自分が何がやりたいのか。
足立：って、ど、どういうことだよ。
石口：考えてみたらさあ、俺って、学生の時は、とにかく勉強してりゃいいっていうか、どっかで勉強を生きがいにしてたとこ、あったんだよな。
足立：ん～、ま、そうだよな。おまえって俺と違って秀才タイプだもんな。
石口：そうか？
足立：う～ん。いや、硬いやつだなと思ったけど、でも、あんなに真面目に勉強できるなんてすごいなって思ってたんだぜ。
石口：う～ん。まあ、そんなくそ真面目だから、大学だって、ちゃんと入れてくれたとこあったのに、自分の絶対行きたい大学に入ろうと思って、それ蹴って浪人までしてさ…。
足立：う～ん、ま、根性あるなぁと思ったよ。
石口：で、大学入っても彼女も作らず、サークルにも入らず、勉強して、勉強して…。
足立：うん。
石口：会社に入って毎日仕事してるうちに、こんな仕事俺に向いてるんだろうかとか、今までの俺の人生って、なんてつまんなかったんだろうって思うようになってきてさ…。
足立：そうか…。
石口：勉強がなくなったら、自分が何がやりたいのか、わかんなくなっちゃって…。
足立：う～ん。
石口：なんか、心の支えっていうかさ、そういうのがなくなっちゃったんだよ。
足立：なるほどね…。
石口：で、そんな感じで毎日会社行ってんのが辛くなっちゃってさ、もうだめだって、やめちゃった。
足立：そうか。でも思いきったことするよなぁ…。だけど、考えてみろよ。おまえ生きがいがわからないっとかって言うけど、おまえ今まで結構すごいこと、やってきたんだぜ。
石口：そうか？
足立：ああ。だいたい、みんながぶらぶら遊んでる時に、あんなに一生懸命勉強できるなんて、すごい集中力だよ。
石口：そうかなぁ…。
足立：ああ。それにおまえ、忍耐力だって結構あるじゃん。
石口：そうでもないよ。
足立：いや、そうだよ。だいたい、「俺の生きがいは…」なんて考えてるところがさ、優秀な証拠だよ。それって、自分のやってることを客観的に見られるってことじゃない？
石口：う～ん…。
足立：だからさ、まずは、自分の今までの生き方なんてさ、そんなつまんないこと考えないで、いいとこ見たらどうだ？とにかく、まあ、自分をそんなに否定しないでさ、もうちょっと肯定的に考えてみたら？
石口：う～ん。
足立：それにさ、まあ、「生きがい」とかって言うけど、そんなもん、何かやってるうちに見つかるもんなんじゃないかなぁ。
石口：う～ん。
足立：最初は何とも思ってなかったことが、気がついてみたら、いつのまにか生きがいになってるなんてことさ、よくあるしさ。
石口：そうかなぁ…。
足立：うん。もっと人生、気楽に考えた方がいいよ。
石口：そんなもんかなあ…。
足立：ん、そうだよ。まっ、それにさ、せっかく会社やめたんだからさ、この機会に自分の興味のあること、いろいろためしてみたら？
石口：まあ、そうだな。

足立：ん〜。
石口：足立にそう言われると、何か少し気が楽になってきたよ。うん、よかったよ。おまえと話ができて…。
足立：うん、頑張れよ。
石口：うん。

V.1　D2-#20
[ナ：菅原さんが先生に相談をしています。]
菅原：すみません、先生。今ちょっとよろしいですか。
教授：あ、はい、いいですよ。
菅原：あの〜、実はちょっと御相談したいことがあるんですけど…。
教授：ええ。どうしましたか。
菅原：あの〜、専攻のことなんですけど…。実は、今、ちょっと悩んでいるんです。
教授：あ、そうですか。どうしたんですか？
菅原：はい。あの〜実は、私、高校の時数学がとても好きで、で、ま、得意だったんで、将来は数学の先生になりたいと思って、それで、数学科に入学したんですけど…。
教授：あ〜、そうですか。
菅原：実は、最近、なんか数学の専門の授業が難しすぎて、で、こんな状態で、あと3年近くも、数学の勉強を続けていけるかな〜って、なんか自信がなくなってしまって…。
教授：あ、そうなんですか。
菅原：はい。
教授：それは、困りましたね〜。
菅原：ええ。で、この大学の中で、今から専攻を変えることができないかなと思ってるんですけど…。
教授：あ、そうですか。
菅原：はい。
教授：で、何に変えようと思っているんですか。
菅原：えっと〜、教育学なんですけど…。あの、やっぱり、教えることには関心がありますし…。
教授：あ、そうなんですか。
菅原：ええ。
教授：ん〜、そうですね〜…。
菅原：あの、転部するのは難しいんでしょうか。
教授：ええ、まあ、数学から化学科とか物理科とか同じ理学部の中だったら、あまり問題ないんですけどね〜。
菅原：ああ。
教授：でも、この場合、他の学部だから、ちょっと、どうでしょうね。
菅原：あ、そうですか。
教授：そうですね〜。でも、とにかく一度、教育学部の先生に会って、詳しい話を聞いてみたらどうですか。それに、年度の途中では、転部は無理ですから、今のところは、もう少し数学を頑張ってみた方がいいんじゃないですか。
菅原：はあ。そうですね。
教授：また頑張っているうちに、興味がわいてくるかもしれませんよ。
菅原：そうですね…。じゃ、そうしてみます。
教授：はい。じゃ、頑張って。またいつでも相談にきて下さいね。
菅原：はい、今日はどうもありがとうございました。
教授：いいえ。

V.2　D2-#21
[ナ：上岡さんと足立さんが喫茶店で話をしています。]
上岡：足立君、ごめんね、急に呼び出して。
足立：ううん、別に。
上岡：いやあ、実はね、ちょっと相談したいことがあって…。
足立：ああ。どうしたの。
上岡：それがね、あの、今同じチームにいる先輩なんだけど、無視するの、私のこと。
足立：あ〜、何？女の人？
上岡：う〜ん。3つ上の人なんだけどね。
足立：ふ〜ん。何、何かあったの？

上岡：ううん。別に何もないんだけど。…失礼なこと言ったり、生意気なこと言ったりした覚えもないし…。
足立：ふ〜ん。
上岡：でね、あんまり無視される状態が続くもんだから、言ったの、その人に。「私に悪いところがあったら言って下さい。」って。
足立：うん、それで？
上岡：うん、そしたら、「いや、別にないよ。」って。
足立：ふ〜ん。
上岡：で、どうしたらいいかわからなくって、この間このことを前のチームの上司に相談してみたの。
足立：うん。で、何て言ってた？
上岡：うん、きっと私が仕事ができるの、ひがんでるんだよって。放っとけばそのうちなおるよって言うの。
足立：うん。
上岡：でもねえ、もう一ヶ月も続いてるのよ、これ。どうしたらいい？　足立君。
足立：う〜ん。難しいね〜。…そうだなぁ。ま、ひとつ言えることは上司には相談しないほうがいいんじゃない。無視してる先輩にしてみればおもしろくないじゃない。
上岡：う〜ん。
足立：なんか告げ口されてるみたいでさ。
上岡：うんうんうん。
足立：で、さっちゃん自身は悪気がなくても、それって、結構マイナスに働いちゃうからさあ。
上岡：う〜ん、そうかあ。
足立：まぁ、一度、直接聞いてみたって言うけど、もう一度直接当たってみたらどうかなあ。どうして無視するんだってさ。（う〜ん）それでも続けるようだったら、仕事は仕事って割り切っちゃっていくしかないんじゃない。
上岡：う〜ん。そうよね。
足立：う〜ん。で、まぁ、それに、その人に遠慮して仕事、手抜いたりしない方がいいよ。だって、そんなことしたら、ほら、さっちゃんの方が損するじゃない。
上岡：うんうんうん。
足立：だから、まぁ、しばらく我慢して、仕事に打ち込んだらどうかなぁ。
上岡：うん、そうね。そうする。足立君ありがとう。ちょっと元気がでた。
足立：うん、ま、また、しばらくして、あの〜、様子教えてよ。
上岡：うん、そうする。ありがとう。

Unit 8

I.2　D2-#22
[ナ：いろいろな場面で人をほめる会話を聞きます。]
（1）
[ナ：女の人がバレエを習っている林さんと鈴木さんに話しかけます。]
藤井：あ、今日バレエ、どうだった？
林　：ええ、面白かったんですけど、すごい厳しい先生で…。
藤井：あ、ほんと。
林　：私、やっぱり一番できなかったんですけど、鈴木さんすごい上手で…。
藤井：へ〜。
鈴木：え、そんなことないわよ。
林　：ほんとに上手よ。
鈴木：私、子供の時から始めたわけじゃないから、ほんと、そんな上手じゃないの。
林　：でもね、ジャンプする時とか、前のクラスでもそうなんですけど、あの、その、ユージーン・バレエのね、先生よりも高く飛んじゃったりするの。
藤井：え、すごい。う〜ん。
林　：で、アメリカの人とか上手な人いますけど、子供の時からやってると、なんかね〜、その優雅な、例えば、手とか足とかって、なんかちょっとそのね、優雅な感じ。
藤井：うん。
林　：お茶のお稽古してたからか、なんかわからないけど…。すごいなんかそういうところとか違うなあって思って…。ああいうのって教えてもなんか習えるもんじゃないから…。
藤井：鈴木さん、普段からすごい優雅な感じですよね。
鈴木：え、そんなことないですけど…。

林　：着物着てもすごい似合うし。
藤井：あ、ほんと～。へ～、すごい。
林　：ね、似合いましたよね。
鈴木：そんな風に言われると、恥ずかしいんだけど…。
林　：そんなことないわよ。得意に、自慢に思ったらいい…。
鈴木：いやいや、そんなことないわよ。

（２）　D2-#23
[ナ：部屋の掃除をした女の人が別の女の人に話しかけます。]
片岡：ね～ね～、淳子さん、見に来て、ちょっと。
林　：なんですか？
片岡：来たらわかるからさ。
林　：お宅のオフィス…。
片岡：はい。
林　：ですか。
片岡：そうそうそう。
林　：はい、はい、はい、なんでしょ。
片岡：ね～。
林　：や～。きれ～い！
片岡：でしょ～？
林　：どうしたんですか？
片岡：片付けたの、二日かけて。
林　：二日。ずいぶんきれいになりましたね～。
片岡：でしょ～？苦労したのよ～。
林　：ふ～ん。全然違う感じ…。広かったんですね、このオフィス。
片岡：でしょ～？
林　：すごい。お疲れ様でした。
片岡：いえいえ。

（３）　D2-#24
[ナ：パーティーで２人の女の人が話しています。]
片岡　：ゆずるちゃん、今日すっごい素敵ね～。
ゆずる：ありがとうございます。
片岡　：なんか、お化粧して、すごくいいドレス着てるのかな？あ、すごくかわいい。
ゆずる：いつもはお化粧してないんですけれども、今日は口紅とアイ・メイクだけして来ました。
片岡　：それでかな。すごく素敵だわ。
ゆずる：ありがとうございます。

（４）　D2-#25
[ナ：ホーム・パーティーで大人と子供がゲームをしています。]
大人：すごい、すごいな～！すごいね。…じゃ、えみちゃん、できるかな？
大人：強かったね、せ～のっ！
大人：すご～い！強いね、力持ち！

（５）　D2-#26
[ナ：パーティーで男の人が女の人と話しています。]
當作：中浜さん、きれいなブラウスですね～。
中浜：これ、あの、こないだ買ったんですけど…。
當作：いいブラウスですね。ほんとによく似合いますね。
中浜：あ、ありがとうございます。私、黒好きなんですけれど…。
當作：ええ。
中浜：でも、なんか、安かったもんですから、バーゲンだった…。
當作：いや、そんな、バーゲンに見えないですよ。ほんとにいいブラウスで。
中浜：あ、そうですか。ありがとうございます。
當作：高いでしょ。100ドルとか、それぐらいでしょ。

中浜：とんでもないです、とんでもないです。
當作：いや、ほんとによく似合いますよ。
中浜：いや、ありがとうございます。

(6)　D2-#27
[ナ：パーティーで男の人と女の人が話しています。]
橋田：當作先生の奥さんって、すっごく素敵な方なんですって～？
當作：いや、そんなことないですよ。ほんとに愚妻でもう料理は下手だし。もう…。
橋田：へ～、そうですか？片岡先生も上手だっておっしゃってましたよ。

II.　D2-#28-37
[ナ：文章に出てきた会話例を聞きます。]
1. A：わ～、字がお上手ですね。
　　B：いやあ、とんでもないですよ。

2. (大学生同士)
　　A：美由紀ちゃん、足長くて、かっこいいね。
　　B：やだー。そんなことないよ。

3. (大学図書館員が男子学生Bに)
　　A：えらいですね。今日も勉強ですか。
　　B：はい。どうもありがとうございます。

4. (大学で。A＝２０歳の女性、B＝２２歳の女性)
　　A：わあー、先輩、そのイヤリングすてきですね。洋服とぴったりですよ。
　　B：ほんと？これね、全然別に買ったんだけど、この服とまあまあ合うのよね。私も結構気に入ってるんだ。

5. (ゲームをしていた２０代の男性同士。ゲームに勝ったBに)
　　A：おまえ、すごいなあ。
　　B：やっぱり運ですよ。運。

6. (講演の後で、講演者に)
　　A：お話、すばらしかったです。
　　B：いや～、ちょっとしゃべりすぎましたね。

7. (同僚)
　　A　：吉田さんの奥さん、スタイルいいよね。
　　吉田：いや～、がりがりなんですけどね。

8. (テレビのインタビューで)
　　田中：(西田の出演した番組について) あれ、とてもおもしろかったですよねえ。ビートルズならビートルズていう人間をいろんな風に扱っていらっしゃって。あれ、ずいぶん長くやってらっしゃいましたよねえ。
　　西田：ええ。本当はあれ、１５回の予定だったんです。でも、意外と好評で。

9. (AとBは４０代の女性。高校生の娘について話している)
　　A：絵里奈ちゃん、ピアノが本当にお上手ね。
　　B：上手かどうかわからないけど、ともかく好きみたいね。勉強もあの調子でやってくれるといいんだけど。

10. (花屋で。A＝５０代女性客、B＝花屋の主人、５０代後半の男性)
　　A：お宅のお花、持ちがいいわね。夏場はお花も持たなくちゃね。
　　B：ああ、ありがとよ。花もあたしも持ちがいいの。経済的にできてるのよ。
　　(二人で笑う)

III.1
（1） D2-#38
[ナ：仲の良い友達から、部屋がとてもきれいに片付いているとほめられます。]
（トントン）
足立：は〜い。
足立：お〜、さっちゃん、さっちゃん、入って、入って。
上岡：お邪魔しま〜す。
足立：いや〜、散らかっててね、悪いね〜。
上岡：ううん、そんなことないよ。私のとこよりもきれいなくらい…。
足立：そう？や、こう見えてもさ〜、おれって結構きれい好きだからさ。
上岡：うん、わかる、わかる。ちゃんとしてるよね、足立君って。

（2） D2-#39
[ナ：仲の良い友達から、写真を撮るのがとても上手だとほめられます。]
桜井：足立、この写真きれいだな。
足立：あ、これ？この間、北海道行った時の…。
桜井：おっ、これすごいなぁ。なんていう湖？
足立：ああ、これ摩周湖。水がきれいでさ〜。
桜井：お、こっちの写真もいい感じだな。おまえ、写真うまいなぁ。
足立：いやいや。
桜井：うん。プロ並みの腕前だぞ、これって。
足立：そうか〜。お世辞言っても、何もでないぞ。
桜井：お世辞じゃないってば。
足立：ほんとか〜？

（3） D2-#40
[ナ：同僚から、父親が立派な人だとほめられます。]
ブラウン：足立さんのお父さんって大学の教授なんですよね。
足立　　：ええ。
ブラウン：で、何を教えてらっしゃるんですか？
足立　　：あの〜、数学です。
ブラウン：数学ですか。すごいですね〜。僕なんか数学が大の苦手だし、父も数学がダメだったから、数学の教授なんて天才に思えますよ。
足立　　：いや〜、そんなことないですよ。
ブラウン：いや〜、すごいですよ〜、ほんとに。
足立　　：そうかな〜、家にいるときは、ただのおやじなんですけどね〜。
ブラウン：そうですか。

（4） D2-#41
[ナ：上司の新しい家が立派なのでほめます。]
（ピンポーン）
課長　　：あら、足立さん、ブラウンさん、遠いところ、来てくださってありがとうございます。
足立　　：あ、どうも〜。今日はお招きいただいて、どうもありがとうございました。
課長　　：いいえ。
ブラウン：立派なお宅ですね〜。
課長　　：いいえ、小さい家ですけどね…。さ、どうぞ、おあがりください。
足立　　：おじゃまします。
ブラウン：失礼します。
課長　　：はい、どうぞ。

課長　　：じゃ、お茶どうぞ。
足立　　：あ、どうぞ、あの〜、おかまいなく。あ、課長、これ、あの〜、つまらないものですが。
課長　　：あら、わざわざすみません。じゃ、遠慮なくいただきます。こんな気をつかってくださらなくてもいいのに…。

足立&ブラウン：いや、とんでもない。
ブラウン　：あ、いや～、しかし、ここは静かでいいところですね。
課長　　　：そうですか～。
ブラウン　：緑がたくさんあって、きれいだし。
課長　　　：そうですね。いや、この辺は、少し不便なんですけど、まだ自然が残ってるんですよ。

（5）　D2-#42
[ナ：部下の報告書がとてもよくできたのでほめます。]
課長：あ、足立さん、この間やってもらった海外調査の報告書、あれ、すっごくよくできてましたよ。
足立：あ、そうですか。
課長：ええ、大切な情報がしっかり入ってたし、簡潔に要点をまとめてあったので、とても役に立ちました。
足立：あ、そうですか。
課長：ええ、これからもこの調子で、いい仕事してくださいね。期待してますから。
足立：はい、ありがとうございます。

（6）　D2-#43
[ナ：先生の講演がとてもわかりやすくて良いので、先生にそれを伝えます。]
足立：あ、先生、足立です。
先生：あ、足立君。
足立：あっ、どうもお久しぶりです。
先生：わざわざ聞きに来てくれたのか。
足立：いや～、先生の今日の講演、とても勉強になりました。
先生：あ、そう。
足立：や～、とてもあの～、素晴らしいお話を聞かせていただいて、本当にためになりました。
先生：そう、そういってもらえると嬉しいよ。ありがとう。

Unit 9

III. 2.　D2--#44
[ナ：足立さんとさやかさんがストレスについて話しています。]
さやか：最近どう？仕事。なんか、ずいぶん忙しかったみたいだけど。
足立　：そうなんだよなぁ。残業、多かったし…でも、1週間ぐらい前から、少し楽になってきたかなあ。
さやか：そっか～、よかったね。
足立　：う～ん。先週なんか、さすがに「ああストレスたまってるな」って感じだったし。
さやか：そう。
足立　：だって仕事仕事で、自分の時間全然なかったしさあ。（ふうん）なんか疲れが抜けない感じがして、
　　　　自分でもちょっとイライラしてるなあって思ったね。
さやか：そうか… この時期ってどこも忙しいもんね。
足立　：う～ん。
さやか：学生時代が懐かしい？
足立　：ああ、そりゃ、まぁ、学生の時はよかったよ。自分の時間があったしさ、自分のペースで何でもや
　　　　れたし…。
さやか：そうだよねえ。
足立　：会社にいるとさ、やっぱり、いろんな意味で気遣うじゃない、忙しい時は、仕事に追い回されてるっ
　　　　て感じになるしさ…。
さやか：そうだよね…。で、どうしてるの？そんな時は。
足立　：そんな時？山登りかな。
さやか：ふうん。
足立　：ま、ハイキングでもいいんだけど、それが、ストレス解消法かな。
さやか：そうか。
足立　：自然の中に行くと、気持ちがいいしさ…。
さやか：そっか～。健康的なんだね。
足立　：う～ん。で、さやかさんはどうすんの？ストレスたまった時？
さやか：私？私は、ぼーっと音楽聞いてたりとか、仲のいい友達としゃべるとか…。後は運動かな。
足立　：あ、運動？運動って何するの？

さやか：ジョギングとか水泳とか。
足立　：あ、そう。じゃ、今度さ、山登りに行かない？
さやか：あ、いいね。でも、私行ったことないんだけど。
足立　：あ、大丈夫だよ。簡単なコースにすればいいし…。いい気分転換になるよ。
さやか：そう？じゃ、行ってみようかな。

III.3.　D2-#45

[ナ：ブラウンさんと本田さんが会社の帰りに居酒屋で話しています。]
ブラウン：お、この焼き鳥おいしいですね。仕事が忙しい時にはこんな風に美味しいものを食べて気分転換しなくちゃだめですね。
本田　　：うん、まあね。
ブラウン：あれ、本田さん、どうしたんですか。元気がないですね。
本田　　：えっ？う～ん…。
ブラウン：それに、さっきから、あんまり食べてないし…。なんか、僕ばっかりじゃないですか、食べてるのは。
本田　　：う～ん、実は、あんまり食欲がないんですよ。
ブラウン：えっ？それはいけませんね。どうしたんですか。
本田　　：まあ、よくわかんないんだけど、ちょっと疲れてるのかもしれません。（えっ）ときどき胃が痛くなるし…。
ブラウン：いやあ、これだけ忙しかったら、疲れもしますよ。
本田　　：それに… 係長に仕事のことで注意されるし… 昨日なんか、ブラウンさんも聞いてたと思うけど、（ああ、ええ）「仕事が遅い」って言われちゃいましたよ。
ブラウン：だめですよ。本田さん、そんなこと気にしてたら。係長は人一倍厳しい人なんですから。
本田　　：うん、だけど、皆の前であんなふうに言われるとやっぱりね…
ブラウン：ええ。
本田　　：落ち込んじゃって…
ブラウン：ええ。
本田　　：時々、自分には能力が欠けてるのかなんて思うと、夜寝られないことがあるんですよ。
ブラウン：いや、本田さん。係長にはみんな注意されてるんですから、そんなことでクヨクヨしないでくださいよ。（うん）疲れた時は、仕事のことなんか忘れて気分転換したほうがいいですよ。
本田　　：うん… でも、僕は、うまく気分転換できないんですよ。どうしても仕事のことが気になっちゃってね…
ブラウン：ええ。
本田　　：ブラウンさんはいつも陽気でいいですね。
ブラウン：えっ、ま、そう見えるだけかもしれませんよ。僕はこう見えても結構繊細なとこがあるんですよ。
本田　　：そうですか。
ブラウン：っていうのは、冗談ですけど。
本田　　：へえ、ブラウンさんもストレスがたまることがあるんですか。
ブラウン：ええ、まあ、外国の生活ってのは、やっぱり疲れることがありますから。いや、もちろん、僕は日本が大好きですけどね。
本田　　：へえ、そんなもんですかね。
ブラウン：ええ、僕なんか、今になっても日本人の考え方っていうのかな、がよくわかんない時があるんですよ。（ふうん）だから、なんで、この人、こんな時に、こんなこと言うんだろうなんて思うことも結構あるんです。
本田　　：へええ、ブラウンさんでも？
ブラウン：ええ。でも、あんまり深刻に考えるとストレスがたまるから、（うん）なるべく悩まないようにしてるんです。（うん）だから、疲れた時は、こうしておいしいものを食べて、ビールでも飲んで、幸せな気持ちになる、これが一番だと思いますね。さあ、本田さん、元気を出して食べましょう。
本田　　：うん。なんか、ブラウンさんと話してると、元気が出てきましたよ。

（ストレスのインタビュー）
[ナ：ストレスについて日本人にインタビューしました。]
＊スクリプトは省略させていただきます。

Unit 10

II.1　D3-#1
[ナ：足立さんとブラウンさんが健康診断について話しています。]
ブラウン：足立さん、ちょっといいですか。
足立　　：ええ。
ブラウン：あの〜、机の上にこんな紙が置いてあったんですけど…。
足立　　：ああ、これね。これ、来週の健康診断で使うやつですよ。
ブラウン：健康診断？
足立　　：ええ、会社がね、あの、社員全員の健康をチェックするんですよ。
ブラウン：会社がするんですか？
足立　　：ええ。年に1度ね。それが、来週あるんですよ。
ブラウン：へえ〜。どんなことをするんですか？
足立　　：う〜ん、例えば、体重を計ったり、血圧とかも調べるでしょうね。他には、血液検査、（ええ）それからレントゲンも撮るんだったと思いますけど。
ブラウン：へ〜、結構いろいろ調べるんですね。
足立　　：ええ、そうですね。これで何も悪いところが見つからなかったら、でも、安心ですよね。（ええ）アメリカでは、健康診断しないんですか？
ブラウン：え、ええ、しますけど…。会社ですることはないんじゃないかな…。ま、ふつう、自分で医者に行って調べてもらいますね。
足立　　：ああ、そうなんですか。（ええ）じゃ、学校では？学校では健康診断なんかしないんですか？
ブラウン：学校ですか…？目の検査はした覚えがありますけど…。
足立　　：はあ、そうなんですか。日本の学校では、年に1度、必ず健康診断があって、（ええ）身長とか体重とか計ったり、歯の検査もしますね。あ、そうそう、それから予防接種もあるんですよ。
ブラウン：へ〜、そうなんですか。

II.2　D3-#2
[ナ：ブラウンさんが足立さんに健康診断記録票について聞いています。]
ブラウン：ところで、足立さん、この健康診断記録票ですか、わからないところがあるんですけど…。
足立　　：ええ。どこですか？
ブラウン：えっと〜、ここ、丸で囲んでくださいってありますよね。（ええ、ええ。）その前は、なんと読むんですか。
足立　　：え〜と〜、、「次の該当する項目を」ですね。
ブラウン：がいとうする項目…
足立　　：これ、当てはまるところっていう意味ですよ。
ブラウン：じゃ、当てはまるところに丸を書くんですね。
足立　　：そうですね。
ブラウン：じゃ、その下の丸1のところは…？
足立　　：ええっと、自覚症状。
ブラウン：じかくしょうじょう…
足立　　：つまり、自分でわかる症状ってことですね。
ブラウン：あ、そうですか。なんか普段使わないような言葉が多くて…。（うふん）ちょっと難しいですよね。
足立　　：そうですよね。あの、他には、どこかありますか。
ブラウン：ええ。これは？ここ、あの〜、自覚症状の3番なんですけど…。
足立　　：ええ。
ブラウン：坂道、階段を登る時、息切れ…、その後は…？
足立　　：ああ、動悸ですね。「どきどきしますか」っていうことです。
ブラウン：じゃ、むくむっていうのは？
足立　　：ああ、なんか、腫れるとか膨れているような感じっていうことですね。
ブラウン：そうですか〜。こっちの丸2番のところは？
足立　　：え〜と、これは、既往歴ですね。
ブラウン：きおうれき…

足立　　：ええ、これは、そうですね、「今までにした病気」っていうことでしょうね。
ブラウン：あ、そうですか…。ええ、あの、なんか、足立さんの時間を取ってしまって悪いから、既往歴のところを、上から順に読み方だけ教えてくださいますか。後は、自分で調べますから。
足立　　：ああ、そうですか。じゃ、ええっと、1は心臓病、
ブラウン：しんぞうびょう…
足立　　：ええ、で、2は脳卒中、
ブラウン：のうそっちゅう…
足立　　：はい、で、3は高血圧、
ブラウン：あ、こうけつあつですね。
足立　　：で、4は糖尿病、
ブラウン：とうにょうびょう…
足立　　：で、5は腎臓病。
ブラウン：じんぞうびょう…
足立　　：ええ、ここまでいいですか？
ブラウン：はい、大丈夫です。
足立　　：で、ええっと、6は貧血、
ブラウン：ひんけつ…
足立　　：はい。で、7は肝臓病、
ブラウン：かんぞうびょう…
足立　　：はい。で、最後の8番は、ええ、高脂血症ですね。
ブラウン：こうしけっしょうですか。
足立　　：ええ、これは、コレステロールが高すぎるっていう意味でしょうね。
ブラウン：あ、そうですか。はい。わかりました。ありがとうございました。なんだか難しい漢字が多くて、これで頭が痛くなっちゃいますよ。健康診断って、なんだか体に悪いんじゃないかって気がしちゃいますね。
足立　　：いや、いや。ま、そう言わずに…。まあ、あの、また何かわからないことがあったらいつでも聞いてください。
ブラウン：はい。どうもありがとうございました。

II.6　D3-#3
[ナ：ブラウンさんと足立さんが健康診断の結果について話しています。]
ブラウン：いや～、まいったな…。
足立　　：どうしたんですか、ブラウンさん。深刻な顔して…。
ブラウン：ほら、この間の健康診断の結果が返って来たでしょ。
足立　　：ええ、えっ、何か見つかったんですか。
ブラウン：ええ。なんだか、血圧が高すぎるみたいで…。（はあ）大きい病院で、もう一度検査するようにってなってたんです。
足立　　：はぁ、そりゃ大変ですね。
ブラウン：ええ、それでね、（ええ）「お酒を飲まないように」と書いてあって…。
足立　　：ま、血圧だったら、そうですよね。（ええ）お酒飲むと血圧が上がるでしょう？
ブラウン：いや、それが辛いんですよね…。
足立　　：いや、でも、しばらく我慢したほうがいいですよ。で、ま、とにかくもう一度検査をして…。
ブラウン：ええ、ま、そりゃそうしますけど…。
足立　　：ええ。ま、多分、大丈夫ですよ。
ブラウン：そうでしょうか。
足立　　：そんなに、心配しないで…。
ブラウン：だといいんですけどね。

III.5
[ナ：いろいろな人の病気や症状についての会話を聞きます。]
（1）　D3-#4
[ナ：本田さんが、病院に行きました。]
医者　　：どうしましたか。

本田：あのう、最近胃の調子が悪いんですが、（ええ）胃がキリキリ痛むんです。（うん）食後にそうなる
　　　ことが多いんですけど…。（うん）ゆうべは痛くてよく眠れなかったんです。今朝になったら痛み
　　　は引いたんですが、胃が重い感じがして…。
医者：そうですか。どのぐらいそんな症状が続いていますか。
本田：一ヶ月ぐらいです。それと、時々胃がむかむかして気分が悪いんです。
医者：そうですか。胃酸過多ですね。（ああ）たばこやお酒は？
本田：たばこはすいます。一日に一箱ぐらいです。（ふん）お酒は、ここんとこ、付き合いでちょっと飲み
　　　過ぎたかもしれません。
医者：そうですか。胃潰瘍になりかけてる恐れもありますね。
本田：ええ。
医者：2、3日後詳しい検査をしますので、もう一度来てください。今日は、お薬を出しておきましょう。
本田：はい、ありがとうございました。

[ナ：検査の結果が出ました。]
医者：検査の結果を見てみたんですが、やはり、胃潰瘍の初期の段階ですね。
本田：えっ、そうですか。
医者：ええ、今、治してしまわないと、これが進むと大変なことになるかもしれませんね。（ああ）薬を出
　　　しますから、それを飲んでください。
本田：はい。
医者：それから、タバコは、絶対にやめること。（ええ）お酒も飲まないでください。
本田：はい。
医者：それに、コーヒーやその他の刺激物もさけてください。
本田：はい。
医者：胃潰瘍は、ストレスがたまっているとなることも多いですから、なるべくストレスがたまらないよう
　　　にしてください。
本田：はい。
医者：いずれにしても、一ヶ月も症状が出ているっていうことですから、しばらく仕事を休んで、今のうち
　　　に治してしまったほうがいいかもしれませんね。
本田：そうですか…。ええ。わかりました。

（2）　　D3-#5
[ナ：ブラウンさんが病院に行きました。]
医者　　：どうしました？
ブラウン：昨日から気分が悪くて、吐いたり、下痢をしたりで大変なんです。
医者　　：う～ん。熱は…（カルテを見る）ないですね。昨日は、何を食べましたか。
ブラウン：昨日の朝は、トーストに卵にコーヒー、（ふん）昼はハムサンドで、夜は、豚カツに味噌汁でし
　　　　　た。（ふん）で、夜の9時頃からむかむかし始めて、（ええ）早く寝たんですが、やっぱり夜中
　　　　　に2回吐いてしまいました。
医者　　：そうですか。まあ、単なる食あたりでしょう。（ええ）下痢止めと胃腸の薬を出しておきますから、
　　　　　（はい）これで2、3日様子を見て、（ええ）よくならないようでしたら、また来てください。
ブラウン：はい。わかりました。ありがとうございました。
医者　　：どうも。

（3）　　D3-#6
[ナ：足立さんが病院に行きました。]
医者：どうしましたか。
足立：ええ、あの、昨日からちょっと熱が出て、頭がガンガンするんです。
医者：ああ、そうですか。熱も39度ありますからね～。
足立：ええ。
医者：どこか痛いところはありますか。
足立：ええ、あの～、体中の節々が痛くて…。
医者：せきは？
足立：せきは、そんなにひどくないですけど、鼻水がちょっと…。
医者：う～ん。で、何か薬は飲みましたか？
足立：ええ、あの、薬局で買った風邪薬を飲んでるんですが、あまり効かないんです。

医者：そうですか〜。多分インフルエンザですね、今流行ってる…。
足立：ああ、インフルエンザですか…。
医者：ええ。とりあえず、熱を下げるため注射しましょう。
足立：えっ、注射ですか…。（小さい声で）
医者：で、熱が下がるまでは仕事も休んで、家でのんびりしてください。
足立：はい。
医者：薬は5日分出しておきます。
足立：はい。

（4）　D3-#7
[ナ：上岡さんが薬局に行きました。]
上岡：すみません、胃腸薬ください。
店員：はい、どんな症状ですか。
上岡：あのう、どうしてかよくわからないですけど、お腹がすっきりしなくて、時々、お腹がしくしく痛むんです。
店員：下痢は、してますか。
上岡：いいえ、下痢はしてません。
店員：じゃあ、これがいいでしょう。お腹にやさしい整腸剤です。これを飲んで、少し様子をみてください。食後に三錠のんでください。
上岡：はい。食後ですね。
店員：ええ、それから、疲れてる時も、胃腸の働きがにぶりますから、睡眠を十分にとってください。
上岡：はい。
店員：じゃ、1260円、いただきます。2、3日しても治らなかったら、お医者さんに行ってくださいね。
上岡：はい、わかりました。
店員：はい、じゃ、どうも、お大事に。

（5）　D3-#8
[ナ：妻と夫が話しています。]
妻：ああ、疲れちゃった。頭ががんがんする。
夫：また、コンピューターやってたの。
妻：うん、コンピューターもやってたんだけど、会議もあって、それがごちゃごちゃごちゃごちゃとなかなか終わらないし、建設的な意見も出ないのに長引いちゃって…。
夫：ふ〜ん。ま、そういうのって疲れるよね。
妻：うん。ねえ、ちょっとマッサージしてくれないかな。頭痛くて…。
夫：え〜、また、肩こってんの？しょうがないなあ。
妻：うん。ちょっとでいいから、お願い！

（アレルギーについてのインタビュー）　D3-#9-11
[ナ：3人の人に、アレルギーについてインタビューしました。]
＊スクリプトは省略させていただきます。

VI.1　D3-#12
[ナ：ブラウンさんが足立さんに病院のことで相談しています。]
ブラウン：足立さん、ちょっと聞いてもいいですか。
足立　　：ええ。
ブラウン：実は… 今度病院へ検査に行くんですけど。
足立　　：ああ、この間の健康診断の時の？
ブラウン：ええ。
足立　　：血圧でしたよね？
ブラウン：ええ、そうなんです。で、こういう時は、どういう病院に行ったらいいのかなぁと思って…。
足立　　：そうですね〜。ま、血圧ぐらいだったら、その辺の小さいとこでも大丈夫だと思いますけど。
ブラウン：あ、じゃ、会社の裏の、山田医院でもいいかな〜。
足立　　：あ〜、でも、なんか他にも検査することがあるかもしれないから、やっぱり大きい総合病院とかに行った方がいいんじゃないですか。

ブラウン：総合病院ですか。面倒ですね、なんか…。
足立　：ほら、あの〜、隣の駅の、駅を出てすぐのところにもあるでしょ、（えっ）え〜と、千代田総合病院とかいったかな、あそこだったら近いし…。
ブラウン：あ、そういえば、そんな病院ありましたね。
足立　：ええ。で、受付で言えば、きっと内科かどっかに行かされるんじゃないんですか。
ブラウン：はあ。あ〜、でも、なんか行きたくないな…。
足立　：いや〜、大丈夫ですよ、そんなに心配しなくて。
ブラウン：はあ…。
足立　：あ、そうそう、それから、病院に行く時は、保険証がいりますよ。
ブラウン：え？
足立　：僕、こないだインフルエンザになった時、病院に行くのに保険証忘れちゃって、ちょっと焦りましたよ。
ブラウン：保険証ですか。
足立　：ええ。
ブラウン：そういえば保険証は最近見てないなぁ、どこにしまっちゃったかな〜？
足立　：え〜！いやだな〜、ブラウンさん、あれ、なくしたら大変ですよ。
ブラウン：いや〜、家にあるとは思うんですけどね〜。

VI.3　D3-#13
[ナ：ブラウンさんが本田さんと話しています。]
本田　：あれ、ブラウンさんじゃないですか。
ブラウン：あ、本田さん。偶然ですね〜。
本田　：ええ。どっか悪いんですか。
ブラウン：いや〜、この前の健康診断で、血圧が高いって言われちゃって…。
本田　：あ〜、じゃあ、検査？
ブラウン：そうなんです。本田さんは？
本田　：ほら、胃かいよう。
ブラウン：ああ、そうでしたね。
本田　：このところ何度も来てるんですよ。
ブラウン：大変ですね。…
本田　：ええ。
ブラウン：それにしても、待たされますね。なんか疲れちゃいましたよ。
本田　：そうですね〜。この病院は大きいから…。
ブラウン：何時間ぐらいかかりますかね〜？
本田　：ブラウンさん、検査だけだったら、そんなでもないと思いますよ。
ブラウン：そうですか。
本田　：僕なんか、この後診察を受けて、（ええ）多分薬を出してもらうから、（ええ）処方せん持って、（ええ）薬局に行って、そこでまた待って…。
ブラウン：薬局って、あの〜、１階にあった…？
本田　：そう。大きいでしょ、この病院。だから薬局もあるんですよ、中に。
ブラウン：あ、そうですか。
本田　：で、やっと薬をもらったと思ったら、今度は会計でお金を払うのを待って…。
ブラウン：なんだか気が遠くなりますね。（ね）アメリカの病院みたいに予約ができればいいのに…。
本田　：ほんとですね。でも、具合が悪い時にすぐに来られるっていう点では便利なんですけどね。
ブラウン：ああ、そうですね。でも、こんなに待たされると、待ってる間にもっと具合が悪くなりそうですよ。
本田　：たしかにね。待ちくたびれちゃいますよね〜。

Unit 11

I.2
（１）　D3-#14
[ナ：上司が部下をほめます。]
課長：あ、足立さん、この間やってもらった海外調査の報告書、あれ、すっごくよくできてましたよ。
足立：あ、そうですか。

課長：ええ、大切な情報がしっかり入っていたし、簡潔に要点をまとめてあったので、とても役に立ちました。
足立：あ、そうですか。
課長：ええ、これからもこの調子で、いい仕事してくださいね。期待してますから。
足立：はい、ありがとうございます。

（２）　D3-#15
[ナ：母が子供をほめます。]
英美：お母さん、ほら、これ、この間の算数のテスト。
母　：あ、返してもらったの。お、９８点！やったねえ！よかったねえ！
英美：うん。ま、ちょっと勉強したからね。
母　：うん。そうね。こないだしっかりやってたもんね。
英美：あのね。クラスの中で、一番よかったんだよ。
母　：え、本当。これからもこの調子でがんばろうね。
英美：うん。

（３）　D3-#16
[ナ：先生が生徒をほめます。]
ペレズ：太郎君、最近、発音がよくなってきたね。
太郎　：そうですか。
ペレズ：うん。最初のころと比べると、とても上手になったわよ。それにイントネーションもすごく英語ら
　　　　しくなってきたし…。
太郎　：ほんとですか。先生にそう言われるとうれしいな。
ペレズ：うん、太郎君は、耳がいいからどんどん上手になると思うわ。
太郎　：ほんとですか。じゃ、頑張ります！

II.1
[ナ：いろいろな場面で人を励ます会話を聞きます。]
（１）　D3-#17
高橋：どうしたんだ、田中。浮かない顔して…。
田中：う～ん…。
高橋：どうしたんだよ？ほんと元気ないな。
田中：いや～、実は、前期の山田先生の社会心理学のクラス、Cだったんだ。
高橋：そうか…。
田中：俺にしちゃ珍しく授業もさぼらなかったし、頑張って勉強したんだけどさ～。
高橋：う～ん。俺はあのクラス取らなかったけど、山田先生は厳しいって評判だったしな～。
田中：それにしたって、Aとは言わないけどBプラスは取れるかなって思ってたんだけど…。
高橋：う～ん。でも、ま、そんなに気にするなよ。
田中：あ～あ。俺、こんなんで大丈夫かな。来年は、心理学で卒論書こうと思ってたんだけど…。
高橋：くよくよするなよ。お前だけじゃないって、成績悪かったのは。
田中：そうかな～。

（２）　D3-#18
當作：佐藤さん、がっくりしてどうしたんですか？
佐藤：また、木村課長にいじめられちゃったの。
當作：またですか？木村課長はいつもひどいですね～。
佐藤：ん～、そうなんですよね。なんか、ちょっとしたミスをね～、１０倍ぐらいの、こう、なんていう
　　　のかな、すごいミスしたみたいなこと言って…。もう～、すごく陰険なんですよね。
當作：いつもだから、あんまり気にしない方がいいですよ。
佐藤：ん、でもね、いつもだからね、やっぱりすごくショックなんですよね。
當作：ん～、でも～、ほんと、木村課長っていうのは、それほど能力もないし…。
佐藤：ん～。
當作：まあ、下の人をいじめる～だけが趣味だから…。あんまり、ほんとに気にしない方がいいですよ。
佐藤：そうね～。でも、やっぱりね～。やっぱり上司でしょう。んで～、評価だってされるわけだし…。
　　　で、これから私が、将来ね、あの、この仕事続けていくとしたら、やっぱり木村課長の評価っていう
　　　のは響くわけでしょ、将来に。

當作：ん、でも、木村課長は〜、その上の人にあんまり評価されてないから、それほど気にすることないですよ。
佐藤：そうなんですか。
當作：ほんとにそうですよ。
佐藤：ん〜。

（3）　D3-#19
出丸：あ、浩子さん、どう、元気〜？
菅原：う〜ん。それがあまり…。
出丸：え、何かあったの？
菅原：実はね、彼のことなんだけどさ〜、
出丸：うん。
菅原：最近、なんかうまくいってないんだ〜。
出丸：え〜、喧嘩でもしちゃった？
菅原：ううん。私には何にも思い当たることないんだけど、なんか最近冷たいの…。
出丸：あ、そう。
菅原：う〜ん、もう1週間以上も電話がないし…。
出丸：え、そうなんだ…。
菅原：う〜ん。
出丸：でも、さ、ほら、浩子さんの彼ってね、すごく忙しいじゃない、だからだよ〜、絶対。
菅原：ま、そうだといいんだけどさ…。（うん）前はどんなに忙しくてもこんなことなかったから…。
出丸：あ、そう？
菅原：う〜ん。
出丸：それで、浩子さんからは電話してないの？
菅原：うん。何回か電話はしたんだけどね、留守だったから…。
出丸：ふうん。
菅原：その後、なんか電話しづらくなっちゃって…、私のこと避けてるのかなぁとかって思ったらさ…。
出丸：そんなことはないよ〜。そんな弱気にならないで、とにかく、ちゃんと電話してみたら？
菅原：う〜ん。そうね…。じゃ、そうしてみる。ありがとね、話聞いてくれて。
出丸：ううん。元気だしてよね。
菅原：うん。

（4）　D3-#20
出丸：浩子さん、なんか久しぶり〜。
菅原：うん。久しぶりだね。私、家にこもって卒論書いてたから…。
出丸：あ、そう。（うん）どう？はかどってる？
菅原：それが〜、全然ダメなんだ…。
出丸：あ、そう。でも、ほら、まだまだ4ヶ月もあるじゃない？
菅原：え〜、でも、私、4ヶ月でなんか、仕上がらないよ…。どうしよう…。
出丸：大丈夫だよ。切羽詰まったらね、結構書けるって、先輩も言ってたよ。
菅原：う〜ん。でも、私って人一倍時間かかるんだもん。（ふうん）どうしよう、卒業できなくなっちゃうよ〜。
出丸：え〜、そんなことはないよ。私なんかさ、まだ資料だって集まってないよ。
菅原：ん〜、でも…。
出丸：とにかく、うん、浩子さんの方が、私よりもずっと進んでるんだから、もうちょっとリラックスしたら。
菅原：そうかな…。
出丸：うん。たまにはね、映画見るとかして、気分転換してみたら？その方がね絶対いいよ。
菅原：うん。じゃ、そうしてみる。ありがとね。
出丸：うん。

（5）　D3-#21
航　：あ、おじさん。こんにちは。
おじ：お、航、元気か？そういえば、大学入学決まったんだってな。おめでとう。
航　：うん。
おじ：これで一安心だな。
航　：うん。まあ。

おじ：どうしたんだ？嬉しくないのか？
航　：う～ん。実は、自分の志望していたとこじゃなかったんですよ。第一志望も、第二志望もすべっちゃってさ…。
おじ：そうか。ま、世の中、そう簡単にはいかないかもしれないな。それに、今度入る大学だって立派な大学だぞ。
航　：そうかな。
おじ：そうだよ。そんなにがっかりするなよ。それに、今の世の中はな、大学の名前だけじゃないぞ。だから、入ったところでちゃんと勉強して… 学問のほうも、人生のほうも。４年間のうちに、自分の本当にやりたいことを見つけたらいいじゃないか。
航　：う～ん、そうか…。
おじ：特に、これからの世の中はな、実力とやる気が第一だぞ。ま、あんまり名前にこだわらず、自分に実力をつけることだな。元気だせよ。
航　：うん。おじさん、ありがとう。

（6）　D3-#22
菅原：先生、ちょっとよろしいですか。
先生：あ、いいですよ。どうしましたか。
菅原：あの、ちょっとご相談したいことがあるんですけど…。
先生：あ、そうですか。じゃ、ここにどうぞ。
菅原：あ、ありがとうございます。あのう、実は、この間の中間試験がすごく悪かったんですけど…。
先生：ああ、そうですね。私もちょっと意外だったんですけれど、それまでにやったところ、復習しましたか。
菅原：はい、一応したつもりだったんですけど、でも試験の時に、答えを書いていたら、なんか要点がはっきりわかってないなって気がついたんです。
先生：ああ、そうだったんですか。
菅原：ええ。先生、このままじゃ、最後の成績も悪くなりますよね。
先生：ん、そうですね…。でも、菅原さん、今までちゃんとやってるから、大丈夫だと思いますよ。
菅原：あ、そうですか。
先生：念のために、今までの成績を見てみましょうね。
菅原：はい。お願いします。
先生：え～、あ、菅原さん、今までの小テストは、ほとんど全部満点ですね。中間試験は、まあ、確かに悪かったけれども、この分だったら、期末試験で頑張れば、取り戻せると思いますよ。
菅原：あ、そうですか。
先生：ええ。だから、そんなに気にすることないですよ。
菅原：あ、そうですか。
先生：ええ、それと、これから勉強する時に、私がクラスで、キーワードだと言っているものや、これは大事な概念だと言ってるものがありましたよね。
菅原：はい。
先生：それをね、自分で勉強する時に、説明できるかどうか、確かめてみたらどうですか。
菅原：あ～、はい。
先生：もしできなかったら、まだ中途半端にしかわかってないってことだけど…。
菅原：そうですね。
先生：それと、クラスメートと一緒に、質問を出し合いながらやるのもいいと思いますよ。
菅原：ああ、そうですね。わかりました。じゃ、そうしてみます。
先生：はい。じゃ、頑張ってくださいね。
菅原：はい。じゃ、先生、どうもありがとうございました。

（7）　D3-#23
足立：部長、お元気そうですね。
部長：いや～、なかなかはっきりしなくてね…。まだ、しばらく時間がかかりそうだよ。
足立：あ、そうですか。でも、顔色もいいですよ。
部長：そうかな…。仕事のことも心配だし…。
足立：あ、仕事のことは、あの、心配なさらないでください。僕達でなんとかやってますから、これを機会にゆっくりお休みになってください。
部長：ま、そう言ってもらえると、少し気が楽になるな。じゃ、この際、ちょっと骨休めでもさせてもらうとするか。

II.　D3-#24
[ナ：足立さんが友達を励ます会話を聞きます。]
（1）
ブラウン：あ、足立さん、
足立　　：おお、ブラウンさん、ブラウンさんも、今帰りですか。
ブラウン：ええ、毎日忙しいですね。
足立　　：そうですね… やんなっちゃいますね…。
ブラウン：あの〜 …足立さん、
足立　　：はい、
ブラウン：あの… ちょっと… 相談にのってほしいことがあるんですが…。
足立　　：ああ、あ、いいですよ。僕でよかったら。じゃ、その喫茶店でどうですか。
ブラウン：はい、すみません。
足立　　：どうしたんですか。
ブラウン：ええ、実は…プライベートなことなんですが…。
足立　　：ええ。
ブラウン：実は… 今つきあってる人がいるんですけどね〜。
足立　　：あ、そうですか。
ブラウン：ええ、すごく優しい人なんですけどね〜。
足立　　：ええ。
ブラウン：それが、時々、彼女何考えてんのか、よくわからないことがあるんですよ。
足立　　：は〜、そうですか。
ブラウン：それでこの間、何か話してたら、「私の気持ちがわかってない」っていわれちゃって…。
足立　　：はあ…。
ブラウン：そんなことがあって、よく考えてみると、これは、やっぱり、自分の日本語が未熟なせいかあ…とか、悩んじゃって…。
足立　　：ええっ？
ブラウン：やっぱり、（彼女の日本語が）わかってるようで、わかってなかったのかな…っていう気がするんですよ。
足立　　：そうかなあ…。僕、ブラウンさんの日本語は、全然問題ないと思うけど…。
ブラウン：そうですか。
足立　　：うん。全然問題ないですよ。
ブラウン：そうでしょうか。
足立　　：ええ。ま。でもね、ブラウンさん、（ええ）人の気持ちがわかるって、時間のかかることじゃないですか。
ブラウン：ええ。
足立　　：たとえ言ってることがわかっても、どういう気持ちでそういってるのかわかるには、やっぱり時間がかかりますよ。（はい。）ま、違う人間同士ですからね…
ブラウン：ええ。
足立　　：日本人同士だって、そういうこと、しょっちゅうありますよ。
ブラウン：そうですか。
足立　　：ええ、僕だって、彼女のこと、考えてること、わからないこと、よくありますからね。
ブラウン：そうですか。
足立　　：うん。だから、日本語の問題じゃないですよ。
ブラウン：そうでしょうか。
足立　　：うん。そうですよ。だから、ブラウンさん、まあ、そんなにあせらないで、あまり気にしない方がいいんじゃないですか。
ブラウン：ええ、そうですね…。
足立　　：ええ、そうですよ。まあ、相手の人だって、ブラウンさんのこと、本当にわかるようになるには、時間がかかるんだから…。
ブラウン：そうですね…。
足立　　：ま、ブラウンさん、だから、ま、元気出してくださいよ。
ブラウン：はあ。や、足立さん、どうもありがとうございます。

（2）D3-#25

足立：お、石口、こっち、こっち。
石口：いや、元気そうだな。
足立：ああ。
ウエイトレス：いらっしゃいませ。
石口：すみません。コーヒーください。
ウエイトレス：はい、ホットでございますね。
石口：はい。
足立：いや〜、久しぶりだなあ。
石口：うん。今日は悪かったな、急に呼び出して…。
足立：いやいやいや、いいよいいよ。でも、どうしたんだよ。何か深刻な顔して…。
石口：う〜ん。俺、仕事やめたんだ…。
足立：え〜っ、どうして…。あんなにいい会社に就職したのに…。
石口：うん、それがさぁ、何かわかんなくなっちゃったんだよ、自分が何がやりたいのか。
足立：って、ど、どういうことだよ。
石口：考えてみたらさあ、俺って、学生の時は、とにかく勉強してりゃいいっていうか、どっかで勉強を生きがいにしてたとこ、あったんだよな。
足立：ん〜、ま、そうだよな。おまえって俺と違って秀才タイプだもんな。
石口：そうか？
足立：う〜ん。いや、硬いやつだなと思ったけど、でも、あんなに真面目に勉強できるなんてすごいなって思ってたんだぜ。
石口：う〜ん。まあ、そんなくそ真面目だから、大学だって、ちゃんと入れてくれたとこあったのに、自分の絶対行きたい大学に入ろうと思って、それ蹴って浪人までしてさ…。
足立：う〜ん、ま、根性あるなぁと思ったよ。
石口：で、大学入っても彼女も作らず、サークルにも入らず、勉強して、勉強して…。
足立：うん。
石口：会社に入って毎日仕事してるうちに、こんな仕事俺に向いてるんだろうかとか、今までの俺の人生って、なんてつまんなかったんだろうって思うようになってきてさ…。
足立：そうか…。
石口：勉強がなくなったら、自分が何がやりたいのか、わかんなくなっちゃって…。
足立：う〜ん。
石口：なんか、心の支えっていうかさ、そういうのがなくなっちゃったんだよ。
足立：なるほどね…。
石口：で、そんな感じで毎日会社行ってんのが辛くなっちゃってさ、もうだめだって、やめちゃった。
足立：そうか。でも思いきったことするよなぁ…。だけど、考えてみろよ。おまえ生きがいがわからないっとかって言うけど、おまえ今まで結構すごいこと、やってきたんだぜ。
石口：そうか？
足立：ああ。だいたい、みんながぶらぶら遊んでる時に、あんなに一生懸命勉強できるなんて、すごい集中力だよ。
石口：そうかなあ…。
足立：ああ。それにおまえ、忍耐力だって結構あるじゃん。
石口：そうでもないよ。
足立：いや、そうだよ。だいだい、「俺の生きがいは…」なんて考えてるところがさ、優秀な証拠だよ。それって、自分のやってることを客観的に見られるってことじゃない？
石口：う〜ん…。
足立：だからさ、まずは、自分の今までの生き方なんてさ、そんなつまんないこと考えないで、（ふん）いいとこ見たらどうだ？とにかく、まあ、自分をそんなに否定しないでさ、もうちょっと肯定的に考えてみたら？
石口：う〜ん。
足立：それにさ、まあ、「生きがい」とかって言うけど、そんなもん、何かやってるうちに見つかるもんなんじゃないかなぁ。
石口：う〜ん。
足立：最初は何とも思ってなかったことが、気がついてみたら、いつのまにか生きがいになってるなんてことさ、よくあるしさ。
石口：そうかなぁ…。
足立：うん。もっと人生、気楽に考えた方がいいよ。

石口：そんなもんかなあ…。
足立：ん、そうだよ。まっ、それにさ、せっかく会社やめたんだからさ、この機会に自分の興味のあること、いろいろためしてみたら？
石口：まあ、そうだな。
足立：ん〜。
石口：足立にそう言われると、何か少し気が楽になってきたよ。うん、よかったよ。おまえと話ができて…。
足立：うん、頑張れよ。
石口：うん。

III. 1　D3-#26
[ナ：足立さんが友達の桜井さんと話をしています。]
（トントン）
桜井：よ、足立。
足立：お〜、桜井。あれ？どうしたの？
桜井：バイトで近くまで来たから、ひょっとして家にいるかなと思って…。
足立：デートする相手もいないからさ、ごろごろしてたとこ。
桜井：なんだよ、足立。暗いな〜。
足立：ん〜。ま、いろいろあってさ。
桜井：あれ？北海道で会った子、さやかさんだっけ？うまくいってんじゃないの？
足立：う〜ん。うまくいってたんだけどさ〜。
桜井：どうしたんだよ。ふられたのか？
足立：う〜ん。まあ、そういうことかな…。
桜井：どうして？
足立：いや、実はさ〜、２週間ぐらい前なんだけど、さっちゃんに仕事のことで、相談されてさ、
桜井：うん。
足立：なんか深刻そうだったから、会社の帰りに喫茶店で悩み聞いててあげてたんだよ。
桜井：うん。それで？
足立：ところがさ、たまたま、さやかさんが同じ店に友達と来てたらしいんだ。
桜井：へ〜。で、お前、さやかさんには気づかなかったの？
足立：うん。なんか、さっちゃんの話が、結構大変だったからさ〜。
桜井：そうか。
足立：で、なんか、さやかさんさ、俺とさっちゃんのこと勘違いしちゃったらしくてさ…。
桜井：お〜。
足立：で、その夜、映画にでも誘おうかと思って電話したらさ、断られちゃってさ…。
桜井：で？
足立：おまけに、「今日一緒にいた女の人は誰なの」なんて、責められちゃってさ〜。
桜井：へ〜。でも、ちゃんと説明したのかよ。
足立：あ、もちろん。ただの大学時代のサークルの仲間だって言ったんだけどさ、なんか、さやかさん、それ以来よそよそしいんだよ。電話もこなくなっちゃったしさ。
桜井：そうか…。それは困ったな。
足立：ああ、まいっちゃうよ。こんなことで、気まずくなるなんて…。
桜井：でも、足立は、まださやかさんのこと好きなんだろ？
足立：ああ、もちろん。
桜井：だったら、わかってもらえるまで何度でも説明するんだな。ちゃんと誠意を見せれば、誤解はとけるんじゃないの？
足立：う〜ん。そうかな…。
桜井：なんだよ、足立。頑張れよ〜。
足立：う〜ん。そうだな。

III.2　D3-#27
[ナ：足立さんが同僚の本田さんと話をしています。]
足立：あの〜、ブラウンさんから聞いたんですけど、本田さん、会社をしばらく休むことになったんですって？
本田：ああ。この間から何となく胃の調子が良くないなと思っていたら、医者に胃かいようだって言われちゃって…。

足立：えっ、そうなんですか。大変ですね。
本田：で、しばらく仕事を休まなきゃだめだって医者に言われて…。
足立：あ、そうですか…。このところ、本田さん、忙しかったから〜。
本田：ん〜、休みもあまり取れなかったし、ストレスがたまっちゃって…。おまけに、ちょっとしたミスを係長にガミガミ言われてね〜。
足立：係長、厳しいし、言い方がきついから…。
本田：ああ、ま、ミスをしたのは僕が悪かったんだし、しようがないけどね。
足立：でも、係長が本田さんに厳しいのは、本田さんに期待してるからじゃないですか。
本田：そうかな…。そんなことないよ。
足立：いや、絶対そうですよ。
本田：そう言ってもらえると、少しは…ね。でも、ここで休むと、皆にも迷惑をかけるし、悪いなぁと思っているよ。
足立：いや、そんなこと、あの、気にしないでください。会社のことは考えないで、せっかくですから、あの〜、何か気分転換したほうがいいですよ。
本田：そうだな。そうするよ。

Unit 12

III.1　D.3-#28-32
[ナ：感情を表す表現]
（１）あっ！あ〜、やっちゃった〜。んもう〜、悔しい〜！
（２）きゃ〜っ！びっくりした〜！！
（３）うえ〜、そんな〜＿。
（４）バカヤロー！どこ見てるんだ！！
（５）わあ、嬉しい〜！

IV.
[ナ：いろいろな出来事についての会話を聞きます。]
（１）　D3-#33
山本：お、足立君、おはよう！
足立：（元気のない声で）あ、山本さん、おはようございます。
山本：なんだ、その声は。元気ないじゃないか。
足立：いや〜、それが、今朝、大失敗しちゃって…。
山本：どうしたんだ？
足立：いや、実は、あの〜、大事な書類を電車の中に忘れてきちゃったんです…。
山本：ええっ？
足立：そうなんですよ。押されて折れちゃったりしたらいけないと思って電車の網棚にのせたんですけどね…はっと気づいたら、あの〜、降りる駅だったんで、慌てて降りたら、その封筒持ってなかったんですよ。
山本：お前も、どじだなあ。
足立：ええ。
山本：で、駅に届けたの？
足立：ええ、気がついてすぐ、駅に届けたんですけどね…見つからなかったらどうしよう。
山本：きっと大丈夫だよ。２、３時間後にまた駅に連絡してみたら？
足立：ええ、そうします。
山本：まあ、そう気を落とすなよ。きっと出てくると思うから。

（２）　D3-#34
足立：えっ？本当ですか。いや〜助かりました。じゃ、１２時半頃伺いますので、よろしくお願いします。ありがとうございました。（電話をきる）
足立：山本さん、ありましたよ。渋谷の忘れ物係のところで預かってくれてるそうです。
山本：え、そうか、よかったな。
足立：ええ。ほっとしましたよ。一時はどうなるかと思いましたよ。
山本：まったくなぁ。

足立：じゃ、あの〜、昼休みに取りに行ってきます。午後の会議にも間に合うし、や〜、ほんとにラッキーですよ。
山本：そうだな〜、よかった。

（3）　D3-#35
ブラウン：ああ、もうっ、腹が立つ！
足立　：どうしたんですか、ブラウンさん。
ブラウン：いやあ、このばかなコンピューターね、プリントしようとすると、すぐフリーズするんですよ。
足立　：あ、そうですか。僕のもよくフリーズするんですよ。
ブラウン：そうですか。早く、入れてくれませんかね、新しいの。
足立　：そうですよね。

（4）　D3-#36
ブラウン：足立さん、本田さん、なんだか元気がないみたいなんですけど、どうしたんでしょうね。
足立　：いやあ、実はね、さっき係長に叱られたんですよ、本田さん。
ブラウン：えっ？ほんとですか。
足立　：ええ。係長も人前かまわず、ずばずば言うから…。
ブラウン：はあ。
足立　：あんな風に言われたら、恥ずかしいし、がっくりきますよ。
ブラウン：そうですか。かわいそうですね、本田さん。いい人なのに。
足立　：ええ。でも最近、僕思ってるんですけど、（ええ）係長って本田さんに厳しいですけど、本田さんのこと、結構かってると思うんですよ。
ブラウン：ええ、ええ。
足立　：期待してるから、厳しくなるんじゃないかなって…。
ブラウン：ああ、そうかもしれませんね。

（5）　D3-#37
菅原：ね〜、聞いて〜。
出丸：どうしたん？
菅原：昨日、すっごく頑張って卒論やってたのに、やった分印刷しようとしたらさ、コンピューターが変になっちゃってさ〜、
出丸：え〜！
菅原：印刷できなかったの。
出丸：それで？
菅原：でね、もう一回やったとこ見てたらね、今度は何やっても動かなくなっちゃってさ、リセットするしかなくなっちゃって…。
出丸：ガーン！それで？もう書いてあった分は〜？
菅原：なくなっちゃったの、全部。
出丸：全部？
菅原：うん。
出丸：え〜！
菅原：5時間もやってたのよ。
出丸：ショック〜！
菅原：全部なくなっちゃったの。
出丸：それで、セーブはしてあったんでしょ？
菅原：それがね〜、
出丸：うん。
菅原：とにかく打つことに夢中になってたからね、セーブしてなかったの…。
出丸：あ〜、最悪。
菅原：もう、バカみたい！
出丸：ほんとに。
菅原：悔しくってさ〜。
出丸：あ〜あ、それはセーブしてないのが悪かったよ。
菅原：んなこと言ったってさ〜！
出丸：かわいそう。
菅原：うん。

(6)　D3-#38
菅原：ね～、聞いて～。
出丸：何？
菅原：今朝さ～、私、すっごいかっこ悪いことしちゃったんだ～。
出丸：え～、何したのよ？
菅原：それがね、今朝、電車混んでてさ～、大変だったのよ。
出丸：それで？
菅原：でね、私、必死でつり革につかまってたの。
出丸：ん、それって大変よね。
菅原：うん。でね、もうすぐ駅だなぁっと思ったら、電車が急にガクッて揺れてさ～、
出丸：それで？
菅原：私ね、つり革持ったまま、ぐる～っと一回転してさ～、前に座っていたおじさんのひざの上に、ドカって座っちゃったのよ～。
出丸：えっ、うっそ～！おじさんのひざの上？
菅原：うん。すごいでしょ。
出丸：最悪！
菅原：う～ん。私だって、こんな変な失敗、初めてよ～。
出丸：そうよね。
菅原：うん。
出丸：それで、その座ってしまったおじさんはどうしてたの？
菅原：知らないよ…ってゆうかね、もう、恥ずかしくってさ、「すみませ～ん」とかって謝ったんだけどね、顔なんか見られなかったんだもん。
出丸：そうだよね。最悪にかっこ悪いよね。
菅原：ほんと、最悪よね。
出丸：明日から電車変えた方がいいん違う？
菅原：やっぱり？
出丸：うん。

VII.1　D3-#39
[ナ：足立さんが友達の桜井さんと話をしています。]
(トントン)
足立：は～い。
桜井：お、足立、俺だよ、桜井。
足立：あ、桜井か。どうしたんだよ、急に。
桜井：いやあ、悪かったな、急に。近くまで来る用事があったんだけど、こないだ、おまえ元気がなかったから、寄ってみたんだ。
足立：あ、そっか。ま、あがれよ。
桜井：うん。
足立：何か飲む？
桜井：う～ん、そうだな。コーラか何かある？
足立：ん、あるよ。
(足立、鼻歌を歌いながら、コーラを出す。)
桜井：何かおまえ、嬉しそうだな。
足立：えへへへ。
桜井：何か、いいことあったのか？
足立：いやいやいや。
桜井：何だよ。言えよ。
足立：えっ？
桜井：この間、おまえ、結構まいってたから、心配してたんだぞ。
足立：いや～、実はさ、さやかさんと誤解がとけてさ…。
桜井：電話したのか。
足立：ああ、何回かね。俺も頑張ったんだよ。
桜井：そっか～。

足立：やあ、最初は、なんとなくよそよそしい感じだったんだけどさ、そのうち、俺の誠意が伝わったのかなぁ。さやかさん、ちゃんと、わかってくれてさ…。前みたいに話せるようになったよ。
桜井：へえ、それは、よかったな。
足立：うん。今日なんかさ、話がはずんじゃってさ、
桜井：で？
足立：今度冬に２、３日休暇がとれたら、友達誘ってスキーに行こうってことになってさ。
桜井：へえ～、どうりでおまえ、うきうきしているわけだ。だいだいおまえって正直なやつだから、気持ちがそのまま顔に出るんだよな。目じりがとろっとしちゃってさ。
足立：えへへ、そうかなあ。
桜井：そうだよ。ま、よかったよ。また、おまえのハッピーな顔が見られて。

Extra Track
D3-#40　友達を励ます会話——方言版
　　　　スクリプトは、省略させていただきます。

D3-#41
[ナ：足立さんとさやかさんが話しています。]
足立　：あ、もしも～し。
さやか：もしも～し。
足立　：あ、さやかさん？
さやか：あ～、足立さん？
足立　：あ、元気？
さやか：う～ん。
足立　：あれ、どうしたの？何か…疲れてる？
さやか：うん、ちょっとね。
足立　：あ、本当…。
さやか：うん。足立さんは？
足立　：あ、ああ。俺、元気だよ。
さやか：そう。
足立　：あのさ～、今度の土曜日、一緒に映画でも行かない？
さやか：映画…？
足立　：うん。
さやか：う～ん、どうしようかな…。
足立　：なんで？何か仕事か何かあんの？
さやか：う～ん。いや、そういうわけじゃないんだけど…。
足立　：うん。
さやか：ね、今日、仕事どうだった？
足立　：仕事？
さやか：うん。
足立　：いつもと変わんないよ。
さやか：あ、そう。
足立　：うん。なんで？
さやか：いや、別に…。いや、残業とかあったのかなぁと思って…。
足立　：今日は別に残業はなかったけど？
さやか：そうなんだ。ふ～ん。
足立　：何、どうしたのよ。何か、何か変じゃない。
さやか：今日、あの～、駅前のカフェ・ローマで誰かと会ってた？
足立　：ああ、あ～、うん。大学の時の友達とちょっと話してたけど…。
さやか：あ、そうなんだ。
足立　：うん。
さやか：大学時代の友達？
足立　：うん。
さやか：ふ～ん。
足立　：あれ、どうして、どうして知ってんの？
さやか：いや、あの、今日、あの、カフェ・ローマの前、ちょっと通って、見たから…。

足立　：あ、そう。何だ。あの、寄ってくれればいいのに。
さやか：うん。でも、ずいぶん仲良さそうに話してたから…。
足立　：いや、そんな、そんな変な気遣わないでよ。
さやか：あ、でも、楽しそうだったし、邪魔しちゃ悪いかなぁと思って…。
足立　：あ、そう…？いや、そんなことないよ。
さやか：う〜ん。うん。あのさ、私、もうちょっと今日、疲れちゃったから…。
足立　：え〜。
さやか：うん。また、映画は、うん、また今度にしよ。
足立　：え、ど、なんで？
さやか：じゃ、ごめんね。
足立　：え、どう、どうしたんだよ。
（ガチャン）
足立　：え、なんだよ。何か変じゃん。

www.ingramcontent.com/pod-product-compliance
Lightning Source LLC
Chambersburg PA
CBHW060310240426
43661CB00059B/2718